郭德纲讲三国

郭德纲——————著

北京联合出版公司
Beijing United Publishing Co.,Ltd.

图书在版编目（CIP）数据

郭德纲讲三国 / 郭德纲著 . — 北京 : 北京联合出版公司 , 2022.2

ISBN 978-7-5596-5795-4

Ⅰ . ①郭… Ⅱ . ①郭… Ⅲ . ①中国历史—三国时代—通俗读物 Ⅳ . ① K236.09

中国版本图书馆 CIP 数据核字（2021）第 260723 号

郭德纲讲三国

作　　者：郭德纲
出 品 人：赵红仕
责任编辑：徐　樟

北京联合出版公司出版
（北京市西城区德外大街 83 号楼 9 层　100088）
河北鹏润印刷有限公司印刷　新华书店经销
字数 264 千字　700 毫米 ×1000 毫米　1/16　印张 20.5
2022 年 2 月第 1 版　2022 年 2 月第 1 次印刷
ISBN 978-7-5596-5795-4
定价：55.00 元

序言

我喜欢“三国”，讲“三国”是兴趣所致。这是我第一套关于“三国”的书，您当下读到的，是这套书的头一本。

我爱研究，但不是研究“三国”故事。

如果是看《三国志》，读《二十四史》，里面有些还可能是真实的历史，但《三国演义》本身就是演义，当中有作者虚构的成分，不能等同于真实的历史。“三国”里边好多人物，其实都是虚构的，都是历史上并不存在的，但是这并不重要。

天下哪有准确的文字？都只是相对而言。写书人下笔的时候，夸谁、骂谁，一定包含了自己的思想和价值观，也与当时的社会背景、历史环境有关。不管是《三国演义》还是《三国志》，写书人手中的一杆笔为何要这么起，为何要这样落，当中自有道理。

七寸毛竹握手中，半文半武半书生。

渴来池中饮墨水，饱来纸上抖威风。

上殿动本文武惧，入庙留诗神鬼惊。

此笔落在仇人手，敢比杀人斩将锋。

讲“三国”很简单。故事不是我编的，不用设计悬念和情节。就算我能把“桃园三结义”讲出花儿来，也不能让兄弟三人磕完头看见飞来了一艘宇宙飞船。

讲“三国”很难。要掰开了揉碎了去讲，每句话都得有真东西，要懂典故，要解文言。我讲的是“三国”的事、“三国”的人、“三国”的天下，要分析为什么会如此，而不单纯是故事会。虽说出场的人物不多，但是在复杂的故事中，我讲的是人情，是不同位置上不同人的心态，关键是要结合现实与历史，给大家讲述出一个能与当下生活接轨，让您更能接受得了的“三国”。我一字一句为您抄写原文，并没有意义。所以，讲“三国”是跳出“三国”来，是为了讲“三国”以外的东西。

当然，同样一件事情，我分析了，可能会有专家说我分析的不对，这很正常。各位读者也别跟我较真儿，姑妄言之，姑妄听之。

“三国”里哪位英雄立了什么样的 flag，整部《三国演义》最不合理的地方在哪里，各位主角如何登场……

我的能力一般，不敢说高台教化，但起码是劝人向善，教人学好。各位读者藏龙卧虎，咱们说说“三国”，其实是能够给您启发的。

目录

曹操身世解谜 金兰兄弟偶遇

床前明月光，疑是地上霜。
举头望明月，我是郭德纲。

所谓“三国”，正是大家知道的魏国、蜀国、吴国。魏国，以河北为中心，过了黄河，一直到甘肃、新疆的部分地区，都曾是魏国的领地。蜀国，在四川、云南，包括陕西的部分地区。吴国，就是东吴地区，包括江苏、江西、福建、安徽几个省。从地理位置上，三国政权基本形成了“三国鼎立”的局面。

所有的故事都有起因，为什么好好的东汉会变成三国鼎立的局面？因为东汉政权的腐败和没落，其中最重要的一点，就是朝中十常侍作乱。所谓“十常侍”，简单来说就是十个太监。不过，真实历史上并不是十个，而是十二个。但《三国演义》本身就是“演义”，它与《三国志》是有区别的。

“常侍”，本身是简称，全称叫“中常侍”。“十常侍”是指十个做中常侍的太监。

小说《三国演义》里，张让、赵忠、封谞、段珪、曹节、侯览、蹇硕、程旷、夏恽、郭胜十人朋比为奸，号为“十常侍”。

“中常侍”这个官职在西汉的时候就有。汉朝分两部分，先是西汉后是东汉，人们常常说反。最早，“中常侍”还不是一个有实权的官职，只是带有奖励性质的一个称呼。比如，某地方的相声管理局副局长，带着演员去农村慰问，帮着农民伯伯锄草，表现非常好，有关部门觉得这个副局长做得好，奖励他一朵小红花。这个“小红花”就是“中常侍”。

到了东汉，这“小红花”成了一个岗位，它不再单纯是奖励性的称呼、空头荣誉了，而是有了实权。起初这个官职只有四个名额，后来变成了八个、十个、十二个，越来越多。

“中常侍”在西汉晚期主要授予皇帝身边的近臣，负责顾问应对，为士大夫的“加官”。至东汉初期，该职位改由宦官担任，负责传达诏令和掌理文书，权力极大。

其实有很多大人物都做过中常侍，有两位大家耳熟能详。一位是蔡伦，有一首著名的歌曲叫《十三香》……蔡伦是宦官，虽然给人类留下造纸术是他的巨大功绩，但他也是个大奸臣，做了不少坏事。

另一位也是汉朝时期的人物，名叫曹腾。他一生中伺候了四位皇帝，伴君如伴虎，这很不容易。四个皇上都看他顺眼，可见其“艺术水平”之高超。一人难称百人心，尤其是守着一言九鼎的皇上，很难。这个人很清廉，虽地位很高，但从不为非作歹，朝野上下有口皆碑。他还有个媳妇儿，宫女吴氏，他们结为“对食”。宦官无妻，宫女无夫，深宫内院太寂寞了，天长日久，难免互相之间寻找安慰。太监和宫女两人很要好，宫女给太监洗洗衣裳，两人对坐着吃个饭，这叫“对食”。不只是太监和宫女，两个宫女在一起也叫“对食”，并非一定要一男一女。到了明朝，有时候皇上还会主动成全他们。所以，曹腾是有这样一个媳妇儿的。

曹腾去世之前地位很高，除了中常侍，朝廷还给了他很多封赠爵位，这些都需要有人来继承。宦官没有孩子，但他兄弟将儿子过继给他，是他的养子，叫曹嵩。于是，曹嵩继承了他父亲这份荣誉和遗产。不过，曹嵩并不像他父亲那样廉洁，他有身份、有势力、有财富，又不是宦官，他的想法自然会多。

后来，曹嵩有了五个儿子，其中大儿子小名叫阿瞒、吉利，大名叫曹操。

这就是曹操的家世。

历朝历代，为什么很多时候都严禁宦官干政呢？尽管宦官不是权倾朝野的大官，但哪怕是大将军、定国王、一品大员、宰相，也未必能及，因为他能日日伴皇上左右。所以，千万不要小瞧这个职务。

比如，西太后过生日，有位官员送上了一对三尺长的珊瑚。那个年代，官员能得到一对三尺长的珊瑚极为不易，现在则更不可能，因为珊瑚是保护动物。官员将珊瑚送到宫里，马上要进殿了，“咔嚓”一声摔碎了一个，官员束手无策，当即傻眼。礼物都是之前登记在册的：“亲爱的西太后，亲爱的老佛爷，祝您身体健康、万事如意，年年有今日、岁岁有今朝，晚上会给您送一对珊瑚。”“一对珊瑚”，到晚上变成一个了，怎么办？单个的可送不成。这时候，旁边的大太监总管笑了。

“不叫事儿，别看这碎了，不要紧的。”

“您有什么办法？”

“扫了，扔了就得了呗。”

“扔了不行，得给西太后看。”

“好，万两白银，我帮你处理这事儿。”

“好好好，我愿意出万两白银。”

“好，坐着，坐着。”太监总管命人给官员沏茶，拿块点心。

官员这一杯茶是喝不下去的：“您看这事儿……”

“走，咱们看看去吧。”

太监总管领着官员出去一瞧，桌上摆着三尺长的珊瑚，一对！这钱花得值。

这是怎么回事？宫中的仓库里，这样的珊瑚有的是，打仓库里拿两个过来就是了。给西太后一看，说这是某某官员送的，西太后也不会守着它，看过了，就拿走了。这就是花钱买“道”。

光绪皇帝结婚，大殿里面摆着九盘苹果，每盘里面是九个苹果，都得要整个儿的、大个儿的、通红的，一点其他颜色都不能有，顶尖的那个最大。都摆好了，这边才有请皇上。负责的官员姓蒋，蒋大人在这儿候着皇上来，一回头，这九盘苹果上的尖儿都没了，最大的那九颗全都不见了。如果这个时候皇上进来了，必然龙颜不悦。而旁边的小太监正扬脸看着他。蒋大人乐了，伸手打怀里往外掏，九个大苹果，一一摆上。这并不是刚才丢的那九个，而是他另有准备。蒋大人回过头对小太监说：“老兄，您草率了，就知道会如此，我早有准备。”

在清朝，防小太监尚且如此，更何况在东汉末年，有十二个大太监串通一气，东汉江山又怎能不亡？！

宦官被阉割之后与普通男人不同，心理上或多或少会有不同程度的心理扭曲。普通男人哪怕家境不富裕，他是一个壮汉，去打零工、做活计，好好努力挣钱娶媳妇儿，总会有一个令人憧憬的美好未来。但宦官的缺陷一直存在，尤其是他一旦有了钱、有了身份，这个缺陷就会被无限放大，令他生恨：如果没有这一遭，我会有多好，荣华富贵，我要娶万千佳丽……

人就怕如此，天下之人倒霉都是倒霉在心态问题上，要是心态能平衡了，万事都不难。

为何人们常说“东汉有十常侍祸乱宫廷”？因为在那时，皇上的决断总受眼前宦官的影响。这十位常侍在皇宫里翻手为云，覆手为雨，皇上没有决断力，加之天下的官员皆由这些宦官任用，所以就乱了套。这就应了那句“官逼民反民不得不反”。因此，一件大事——黄巾起义的发生已成必然。

黄巾起义虽然没有推翻东汉政权，但它是最大的导火索，整个三国时期的故事都是由此开始的。

张角是黄巾起义的“男一号”，家有弟兄三人：张角、张宝、张梁，兄弟三人来自今河北省邢台市平乡县。张角原来是个秀才，但汉朝时还没有科举制，真正有“进京赶考”的概念，是在隋朝。但在张角所处的时代，读书人的理想也无外乎是当官，“学成文武艺，货与帝王家”，苦读了十年书，不是为了去马路边摆摊卖糖葫芦的。如果是，那还不如不读书，还能早挣十年钱。那时候，读书人没有晋升之路，因为朝里贤路阻塞。哪位读书人想当官，是这十个太监说了算。所以努力到最后，张角心灰意懒了，既然当不了官，那就另谋他就吧。他能给人看病，平时还能采点草药，尚且可以糊口。

有一则张角遇见了神仙的神话传说。当然，这也有可能是张角自己设计的故事。他说他上山采药，眼前刮起了一阵风，来了一位老神仙，“碧目童颜”。神仙的眼珠是绿色的，长着一张小孩似的娃娃脸，皮肤吹弹可破，拄着一根棍子。他把张角喊进了山洞。

想想其实挺可怕的，如果是我们在旅游区游玩，山洞里来了一位老头叫我们进去，那我们就得喊救命！但张角进去了。进去之后，老头拿出了一本书，说：“这本书你要是看会了，可以治国、平天下。”“谢谢您！”张角很高兴，再一回头，一股风起，老头不见了。也保不齐是他没站住，打山后边掉下去了。张角拿了书回家一瞧，这本书太棒了，都是神法妙方，学会了之后可以呼风唤雨、撒豆成兵。

于是张角从头一篇开始学，先学拼音 abcd……总之传说中有这样一本书，他经过刻苦学习，练就了半仙之体。我个人对他学艺的过程表示怀疑。但《三国演义》原文如此，说张角得到仙人的赠书后学有所成，自号“太平道人”。

于是，十里八乡尽人皆知。虽然他仍旧给人看病，但他的心态发生了变化。山洞里边的老大爷说了，要他拿这神书好好造福乡里。但张角想的是：我有这么大的能耐，是不是可以造反？张角跟两个弟弟商量：“你们看这事儿能不能做？”弟弟们都很支持他：“现如今，天子荒淫无道，十常侍专权，民不聊生，哀鸿遍野。倒不如咱就反了吧。反了之后，大哥您就是皇上，我们是王爷，娘是太后……”张角说：“之后怎么样再说吧！”兄弟三人究竟是怎么商量的我们且不管，但从这时起，他们决定要做一件惊天动地的大事，于是兄弟三人就把“太平道”发展了起来。

如果是在太平年间，“太平道”并不会有大的作为。在中国历史上，对黄巾起义历来有着不同的解读，但这是历史学家的事情，我们不去解读，解读了也并不严谨。不过，这下，天下老百姓都认同张角，觉得他说的有道理。跟了他之后，推倒了昏君，百姓们就都有饭吃了。所以，张角的队伍日益壮大起来。到最后，张角见时机成熟了，说：“苍天已死，黄天当立，岁在甲子，天下大吉。”“苍天”，指当时的东汉朝廷，“黄天”指他自己。按照五行来推，“汉”属火，而火能生土，土是黄色，所以张角的军队中，人人头上系块黄绸子，自称“黄巾军”。如果叫“绿巾军”，那就起不了义了，得先把家务事平一平。

虽然张角的起义并没成功，但仍然震撼了东汉朝廷，朝里的人吓坏了。一有人挑头，天下人都跟着响应，这充分说明了政权的腐朽。对此，十常侍给出了主意，皇上也问过了文武群臣，最后有了一个办法——权力下放。然而，东汉究其覆灭的根本，正是错在这儿了。天下大乱，军权等各种权力通通下放。地方上，只要地方官能来帮朝廷打黄巾军，就可以想干吗干吗。然而，朝廷是从这个角度理解的，地方官可不是。权力是老虎，下放容易收回难，以至于后来的东汉天下，群雄四起，人人有权力，哪怕此人只管三个小县，也可以跳将出来，以朝廷准许之名大张旗鼓地招兵买马。于是，东汉的根基就从这儿开始，一发不可收拾地倒下去了。

“黄巾起义”并没有成功。虽然张角说“苍天已死”，但“苍天”当时也没死，“苍天”又活了三十多年。历史有时候很可爱。由此可见，造反这个“行业”成本太大，所以三百六十行把“造反”剔出去了，因为实在是不容易成功。虽然它不容易成功，但是由这儿起，引出了一幅波澜壮阔的画卷。

地方官既然掌握了权力，那就要招兵，于是天下各处都刷出了招兵的榜文，到处张贴，就跟龙字科选秀似的。有一张就贴在了涿州的城门外，贴到了涿郡。一大帮人站在那儿看，官府说的，为了打黄巾军，不管你多大岁数，不管你相貌如何，都可以来为国效力……就在这张榜文底下，站着一个人，不到三十岁，跟众人一起看，看到最后，他叹了一声，没说话。在他身后，有人大喊了一声“呔”，把他吓了一跳。一回头，身后站着一位大个子，黑黢黢一张脸，胡子绞下一根来能当弓用，拧眉瞪眼道：“大丈夫不思军前效力，唉声叹气，有什么用呢？”我们这个故事的男一号和男二号见面了。这要是电影手法，就得是这位一回头，那位也回头，两人互相看，画面一升格……

这两位是谁？站在榜文下叹气的，是刘备刘玄德；后面喊了一嗓子的大个子，是张飞张翼德。但这个时候，两人谁也不认识谁。用现在的话说，刘备是一个落魄的贵族子弟，汉景帝的玄孙，中山靖王之后，是皇上的本家。这就是后来有人叫他“刘皇叔”的原因。只是到他叹气之时，他们家已经没落了。中山靖王有一个儿子，叫刘贞，也曾有爵位，还是个侯爷，但他犯了错。每年，像他这种散在外地的皇家后裔都得交一份钱，这钱是祭祀王陵、皇陵之用。简单来说，也就是皇家后裔虽然散落在外，但每年家里边上坟，也都得花点钱。但这份钱，刘贞他没交。于是，朝中不悦，就把他的爵位给免了，这一下，他就成了普通百姓。所以，从那儿开始，这一支便越来越落魄。到了刘备这儿，已经是手工业者了。他父亲去世得早，他是跟母亲一块儿长大的，《三国演义》原文有载“刘备贩屦织席”。他母亲有织席子的手艺，他贩屦。“屦”念 jù，是用麻和葛搓的绳子编的鞋。“履”也就是鞋，因为“贩屦”说起来绕嘴，所以很多人都说“贩履”，意思都对，但“履”不如“屦”准确。那个年头，这种鞋是卖给穷人穿的，他赚不了多少钱。所以后来辱骂刘备的人就会说他是“大耳贼织席贩屦之辈”。

这天，刘玄德走到这儿，看见了榜文，很感慨。因为他跟普通百姓不同，他原是皇上本家，往上倒，这江山有他一份，再结合当下自己的状态，难免百感交集，所以叹了口气。但张飞不一样，张飞生活状况要强于刘备。张飞在此地，家里有酒店，也卖酒也杀猪，挺有钱的。常有人说“张三爷推车卖肉”，其实人家可不只是卖肉，他家里有点产业，用现在的话说，小康是没有问题的。这一回头，四目相对，两人抱拳拱手，互相介绍一下，这位说：“我姓刘名备字玄德，汉室后裔，现如今……”张飞比刘备小，也挺客气：“本姓张名飞，乃是此地人士……”哥俩聊着天，越说越投脾气。有人会问，为什么这么快就越说越投脾气？很正常，这就跟谈恋爱似的。有的人来往半年了也瞧不上，有的人打街上一回头，真好看，我爱他。人跟人之间，好多事情都没有道理可讲。这哥俩就是，越聊越投脾气，张飞说咱喝酒去。他们当时刚好在城门边上，大小买卖、酒馆都有。一进店门，老板都认识张飞，请进来给上菜，炒个萝卜皮，麻豆腐、炸灌肠，上碗疙瘩汤、炸酱面，这是家老北京炸酱面馆。吃什么不重要，这不像《济公传》，没完没了地吃饭。有句老话就说“撑不死的《济公传》，饿不死的《三国》《水浒》"。《济公传》的故事里，济公一天到晚吃吃玩玩，吃是他的正事，"三国"的故事没有在吃上耽误工夫的。

刘备、张飞两人就是如此，他俩坐在那儿吃饭，聊的是天下大事。刘备一说自己的所思所想，就把张飞感动坏了。张飞是个粗人，没怎么念过书，刘备一说自己的家国情怀，张飞很高兴，"我再敬您一杯"。这工夫，酒店门外来了一辆车，当然不是汽车，是手推车。车上装了十几麻袋粮食，这车往门口一放，推车人进来了。他往里边一走，刘玄德一回头，"啊"了一声。为什么叫了一声？来者是个英雄。按现在的话说，来者身高有一米八五左右，面如重枣，卧蚕眉、丹凤眼，五绺长髯胸前飘，是的，关二爷来了。他得来，他不来不合适了，他再不来，这两人就吃完饭了。关二爷往里边一走，站定。就这一站，刘玄德就站起来了，他感觉到这个人的状态是不一样的，于是抱拳拱手往前走。

"这位壮士。"

关羽这边赶紧一还礼，互相一通报："姓关名羽字云长，家住山西蒲州解良县。"

"好，我见您英雄气概，想请您屈尊，咱们共饮一斗。"就是说大家一块儿喝杯酒吧！坐定之后，推杯换盏一聊天，才知道关羽在家乡惹了祸，有人命在身。虽然是打抱不平，但是不管怎么说，出了人命了，得跑。所以他抛家舍业，来到此处，贩卖粮食，酒店门口的车上装的就是粮食。民间传说总说关二爷卖豆腐，这么说可能是因为热闹。您想，大红脸卖豆腐，它颜色好看。简短截说，三人在酒馆聊天，越说越开心，越说越投脾气。张飞说："这样吧，二位哥哥，上我那儿去吧，在我的寒舍咱们好好喝会子，这儿不方便。"两位也没客气："走，跟您走。"

张飞家里有一座花园，花园里全是桃花，"桃园结义"正是在这儿。桃花盛开，摆上酒席，哥仨聊着天下大事，脾气都凑到一块儿了，越聊越开心，到最后说：咱们虽然说不是亲哥们儿，但相见如故，不如咱们义结金兰，成为金兰之好。”所谓“金兰之好”就是赤金永不变色、兰花永不变味，要结拜为兄弟的意思。于是，来人准备了“乌牛白马”。所谓“乌牛白马祭地天”，其中“乌牛”是指黑色的牛，“白马”是指白色的马。白色的马是祭天用的，黑色的牛是祭地用的。

哥仨跪在桃园，异口同声道：“苍天在上，后土在下，我弟兄三人愿结为异姓兄弟。从今以后，匡复汉室，倘口不应心，神天共戮。”意思是说我们仨从今天起就是好兄弟了，我们要匡复汉室、要帮天下百姓，要像亲兄弟一样。这一个头磕在地上，如果以后谁口不应心，老天爷您这有一个报应。哥仨这一磕头，旁边的家丁、管家都被感动了。哥仨站起来，手攥在一块儿，互相瞧着，眼里储满了泪水。“桃园三结义”，到今天听来都是“铛铛铛”的亮响。当时这哥仨不知道，他们这一磕头，这份交情成了感天地泣鬼神的佳话，“宁学桃园三结义，不学瓦岗一炉香”。

三国男团结义 拜金督邮驾到

走遍天下游遍洲，人心好比长江水自流。

只见桃园三结义，哪有相交到白头。

“桃园三结义”当中，最重要的人物是刘备。为什么呢？张飞直来直去，是性情中人，但刘备不是。

在《三国志》里，有关刘备的历史记载中，有一句很重要的描述，说刘备这个人“喜怒不形于色”。这是最要紧的，成大事者一定要做到这一点。这不是说这人有多“阴”，而是他的一种自我保护。就怕“狗肚子搁不住二两香酥油”的人。狗喝不了香油，因为肠子短，这边喝进去，那边就掉地上了，出来比进去还快，有的人就是如此，有点什么事都写在脸上。尤其是在职场上，老板派这样的人谈生意，就必死无疑。

而刘备不同，他喜怒不形于色，多高兴、多生气，脸色都一样。这就很难得了。老话讲“胸有激雷，面如平湖者，可拜上将军”。心里已经恨得打雷打闪、狂风暴雨了，脸上仍如平静的湖水，老话说这样的人可拜为上将军。现如今，在职场上也很需要这样的人，这不是在教人学坏，这最起码是一种修养，也是一种自我保护的能力。

但是，当刘备跟张飞、关羽一聊天，他显得异常兴奋，这打破了他的常规，说明他是真心喜欢这两个人。刘备的一生，到最后的时刻，为了给关、张报仇，就做不到喜怒不形于色了。他发全国之兵打东吴，以致蜀汉政权衰败，这是后话。

如今，哥仨在桃园结了义，磕完头站起身来，要各叙年庚。刘备年纪最大，说“愚兄我痴长，二十八岁”。这一年，刘备二十八岁，他是十月二十八日的生日，天蝎座。如果您对星座有研究，要是细琢磨刘备的为人，琢磨他一生做过的事，是很符合的。关羽比刘备小一岁，二十七岁，他是七月二十几日生的，大致是巨蟹座。张飞最小，二十岁，二月二十五日的生日，双鱼座。

大哥刘备、关二爷、张三爷就是从这一天开始定下来的，把座儿摆好了，大哥刘备先坐，关羽、张飞纳头就拜，给大哥磕头。磕完头站起身来，刘备挪到边上去，关二爷坐好了，张飞跪倒，拜见二哥。拜完赶紧搀起来，张飞往那儿一坐：“该你们俩了，来！”这不是历史啊，但这要换作我，我准这么来一回，到时候那二位就得瞪眼轰我。

关于刘、关、张的结义，到后来留下了一句俗语，“宁学桃园三结义，不学瓦岗一炉香”。大伙儿都说，要是交朋友、拜把子，要按桃园结义来，不能学瓦岗寨的人。为什么天下会有这样的说法呢？桃园三结义，哥仨有交情在。不过要从事业上来说，别看他们占据了三分之一的天下，这三个男人到最后并不成功。拿关二爷来说，这么大的能耐，到最后大意失荆州，麦城归天。张飞更不必说，让两个鼠辈范疆、张达给杀了。如果是两军阵前，两员大将对阵，那是为国捐躯，也罢。可偏偏是家里来俩“扫地的”杀死了他，叫人委屈。而刘备为了给关、张报仇，发全国人马攻打东吴，最后自己白帝城托孤，江山社稷也全完了。所以从这个角度出发，这三人在事业上并不成功，不是人生赢家。

关于“瓦岗寨”，了解《隋唐演义》的读者都知道“贾柳楼三十六友结拜”。瓦岗寨这三十六友，到了大唐朝都是开国的功臣，有的在凌烟阁都挂着画像，人人事业都很成功。那为什么人们倒觉得这不成功的哥仨更值得尊敬呢？因为两个字——“忠义”。

比如关二爷，在曹营的时候，曹操对他好天下皆知，“上马敬下马迎，修下一府分两院”，对他好得不能再好了。走遍天下也没有任何一家能够给关羽这么好的待遇，不管是荣誉还是其他方面，都是顶级待遇。但是，这没有留住关羽的心，斩颜良诛文丑之后，听说大哥那里需要他，马上说“我得找我哥哥去”。挂印封金，三次辞曹，灞桥挑袍，过五关斩六将，千里走单骑，“我得找我哥哥去”，忠义即如此。张飞更不用说，一身的能耐，在刘备手底下做事，大半辈子就是跟着那一万多兵。为什么呢？没有那么多可用之人。东征西讨，打一仗败一仗，再打再败，一直到赤壁之战之后，张飞才缓了口气。张飞不管跟哪路军阀、哪一家老板，他的待遇其实都会比在刘备这里强，但他就一直这样忍着，因为“那是我哥哥”。一个头磕在地上，张飞把哥哥放在了心上。反过来，刘备对得起他们哥俩吗？对得起，关、张二弟死了之后，刘备急了，“我得报仇”。诸葛亮告诉他不能报仇，要休养生息，别跟东吴打仗，要跟东吴和好，要保存实力打魏。诸葛亮说的对吗？对。刘备的一生，诸葛亮说什么他都听，唯独这一次没听。他举全国之力，七十万人马，打东吴为弟报仇。结果大家是知道的，火烧连营七百里，白帝城托孤，刘备的江山社稷毁于一旦。不为别的，为了“忠义”，有这样的兄弟就有这样的哥哥，兄弟间是相辅相成的，所以值得人尊敬。

就事论事，再看瓦岗山这几十位爷，除了王伯当、单雄信，其他人都是墙头草。比如秦琼，“马踏黄河两岸，锏打山东三州六府七十二家堂官，交友似孟尝，孝母赛专诸”，好词儿都是贴秦二爷身上的。“专诸、孟尝”，一个是对母亲好，一个是对朋友好。

专诸是刺客，很厉害，在街上无论跟谁打架，打得再不可开交，老太太喊一声就回来。哪怕老太太没喊，让儿媳妇拿着自己的拐棍，到那儿一晃悠，他就回来了，孝顺至此。

孟尝更不用说，孟尝君有三千门客，不管你是做什么的，来我家咱们一块儿吃饭。孟尝君跟人聊天的时候，屏风后边总有人拿笔记录。孟尝君会问来者家住哪里，日子过得怎么样，屏风后的人就都一一记下。聊完天后，如果这人的家里条件不好，他就会按照记好的地址打发人去送钱。在他的家里，众多朋友们一起吃饭，有一位坐的地方被挡着光了，这人也小心眼儿，觉得是自己的饭没有别人的好，站起身来，一摔碗筷，“我不吃了”，说着就要走。这时，孟尝君就走过来，说：“您看看我这份儿，跟您的一样，咱们不分贵贱。”争嘴的这位拔出宝剑来，给自己切开，死了，为什么呀？以死谢罪。他觉得他不该这样做。这样的消息传出去之后，来孟尝君家的人就更多了。为什么他家里能有三千食客？那是一个荒数，只多不少，所以天下人都说，交朋友得交孟尝君。

拿这两位比秦二爷，“赛专诸”他做到了，秦二爷对母亲没的说。但“似孟尝”做到了没有呢？这就两说了。《隋唐演义》里面，谁对秦二爷最好？单雄信。他当锏卖马落魄天涯的时候，谁管？单雄信。他老母亲过生日，天下来那么多人为她祝寿，是因为秦二爷吗？那都是单雄信的朋友。打瓦岗山散了之后谁收留了秦二爷？是单雄信把他留在了洛阳。李世民去洛阳挖秦二爷，明知道带他走以后不会回来了，单雄信都没说“秦二爷你不能走”，人家是讲仁义道德的。可秦二爷到了大唐之后，带着人马扭回头来就打洛阳。他虽然可以说是王命在身，但从朋友的角度出发，难道不让人寒心吗？单雄信锁五龙，最后在法场上要被砍头了，单五爷举着杯酒还在来回找他的秦二哥，可秦二哥不在。单雄信死尸倒地，秦二爷才回来哭。他大可以说是徐茂公安排他出去公干，但那不是设计好了的吗？！在相声后台，管这叫“玩人”呐！

所以人们说，“宁学桃园三结义，不学瓦岗一炉香”。

秦二爷没有尽到朋友的职责，谈不上“忠义”二字，但是人家桃园三结义的兄弟做到了。京剧一唱戏，刘、关、张的故事必定搁在一块儿，一贴这回目就是“大型京剧《生死桃园》”，“异姓有情非异姓，同胞无义枉同胞”，正是如此。

我们读“三国”故事，并非只读兄弟三人在一处磕头，站起来后成为兄弟，那不足为道。而是兄弟三人拜了把子，打这儿起要跟亲哥们儿一样，接下来要谈论的就是天下大事了。“现如今朝廷荒淫无道，百姓们哀鸿遍野，民不聊生。尤其是我刘玄德，身为汉室后裔，我有责任匡扶社稷，恢复大汉的河山。你说咱们怎么办？朝廷正在招人，咱们得献出自己的一份力量。”张飞说：“好，我这儿有钱，别光咱哥仨出去打仗，咱们也招点人，看看能招多少。”有苏先生和张先生两位中山府的大客商，平时跟张飞关系不错。“您这儿位要干大事？”“对，要干大事。”“好，我们来赞助了。”原文有载，两位客商拿了五百两金银，送了五十匹高头大马，又给拿了一千斤的铁。拿铁干吗？不能是拿了铁出去给卖了，那就不是桃园三兄弟了，那是三位说相声的。

有了铁，三位开始打造自己的兵刃。刘玄德打的是双股剑，也叫“鸳鸯剑”。另外两人厉害，尤其是关二爷，打造了“青龙偃月刀”，有个别名叫“冷艳锯”，八十二斤重。这重量，光拿在手里就不容易，更别说还要抡起来打仗。张翼德打的是“丈八蛇矛”。兵刃已备，哥仨在练武的同时，也召集了有共同目标的人，一块儿匡扶社稷。“人的名儿树的影儿”，这一放出风去，人们就陆陆续续地来了。时间不长，他们手下就有了五百人，兄弟三人不再是“光杆司令”了。接下来，他们就带着这五百人投军报效，去攻打“黄巾军”。

在打“黄巾军”的过程当中，刘、关、张经历了三十多场战斗，朝廷还是比较满意的。平定了黄巾起义，按功封赏，刘备也得了一个官。虽然这个官不大，是中山府安喜县（今河北定县）的县尉，但不管怎么说，这是朝廷正式的任命。到了任上之后，刘玄德发现这个安喜县有点问题，因为之前的县官爱财，老百姓的日子过得也挺苦，所以心里说我不能像他似的，我得对得起百姓。刘备来到县上之后先没直接上任，而是带着这兄弟俩明察暗访，把县里的情况全摸透了，然后开始整顿吏治，让百姓们安居乐业。大概三个月过去了，安喜县太平了下来。过去，百姓看着衙门口就恨得慌，现在老百姓生活踏实了，真把县官当成自己的父母，这很难得。

三四个月后，从上司衙门来了一封信。这封信往前一递，刘玄德接在手里边，倒吸了一口凉气，这才引出“鞭打督邮”的故事。

刘玄德安喜县上任，把县里的工作安排得井井有条，很受百姓的爱戴。之前的县令三天两头想让老百姓出钱，现在的刘太爷没有。所以，后来百姓们说，刘大人担得起“秋毫无犯”这四个字。

“秋毫无犯”，说的是秋天的风厉害得像刀一样，“金风一起，万物萧条”，但是刘大人不占一丝一毫的便宜，所以哪怕秋风刮起，连一根毛都吹不出来，意为为官之人清廉。一任地方官，能够得到百姓这种赞扬，不容易，可见其很得民心。

这一天，刑房的师爷进来了，说：“您看看这个，中山府的公文，也就是上司衙门的公示。”那时候，一府管三县，刘备所在的县归中山府管。这公文的信封很大，长度足有一尺，所以叫“尺书”。刘备接过公文，要把它打开，得从里边把信瓤子掏出来。

但这可不是随便就能打开的，拆信是有规矩的。

如果来信的是我的儿子郭麒麟，那么我可以从上头把信打开，手伸进去把信瓤子提拉出来，因为这是儿子给老子的信。如果是长辈或者是上级主管、领导来的信，从上边拿就不礼貌，应该从底下打开信封，把信请出来，人家在上头，我在底下，这是规矩。如果是媳妇儿来的信，则要把信封翻个个儿，在信封背后的粘口处拆开，拿出信瓤。如果是平辈来信，写信的若是哥哥，他比我大，我要从左侧打开信封；写信的若是弟弟，我就要从右边打开信封。

“左为上，右为下”，看戏的时候也是如此。如果您看到戏台上摆着一张桌子、两把椅子，演员外的一定是坐在舞台的左边，演太太的则会坐在舞台的右边。因为左为上右为下，戏班里面管左边叫大边，右边叫小边。如果是两位官员就座，也是左边的官大，右边的官小，这是规矩。

打开上司衙门的来信，刘玄德直嘬牙花子。为什么呢？上司要派人来了，要派一位督邮来。“督邮”是个官职名，虽然不大，但是可怕，天下很多事都是如此。“督邮”，是太守下边的一个工作人员，他的任务是到各个县里去考察县官的政绩，虽说他不是掌握税收或是掌握升迁的官，但是他下来考察完，回去跟老爷说某个官员贪污，那这官员的仕途就走到尽头了。所以说，这个官权力不大，但是可怕，杀伤力不大，侮辱性极强。如今安喜县要来的，就是这么一个官，信上还写着到达的日子，要安喜县准备行辕。“行辕”是指这个官到了某地方之后，要有一个临时办公和住宿的地方，刘备要提前为他准备出来。督邮来考察，刘备倒是不怕，他不贪污，又受百姓爱戴，都不是问题，但这行辕是个事儿。为什么呢？因为太穷了。像督邮这种官员到县上来，不能随便找个地方让他住下，他会说你怠慢他，你得给他安排得特别好。最起码，屋里的墙上要有些字画，要摆个百宝阁，总得有点东西。督邮一行人连吃带住，不是他一个人，少说也有几十人，在县里待个三五天、十天八天的，人吃马嚼的，是这份挑费让刘备犯愁。他虽然很为难，但这个事也没法跟别人商量，只能到时候再说。

还没等督邮到，三天之后，刘备接到了上峰的另一份公文。这一份公文看完，刘备的冷汗下来了。这份公文，相当于是朝廷发来的一份简讯，通知大家接下来朝廷有项“沙汰”工作，意思是要淘汰一些破“黄巾军”之后的官员。打败黄巾军之后，有一批人，因为有军功，所以做了官。如今，朝廷认为天下太平了、稳定了，回头一琢磨给出去的这些官，就有点委屈，所以准备收回来。那怎么收呢？派督邮下去查。所以一封、两封的公文发下来，就是让各位官员有个心理准备。刘备看完之后心中不稳，但因自己清廉，就觉得应该没事，所以他让师爷安排朋友去问一问，问问上司衙门，到底怎么沙汰。师爷叫王震，人很好，已经伺候了三位县太爷，在当地不能说手眼通天，但最起码朋友很多，在上司府衙也有朋友，所以打发人去问了。转天问完回来，进屋见到了刘备。

“大人。”

“哦，师爷您快坐。”

“是，谢谢大人。”

“怎么样啊？”刘备看师爷的表情不太好。

“是这样的，我有个朋友，在中山府当差。他今天给我带信儿，说是留任的太爷必须是举孝廉公的方可。”

“举人”“秀才”“孝廉”都是指功名。用现在的话来说，你必须是什么大学毕业、得有什么文凭，朝廷拿这个硬指标卡你，这就是朝廷做的“扣儿”。你们这次不就是因为军功做的官吗？好，军功这事儿过去了，朝廷要从文化上卡你们。你到底是不是某大学毕业的，你有没有这个身份、水平，如果不符合，这个官必摘。刘玄德看罢心想，完了。

刘备跟我一样，心想，我初中二年级就不上了……那天我们家开了个会，我是初中二年级毕业，我儿子郭麒麟初三毕业，我外甥王九龙初三毕业。虽然我读过《二十四史》，虽然我家的书房很大，但是我连个初中文凭都没有，所以此番沙汰必有我呀！

总而言之，刘玄德这官位要保不住了。

虽然心里挺难过，但他毕竟是刘皇叔，仍然“喜怒不形于色”，所以他面带微笑，跟师爷道辛苦。人家给他烦人托窍问去了，也不能因为他心里别扭，就跟人家甩脸子，否则那就不是刘皇叔了。

师爷心眼儿很好，说：“大人，好多事情其实也未可知，等督邮大人到了之后，咱们再见机而作。”

到了这天，早晨七点左右，刘备洗脸漱口，收拾得干净利落，穿上官袍，戴好帽子，带着关、张二弟，衙门口大小的官吏，还有三十多个“大头兵”，出郭相迎。“出郭”，就是要去城外等候督邮的到来。打早晨七点，等到中午十二点，刘玄德腿都木了，想要活动活动腿，又觉得不行，显得不尊敬督邮，所以直等到正午。终于，马挂銮铃，尘土飞扬，来了几十个人。不愧是督邮，自己就带着二十来个人，还有上一个县送他过来的三十个兵，几十个人护送着他前来。眼看快到了，刘玄德一撩自己的袍子，“趋步前行”。什么叫趋步呢？撩好了衣裳，哈着点儿腰，比跑要慢，比走要快，小碎步往前倒，代表的是尊重。来到跟前，一撩衣裳，单腿跪倒：“卑职安喜县县尉刘备，恭迎督邮大人。”

按正常的礼节来说，你督邮应该甩镫离鞍下来之后，伸双手相搀。因为按行政级别，其实刘备不次于你，但就因为你是上面派来的监察官，人家才给你施这么大的礼，按规矩你得下来搀。但是，督邮没动，不光没动，还坐在马上，拿着马鞭。《三国演义》原文有载：“微以鞭指回答。”

别说是在官场上，我们交朋友也不能这样。站在刘备身后的关羽和张飞，胸中火气腾地就上来了。他兄弟二人不是谁的官，也不是谁的随从，他们看到想到的，只有督邮对哥哥的不尊重。但是，看到大哥站在原地没动，关二爷拿手一比，意思是先瞧瞧吧，得听哥哥的，张飞则气得不行。

《三国演义》中，这位督邮的出场算是比较早的，但是他没有名字，可能是作者觉得犯不上给他个名字。但我把这故事写下来给您看，就可以给他起个名字，叫王海、于谦，都可以，不重要。虽然没有名字，但故事写到这儿了，我们就要能想象出来。

此情此景，这位督邮来到了安喜县，他这一不下马，在张三爷跟关二爷这儿，就先标名挂号了。按照张三爷的意思，如果搁在过去，早就给他从马上拽下来了。但关二爷还是比他脾气温和，意思是别给大哥惹祸，所以赶紧往前来一步，一伸手扶起自己的哥哥。人家不给节骨眼儿，自己人得给节骨眼儿呀！又何况人家已经用鞭子指了一下，那意思可能就是起来吧。管他是不是，关羽过来一搀，刘玄德这才站起身来，抬头观瞧。为什么要观瞧？刘备想，我得看看，谁打鼻子眼儿里边这样说话呀？

抬头看看这督邮，头戴乌纱，不大点儿，有一颗红缨是猴屁股色，穿蟒袍，墨绿色，上面绣着团花朵朵，像茶碗儿，腰里系着牛皮板儿，转圈都是金钱眼儿，大饼子脸儿，牛皮癣儿，还有一点小刘海儿，倒抹子眉，三角眼儿，长得像个狗熊仔儿，督邮到此天涯地，哪承想，破坟头遇见大铁铲儿。

刘备挂印裸辞 督邮当街被打

八月中秋白露，路上行人凄凉。

小桥流水桂花香，日夜千思万想。

心中不得宁静，清早览罢文章。

十年寒苦在书房，方显才高志广。

督邮坐在马上，连句“嗯，请起”都没有，只是从鼻子眼儿里冒出一声“晐”。这个督邮狂妄惯了，他觉得，我到这儿来，哪个县的县官瞧见我，都跟瞧见亲人似的，因为我的一句话掌握着你当官的命运。

两旁的随从以及上一个县派来送他的兵丁一起，簇拥着督邮往前走。刘备兄弟三人跟在后面。他们是不可以走到前面去的，如果去了前面就算犯罪。张飞因此怒火中烧，好几次恨不得蹿过去把督邮打上一顿。关羽在一旁拦着他，说不能给大哥找事儿。

进得城来，到了县衙，众人把督邮让进了行辕，刘备一行人在外头等着。督邮一进屋就翻了脸，因为屋里太寒酸了。虽然屋里的家具都擦得很干净，但这跟他想的不一样。他这一路下来，所到之处谁都巴结着他，在富裕的县里，住的地方装修得特别好。新被子、新褥子，古玩字画，样样都在屋里备好了，彰显了他的身份。可到了刘备这儿一瞧，待遇不好。于是督邮坐在椅子上运了半天的气，这才打发自己身边的人说："叫他进来。"叫谁进来？叫的是刘备，连称呼都没有。

"让您进内回话。"

"是是是。"刘备撩着衣裳进来了。

来到屋里，刘备一躬到地："卑职安喜县县尉刘备刘玄德参见大人。"

督邮靠在椅子上，派头十足道："嗯，罢了。"

"是，谢大人。"

"贵县，来到这儿多久了呀？"

"跟大人您回，将四个月。"

"才来四个月？贵县是何出身呢？"

"是。卑职乃汉室后裔，中山靖王嫡传，因破黄巾军有功，蒙恩典，放我安喜县县尉。"

"哼，诈称皇亲，该当何罪？"

按理说，两人的官位相当，只是督邮有监察的任务在身而已。可是督邮连座都没让，当时就翻脸了，这就是在找碴儿打架。说刘备"诈称皇亲"，他怎么知道刘备是假的呢？他不知道，他只是觉得刘备的官这么小，今天他说个刘备贪污，明天刘备的官就当不了了。这就是不讲理，欺负人惯了。

"诈称皇亲"，一说这个，刘备就不爱听了。就算是俩说相声的坐一块儿，这位家里面六辈都是说相声的，别人跟他说，别骗人了，你们家十五辈都是热心观众。这就叫"侮辱性极强"。

关键人家刘备正经是大汉皇室的后裔，景帝玄孙，中山靖王之后，这是真的。督邮这一说，把人家的根刨了，等于把人全家都骂了。可是刘备不敢搭话，只能暗气暗憋。督邮见刘备如此，说他不光诈称皇亲，还诈冒军功，打黄巾军这点儿功劳也是假的，“此番朝廷沙汰官吏，就是要清除尔等”。他明着告诉刘备，他这回来淘汰的，就是刘备这样的官吏。

刘备愣了：“大人——”

“你住口。”督邮不让人说话，“这样吧，我给你一晚上时间，回去你拉一个单子。你在上面给我写清楚了，这四个月之内，你在安喜县接受了多少贿赂，金银多少，器皿多少，文玩字画多少，明天把这个单子给我。我看一看再做定夺。”

这就是明抢啊！你还得承认你是贪污，你还得给我拉一单子，然后我明天按这单子，找你要东西。

打这儿出来，那么大的英雄，就这样把火在心里面窝着，没有地方说理。回到衙门，刘备坐在屋里，心口堵得半天说不出话来。

“唉——”刘备叹了一声，“大汉天下……”

如此看来，大汉江山不保，朝廷的官员下来明抢明夺，跟强盗有什么区别？刘备正在生气，师爷王震进来了，就是前文我们提到过的那位善良的师爷。他知道刘备刚从督邮那儿回来，赶紧追进来问：

“大人，您刚才去见督邮大人了？”

“见了。”

“怎么样啊？”

“唉，坐这儿。”

“好，谢大人，怎么样？”

“他让我拉一单子，问我这四个月来，贪了多少钱、多少东西，明天找我要。师爷，您是知道的……”

“大人您不用说，我太知道了。我在安喜县伺候了多少位县太爷，我不是捧您，您是清似水明如镜，不亚于纱照万盏明灯，亮如白昼一般，天下要都是您这样的父母官，那老百姓就享福了。我知道，他就是讹诈于您，您没有啊！百姓们都说您秋毫无犯啊！”

“虽说我秋毫无犯，可明天怎么交差？你没看刚才他那个状态，我问了，他这一路上，可是发了财了。无论到哪儿去，谁都为了保住自己的官给他行贿，都怕他说什么不好的话。”

“大人，按理说这话我不该说，但您不行也得运动运动，您得花钱。”

刘备叹了口气说：“我拿什么运动？咱没有那么富裕。我自己也没有闲钱打点他，这你也清楚。又何况你看他这状态，不是仨瓜俩枣就能了事的，人家是憋着发财来的。不是来两根黄瓜他就能走了。这怎么办？”

“大人您别着急，咱们想想办法。”

刚说到这儿，督邮的近从又打外面来了：“师爷，督邮大人请您呢。”

你看，刚才叫刘备，是直接叫他进来，到了师爷这儿，是“请您呢”。

师爷急急忙忙去见督邮，进屋一瞧，督邮正坐在那儿喝茶，咧着嘴。师爷赶紧进来，一躬到地道：“下吏参见大人。”

督邮乐了，把茶杯撂下，站起身来，还搀了一下道：“免礼，免礼。坐坐坐。”

“不敢。”

“什么敢不敢的啊，有座当坐，坐下好来叙话。”

“是是是，谢大人。”

师爷坐在这儿也不能大模大样的，要坐得有身份、有尺寸。几乎就是坐在椅子边上，欠着身子，往前看着督邮大人。人家一张嘴，师爷就要赶紧站起来，这是做下属官吏的规矩。

“安喜县待了几年了呀？”

“跟您回，我待了五年多，将近六年了。”

“这是安喜县的老红人了。”

“不敢不敢，在这儿伺候好几位太爷高升了，现在跟着刘大人。这个玄德公，刘大人，我也没想到，真是让我发自肺腑地佩服。为人忠厚、善良、正直……”

“行了，别说这没用的话了，我叫你来呀是有事儿。”

“大人您吩咐。”

“你会写字吗？”

“大人，我是师爷，会写字。”

“好好好，晚上回去给我写字，写一写这四个月，刘玄德在此地贪污了多少的金银，古玩字画都有什么。这一篇纸你给我写满了，明天交给我。”

《三国演义》故事的开端，就先安排了一个暴力项目——鞭打督邮。督邮在整个故事当中只出现过这一次，挨了顿打就回去了。从《三国演义》到《明英烈》你不会再看见督邮，他的意义就在这儿。作者是要用他来告诉大家桃园弟兄中每个人的性格，也通过这件事情让这几个人不能在安喜县踏踏实实地上班，不再料理当地老百姓的生活了。他们注定是要做大事的，所以作者才这样安排。

督邮大人的话一说出来，师爷就明白了，这不就是害人吗？要换了别的师爷，可能就听话了。为什么呢？我跟你又没有交情，这是上司让我这么写的。写完之后，大不了把你弄走，下面再来太爷，我还接着伺候，我犯不上。但这个师爷真好，他站起来了，一躬到地：“大人此言差矣。”

督邮端着水正要喝，差点把茶杯咽了。他把杯子撂下了，问：“何差？”

“玄德公到安喜县以来，现如今我们这个小地方，夜不闭户，百姓们安居乐业，此皆玄德公之功也。所以您让我构陷玄德公，万难从命。”

并不是每个人处在这个状态下，都敢说这话的，师爷有骨气。好多人看起来挺横，当官的一来，当时就蔫了。

这话说完之后，督邮的脸色可就变了。没想到，连个品级都没有的师爷，也敢这样和他说话。

此时的师爷，虽然算是“公务员”，但只是县衙里面的小吏，身份较低。但如果到了明朝，师爷根本就是县太爷的私人物品。我们看的电影、电视剧中，衙门里面都有一位师爷，站在老爷跟前。县官审案时，师爷在一旁写字。这师爷是由县官给他开工资，是他带来的，不在编制里边，可以雇三个，也可以雇五个，只要他给得起钱。为什么带人来呢？因为他们可以帮着挣钱。过去，常常一任县官上任，会带来七八个人，都是之前县衙门里的班头、衙役、差人，人家有自己的一整套人马，来了新地方，各个部门都得是自己人。因为他是拿做官当生意干的。

后来到了清朝，还有“捐班”一说，“捐班”就是买官。比如，我要买一个县太爷，或者哪个府的知府，只要钱够了，运动足了就行。可我凑不齐这么些钱，叫上哥儿几个一块儿，大伙儿凑钱买官。买完之后咱们分，我是县官，你是师爷，你负责刑房，你负责……之后大伙儿一块儿去上任。如此，能不贪吗？这做的是生意呀！上任之后，三下五除二地把买卖安排一下，从老百姓身上弄钱。也许回去就不干了，也许接着投资，再买更大的官。封建社会，这样的官不少，但像文中描述的好师爷太少，有骨气。

“好好好，竟然在我面前大声咆哮，目无国家王法。”督邮很生气。

怎么就目无国家王法了？你哪句说的是王法？你不如跟师爷说咱一块儿啊，帮我诈骗，我要勒索，我要害人了。师爷不跟你干坏事，就叫目无王法？

“岂有此理，来人呐！”督邮自己带二十来个人，上一个县护送他来的还有二三十人，但他一进了行辕，送行的人就走了，所以现在院里边都是他自己的心腹。一说来人，大门一开，进来了四个兵。

“把此逆贼捆在明柱之上，背花五十。”

“逆贼”，是说师爷是个造反的贼。督邮住所的廊檐下有柱子，他命人将师爷绑在那个柱子上，打后背五十下。

封建社会，官府里的老爷一吩咐，下面的人就必须烘托气氛。比如大老爷升堂，老爷往这儿一坐，两旁的衙役就喊“威——武——”，接着就带人犯上来。人犯一上来就害怕了，这是老爷的官威，所以“三国”故事中也是一样的。平时还是“您留神看台阶啊，慢着，这儿走，滑……”这会儿就不拿人当人了，都是拽着到院子里去，先把这外衣给他脱了，要打后背就得先把师爷揽到柱子旁边，让他面朝柱子并用手搂着这柱子。打之前就先捆上，然后脖子上一道，腰上一道，腿底下还有一道绳子，等于这个人跟柱子是抱在一起的，露着后背。一旁就有人准备鞭子，这鞭子是用牛皮跟鹿筋做的，裁好之后编成小辫。一说要打人了，弄一桶凉水，把这鞭子往里一泡，这样打起来又狠又损。

弄好了，督邮手下的几个大个儿撸胳膊挽袖子，把这鞭子拿出来一捋，抡起来，“啪——”从右往左先来一下，紧跟着从左到右又来一下。就这两下，后背上的肉就翻出来了。这叫什么呢？叫“十字披红”。你别看肉翻出来了，但这还算好的。有那个坏的、损的人打完之后，如果这肉不翻出来可就坏了，那容易死人。翻出来了好歹是外伤，就怕闷在里头，那被打的人就离死不远了。疼吗？能不疼吗？师爷也不是个武行，是个念书人，四十来岁，哪受得了。

督邮住的行辕不是衙门口的大堂，实际上是县衙旁边的一个跨院，这个跨院有门，这扇门是开着的。前文我们也介绍了，这位师爷在县里的年头不短，而且人好，还是本县的人，所以大伙儿对他都熟悉。有人从门前一过就看见了，是王先生王师爷。开始只有一两个人站在门口看，后来越聚人越多，大伙儿瞧不下去了。“咱们得救他。”人缘在这儿就看得出来，如果师爷一天到晚勒索百姓，那他挨打大伙儿都得叫好，得搬凳子坐那儿喝茶水、嗑瓜子。但如今百姓一瞧，这可不行，百姓看不下去了，要往里面冲，可是督邮院里还有二三十个兵，阻挡百姓还不容易？他们有的举着鞭子，有的拿着棍子，百姓往前冲脑袋也破了，身上也挨了几下，冲了两回就不敢冲了，只能聚在门外面看着哭。一是心疼师爷，一是心疼自己。

这会儿工夫，就听得路西马挂銮铃，大伙儿一回头：“救命星啊！您可来了！”张三爷是该出场了，他骑着匹踏雪乌骓而来。这一天半里，张飞心里面恨得不行，也不知道去哪儿撒这点儿邪火。老磨叨这事儿：“不行，这小子不像话，不尊重我大哥，怎么办呢？”这时他已经骑着马出去兜了一圈了，解解心烦，稍微好了点儿，往回一走，就看到那儿围着一帮人。到了跟前，问百姓怎么了，怎么脑袋还破了？

“哎哟三爷，您可来了，不知为什么，督邮大人打人来着，他打这个王师爷，他是好人啊，已经打得都不行了，您快看看，在那儿呢！”

一听“督邮”二字，张三爷兴奋了，可有机会了！他一甩镫，由马上下来，分开众人往院里就闯。院里的兵管你是谁，拿着鞭子、棍子就赶，他们狗仗人势行，但真按能耐，都打不过张飞。张飞一抬手扒拉一个，一抬脚“点踹卧牛腿”，又踹走一个，三步两步就到了跟前，剩下的几个兵都畏畏缩缩不敢上前了。

等他们反应过来，三爷已经进屋了。一进门正看见督邮，督邮刚才在端着茶杯喝水，这会儿刚把杯撂下，听见院里乱，他就往外探头，只见一股子黑风，张飞就进来了。还没等督邮看明白是谁，张飞的巴掌伸出来跟蒲扇似的，抡圆了就“啪”的一声打在督邮脸上。督邮原地转了三圈，往后一倒，就挂在了墙上。督邮心想，这墙上终于是有了名人字画了。缓了缓神儿，怎么自己的牙掉了？“你打的是我呀？”三爷到跟前一抬手，“啪”的一下就把督邮头上的帽子给打掉了。从这开始，张三爷就犯了国家的王法了。为什么呢？因为督邮是朝廷的官员，把他的帽子给打掉了，就是犯了法。但张飞这会儿顾不过来，帽子打掉，拿手一薅这发髻，往外就走。如果拉着他的胳膊，他还可能反抗，但张飞揪着他的头发，“您别别别，疼啊”，督邮就被一下子拎了出来。外边有兵拿着家伙，可是谁敢上前呢？神鬼怕恶的。再一瞧张三爷，眼珠子通红，要吃人呢，这手还抓着自己的大人，所以没有兵丁敢上前。

就这一会儿工夫，张三爷抓着督邮，从院里出来到了行辕门外，门口都是老百姓。这场面大伙儿都爱看，热闹嘛！到了门口，张三爷一伸手，把这督邮身上的丝绦解下来，“啪啪啪”系了两个扣，就把人在拴马的桩子上捆好了。这地上也不知道哪儿的一筐柳条，也许是百姓们谁捡来打算烧火用的，正好放在了地上。三爷乐了，一把就抄了起来。

“你是督邮？”

“是是是。”

“你找我大哥要金子了，没给。现在我给你，我这儿有柳条金，来吧。”

张三爷打得多卖力气咱不好说，反正这一筐柳条全抽折了。那些兵也不敢过来，就在那儿看着。老百姓跟着叫好。打得督邮直喊救命。

就这会儿工夫，刘玄德来了。都闹成这样了，刘备当然知道了，他赶紧带着关羽匆匆赶来。

“三弟，你住手！”

张飞把手里的柳条“啪”地一扔：“大哥，似这样的害民贼你留他做甚？”

刘备的心情很复杂，为什么呢？之前他想的是匡扶汉室，我是国家正式“在编”的县太爷，我要在这儿好好工作。但现在这个状态，这事儿该怎么圆场，如果到上司那儿讲理，我讲不出理，督邮说了算呢……

“我……”刘备就愣住了。

这时关羽过来了：“大哥，荆棘丛中，岂安鸾凤？”

意思是说，荆棘的树枝上都是刺，这样的地方，这样的植物，它能落凤凰吗？

“唉……”刘玄德叹了口气，罢了罢了，这也是我刘玄德命当如此。

张三爷看了看：“哥哥，杀了他吧！”

督邮吓坏了：“几位爷，可千万别，求求你们，饶我……饶我一条狗命吧！”

刘玄德叹了口气，心说赃官，我有心杀了你，但恐怕脏了安喜县。事到如今，说别的也没用了，俺刘备空有一份报国之心，怎奈权臣当道，也罢。“二弟，取印信前来。”

县官都有一块印，就放在后屋，关羽很快拿出来了。刘备接过来，给督邮挂在了脖子上。“将此印信退还朝廷，我弟兄三人从此要浪迹天涯。父老乡亲们，再会，再会！”刘备说完，哥仨就一起往外走。

百姓们舍不得，但是也有明白人：“别拦着了，惹了大祸了，赶紧让他们走，还能活条命，哥仨留在这儿就该出事了。”

“刘大人您一路好走啊！我们谢谢您呐，我们谢谢您！”

那么，刘备这个行为叫什么？裸辞。不计后果，没有前途的辞职，叫“裸辞”。

要提成的皇帝 快崩盘的江山

道德三皇五帝，功名夏后商周。

五霸七雄闹春秋，顷刻兴亡过手。

青史几行名姓，北邙无数荒丘。

前人播种后人收，说甚龙争虎斗。

在汉朝，“挂印辞官”是常有的，并不是刘皇叔发明的。那时，大伙儿都认为这是有气节。我觉得朝廷昏庸，我觉得上司有问题，出于种种原因，我决定不干了，我把我这官还给你们了，所以我挂印，弃官。

这就如同在德云社，我要不说相声了，就把醒木、扇子、手绢全交还给你，我就走了。走了是得把东西还给人家呀，你上别处也用不上了。不计后果，不管前途，没有目标，想一出是一出，这就叫“裸辞”。不是说提前说好了，头天晚上你舅舅跟你商量，打他那儿走，上咱家来，进门就是副总，办公室都给你腾出来了，这是有准备的。

不过，裸辞也有光宗耀祖的。王莽篡汉的时候，有一个官叫马成，他是王莽手下的官吏，不满王莽，对朝廷有很多意见，也是挂印裸辞。他追随了刘秀，后来刘秀做了皇上，非常重用他，封他做侯爷。“平舒侯”。后来，云台二十八将，他排第十九位。20 世纪 80 年代文物普查，还找出了马成的墓，在北京平谷县城外一里多地的河道边上。

可是，刘、关、张三位是辞了之后还没饭辙。裸辞离了安喜县，桃园弟兄不上班。哥仨去哪儿呢？又何况惹了祸，打了督邮，把三人拘禁起来都是合理的。哥仨骑在马上，也没什么可说的，心里边都郁郁不乐，总得要有地方可投奔。

想来想去，刘皇叔一拍脑门，想起来了：“二位贤弟，我想起一个人来，也是我刘氏宗亲，此人姓刘叫刘恢，咱们去投奔他，你二人意下如何？”“全听大哥的。”哥仨要投奔刘恢，这条道走对了吗？太对了！刘备要是不投奔刘恢，《三国演义》的故事到这儿就写完了。正因为今天一拍脑门，刘备想起了这条道，后来才成就了刘玄德的一条政绩。兄弟三人于是打马上路。

此时，朝中是刘宏当皇帝。这个名字大家读起来可能很熟悉，因为后来《铁道游击队》中有一位叫刘洪的，但这差着年头呢，这位英雄咱不提。我们一说“三国”总会提到“桓灵二帝”，是指汉桓帝和汉灵帝。这与“徽钦二宗”即宋徽宗和宋钦宗的用法相同，因为两位连在一起有很多故事。

汉桓帝驾崩后，朝里不可一日无主。当时朝里边是窦太后专权，太后说要找一个合适的人当皇上，要在本家找。找来找去就发现有一个叫刘宏的人合适。他是汉室宗亲，在河间国。所谓“河间国”，就是现在的河北深州，产蜜桃。相声《报菜名》中“深州蜜桃”的“深州”，就是说的这里。太后的决定，一定是万里挑一，权衡利弊的，考虑了血缘亲疏，谁跟谁什么关系，用他有什么后果，用那个怎么不好，都筛过一遍，到最后决定就是他了，于是把刘宏接来当了皇上。当时他只有十一岁。有的书上记载是十二岁，但这不重要，总之是孩子。十一二岁的孩子，正在院里撒尿和泥，来了一帮人，说："陛下别尿了，走吧，接您上宫里尿去。""有什么区别？""走吧，那儿乐呵。"

为什么要让一个十一岁的孩子当皇上？好控制、好管。到了宫里之后，给他化好妆，穿戴好，往那儿一摆，可不要他干吗就干吗。合适。他继了位，就是灵帝，他确实是灵，尤其是逐渐长大之后，在钱上，他跟其他人不一样。首先，他发明了很多别的皇上想不到的来财的道儿，比如"提成"。他可是皇上，天下都是他的，他要提成。举个例子，盘国库，皇家的"会计"跟万岁回，库里面有什么款项，钱数多少，每一笔都跟他说清楚了。皇帝说："好，这里抽百分之五十，这里提百分之三十。"包括番邦外国等各处的进贡，他也要提成，这是别的皇帝想不到的。而且，他经常提出某宫殿得修理了，皇城得重新修缮了，让各省官员，把石头、木料、建筑器材运来。让运就得运，地方官谁敢不遵呢？可是，东西来了之后到皇上这里，他就会说质量不行。比如，这些材料值一万元钱，皇上说你这就值三毛钱，得了，给你三毛你回去吧。然后他再问另一个省的官员，这个十五万元的东西你要不要，他挣这个差价。这生生是一个让当皇上给耽误了的土财主。

后来，他觉得这个还是有问题。我这么大一皇上，天天倒腾这沙石、木料干工程可不行。好的商人一定要知道，自己的资源是什么。他想，我的资源就是权力！我不卖官还等什么？这对他来说，就跟假的一样，比如你从一个副队长熬成一个队长要三年，但他顺嘴说"来一万个队长"，就真有一万个。对他来说，这可以卖，明码标价，后来就是对于已经卖出去的这些官，他还得跟你商量："想不想继续做这个官？""万岁我想。""好的，预支二十五年工资总额。"损透了，这些缺德主意都让他想透了，天下做官的也很无奈，如果说是贪官还好一点，清廉的官根本就干不下去。

就是这样的一位皇帝，他发了财。他最好的朋友，就是朝里这些太监。上文提到过，汉朝之所以最后瓦解冰消，是由于十常侍作乱，以十个大太监为首，祸国殃民。为什么呢？因为帮着皇上卖官，帮着皇上挣钱的就是他们。为首的两个人，一个叫张让，一个叫赵忠。他们是这帮人的头儿，皇上最爱这两人。翻看《三国志》，再看看《三国演义》，连正史加野史，专家考证、民间传说，都承认这是真的："张让我父也，赵忠如我母也。"这是皇上说的。里边叫张让的这个最坏，心狠手辣，别看他是个太监。据历史记载，张让所做之事罄竹难书。单是张让就足以祸国殃民，皇上天天守着这样一群人，能好得了吗？他们把皇上团团围在中间，汉灵帝一门心思只听他们的。

一天，汉灵帝说："今天天气不错，春暖花开了，外面柳絮飞扬，我想到皇宫的顶楼上看一看风景。"按理说这没有问题，别说是皇上，就连街坊赵大爷，觉得天气不错想登高看看，都是可以的。但皇上这句话说完之后，所有的宦官脸色都变了，你看我、我看你，为首的两位就过来了："陛下，不能，您不能登楼远眺。"为什么？皇上也很纳闷，贵为天子，天下都是我的，我连上个楼都不行吗？"陛下，古人云，天子不登高。"有这么句话吗？有，是说皇上一登高，看到楼是矮的，就还得盖，越盖越高，就会劳民伤财，到最后失去民心，造成天下大乱。所以从正面的角度出发，是有这么句话。但是，十常侍拦着皇上不让他登高，是另有原因的。

为什么？因为所有的宦官都挣了很多钱，皇帝上去一看，外边的房子，哪家都比皇宫修得好。那些沙石木料，皇上不能亲自盯着去卖，是这些太监帮他卖，雁过拔毛，人人都得挣钱。所以当时以十常侍为首的大太监、小太监，钱挣得都没数了，人人买房置地，家家修得都比皇宫好。所以，他们坚决不让皇帝登高。如果皇上登高一瞧，发现最寒酸的是自己，那这日子就没法过了。“天子登高对社稷不利”，要骗人就往根儿上骗，他怕什么就说什么。皇上一听，那可不行。

这个东西很奇怪，不管是一个部落、一个公社、一个公司还是一个相声团体，其中一定有一个为首的人。在他的周边，一定会有一层一层的人把他围起来，这帮人围着他，各取所需。在这个过程当中，他们一定会拦着领导，不让“登高”就是不让领导知道事情的真相，他们就会一直围着领导，把领导围死了之后，再去围另一个人。所以，看到这里，如果您是做生意的，或是在哪个单位里当领导的，您仔细琢磨琢磨，这可能对您的工作多多少少有一点启发。兼听则明，偏信则暗。说这个，就是告诉各位这些太监有多么万恶。

皇上卖了那么多官位、沙石、木料，他挣了钱干吗？他得糟践。您想得出来的法儿，他都想得出来，准比您那个有过之而无不及。有一段时间，有几个小太监就琢磨，万岁爷最近精神状态不好，怎么能让他高兴呢？有的说他已经没有什么值得高兴的事儿了。不行，咱们得想办法，看谁有主意。想来想去，真有一个小宦官聪明，想了个道儿。他发现皇宫里边什么都有，唯独缺少一样——驴。皇上要出门都得是马车，宫里不需要驴，这个新鲜。所以，小太监们找了四头驴来，干干净净、漂漂亮亮的，刷洗得很好，喷上香水，送进宫来。“万岁爷您看这个！”皇上乐坏了：“好好，这太棒了！”那驴能做什么用？拉车。太监们弄了个小车，皇上坐好了，前面来一位宦官赶驴，在皇宫里边跑驴车玩。跑着跑着，皇上腻了，“我自己来。”皇帝玩这一下不要紧，民间的驴可一下子涨价了。过去，一头驴卖八两银子，现在涨到了十五两银子。

没过多久，皇帝又玩腻了。有几个小宦官就找来几只狗，给这些狗按照文臣武将那么捯饬，帽子、朝服、玉带啊都给狗穿好了。皇上登殿，跟文武群臣说话，他们就把狗哄上来。金殿上，那些狗一跑出来，皇上乐坏了："嗬！好狗官！"把文武大臣们气得都要吐血了。所以，朝纲日下。但是有人敢说吗？即使有人敢说，那话也到不了皇上耳朵里面去。

后来，汉灵帝在西园建了一千多间房子——这就快赶上商纣王了——用来吃喝玩乐。正当中建了一个大池子，专门从南国运来了荷花。那种荷花叫"夜舒荷"，每一根茎上有四朵荷花。据史料记载，这荷花一丈多高，而且白天是闭合的，晚上才打开。晚上打开之后，皇上就带着宫里的美人、娘娘、太后和太妃们一块儿在这吃着、喝着，高高兴兴。后来，觉得光这么喝酒没意思了，皇上传圣旨，让这些宫女都光着膀子，皇上也把背心、棉坎肩全脱了，一块儿连喝带玩儿，荒淫无道。

朝廷里如此，天下就乱套了。天下告急文书像雪片一样，今天这儿造反，明天那儿造反，但是皇上不知道。因为告急文书来了就被扣下了，到不了皇上那儿。十常侍瞧瞧，行，没事搁那儿吧，就搁在那儿了。文武群臣着急，着急也没用。那么，满朝文武就没有一个人敢站出来给皇上谏言吗？真有，有一位谏议大夫，这人叫刘陶。他实在看不下去了，长此以往，国家一定会完。黎民百姓遭此涂炭，我为了社稷，死也要死在皇上面前。他想见皇上，很难，金殿上也要找对机会。这天，让他逮着一个合适的空儿，皇上在跟宦官们喝茶聊天，也不知怎么着，刘大人就冲进来了。只见屋里雕梁画栋，金碧辉煌，正当中坐着汉灵帝。汉灵帝这桌子上摆着扇子、手绢、醒木……不，是瓜果梨桃、点心茶水，宦官们在旁边坐着，还有美女们弹唱歌舞。

刘大人进来一瞧，眼泪都快下来了，天下刀兵四起，狼烟滚滚，民不聊生，陛下，你尚在此下午茶否？这后半句是我加的。刘大人说："陛下，您还有心思喝茶呢？"皇上把杯子撂下了，很是不满。

"刘爱卿，怒气冲冲闯进内廷，意欲何为？"

"陛下，天下刀兵四起，告急文书雪片般飞来，难道说我主您就不知道吗？”

“四海承平啊！怎么会这样呢？”

皇上认为，天下人跟他日子差不多，家家都在喝下午茶，聊天、喝酒、撸串，家家都很快乐呢。

“陛下，”刘大人拿手一指十常侍说，“望我主亲贤臣，远奸佞。”这就摆明了说您倒霉就倒霉在他们身上了。这句话一出口，十常侍就纷纷解这帽子，把帽子解了，摆了一地，撂下衣裳都含着眼泪跪下了，戏精本精附体，都是影帝级别的。

“陛下，冤枉啊！臣等为主江山忠心一片，万岁杀了我们吧，以堵他人之口！”

接着就是“咣咣”地磕头，“哗哗”流眼泪。皇上感动坏了，也真是生气，拿手一指刘陶说：“汝家亦有近侍之人。”意思是说，你们家也有亲近的人。简单说，就是你也有朋友啊，你凭什么拦着我？凭什么不许孤烫头、喝酒、抽烟乎？用最通俗的语言表达，就是你凭什么呀，谁没哥儿几个不错的呀？我们老哥儿几个玩得多好，我们一块儿在这儿抽烟喝酒，很开心呢，没有像你想的这个样子呀！

就这三方势力，皇上坐在中间，十个影帝跪着哭，大忠臣跟这儿拧着眉、瞪着眼。最终结果不用想，皇上这儿一努嘴，旁边好多小太监，那都是人家的人，连殿前武士也全上来了，就把刘陶弄下去了。往下一走，他自己就知道，“我命休矣”。这股恶势力太大。但是怕吗？不怕。老话说得好，“忠臣不怕死，怕死岂为忠”。我今天来，就是奔着死来的，我死给你们看，让你们知道知道，有人要为这个国家流点血。刘陶往下一走，仰天长啸：“我刘某人一死何足为惜，怕只怕炎汉基业四百载，到此终结。”殿前武士，由上面把人往下一拽。上来的时候，您是谏议大夫，别管你是二品的、一品的，你是国家的官员，往下一拽，你就猪狗不如了，没有人拿你当回事儿，连踢带打。往下这儿一来，文武群臣都瞧着了，有人讲情吗？有，旁边又出来一个官员，叫陈耽。“你们刀下留人！我要去见万岁！我要保下他！”有用吗？能有用吗？对于皇上来说，一羊也赶，两羊也放，你来十个八个，那就一块儿了。所以，陈耽上去之后，三言两语没用，一块儿押下来，两个人被打进了南牢。

这两个人到了监狱之后，有一种说法，刘大人当天晚上就气绝身亡，是活活把自己气死了，大骂了一顿奸臣十常侍，骂完之后，当时闭过气去死了；还有一种说法，说是被十常侍派的人杀了。反正不管怎样吧，两位忠臣都惨死在了狱中。

有人说，就总这么乱下去吗？不可能。好事不能总好，好着好着就得有点问题。坏事不能总坏，坏着坏着就好了。这叫否极泰来，天下事儿都是如此。接下来，大汉王朝出了一件喜事儿，就是皇上驾崩了。这对于老百姓来说是喜事儿。这样的皇上，他不死还等什么呀？历史上没有记载他到底是怎么死的，但是咱分析一下，他的这种生活作息习惯肯定好不了。《后汉书》上说他是三十四岁驾崩。

但是，他死之前有一件大事没做，就是没有说把江山托付给谁。这对于历代王朝来说，都是天下第一等的大事情，他活着的时候没有立下遗嘱，也没有立太子。儿子他倒是有，而且此时有两个儿子。他之前有一位皇后，后来出于种种原因，让他打入冷宫死了。之后他又娶了一位何贵妃。何贵妃很漂亮，大脸盘子，长得跟馕似的，我也不知道何贵妃长什么样，反正好看，又会描眉画鬓，戴一脑袋花儿，搁俩枣儿就是切糕。但她出身一般，家里是杀猪的。这杀猪的闺女怎么会跟皇上结婚呢？皇上征集天下美女，天下都是皇上的，天下美女也自然都是皇上的。挑来挑去，杀猪这家有一闺女，这家老头叫何真。何真说我们家改换门庭，就指着我闺女了。怎么办呢？就拿钱贿赂，一定要让闺女进宫。最后这事儿成功了，进宫之后封为贵人，生了一个儿子，叫刘辩。皇上很高兴，因为之前也有过三四个孩子，但不知什么原因都没保住，这回得了个大胖小子，大脸盘子，跟馕似的，随他妈，娘俩躺炕上跟俩盾牌似的，真好啊！但是，没多久，皇帝又看上别的美人了。这个美人姓王，王美人又给他生一儿子，这儿子也不错，名叫刘协。这两个儿子，一个刘协，一个刘辩，在灵帝活着的时候，他也没说让谁当皇上，所以，天下乱了。

宫斗总有胜家 天下英雄启程

铁甲将军夜渡关，朝臣待漏五更寒。

山寺日高僧未起，看来名利不如闲。

汉灵帝去世了，最难的事儿就是跟前这俩孩子怎么办，大儿子叫刘辩，小儿子叫刘协。大儿子刘辩是何皇后生的，何皇后家里边是杀猪的，因为她的这一身份，后来惹了好些麻烦。何皇后还有一个哥哥叫何进，一下子变身成国舅。正是因为这个国舅何进，大汉江山倒了霉。“何进无谋江山受累”，说的就是他。

皇上很少有忠贞不贰的，很少有只跟一个皇后踏踏实实过一辈子的。漫说皇上，说相声的也做不到。

天下又选上来了张美人、李美人，王大漂亮、李大俊，皇上得挑。这个高那个胖，这个白那个黄，最终挑中了王美人。王美人早先是赵国人，她的祖父王苞，当年也做过大官，家里有这么一个闺女，漂亮至极。据历史资料记载，这个王美人有一个特殊的兴趣——算术。

就冲这一点，她就是我的冤家对头。我打小儿算术就不行，我舍弃了做数学家的好几个机会，但人家爱这个。

这一进宫来，皇上爱得不行，一见此女大吃一惊，“好似一盆凉水浇头怀里抱着冰”，皇上改了杜十娘了。结婚后，王美人也生了一个儿子，就是刘协。

何皇后生的刘辩十四岁了，王美人生的刘协才九岁。刘辩活到十四岁不算什么，刘协活到九岁可太难了，有一百个机会差点死了。从王美人一怀孕，她就说，完了。皇宫内院，哪是你想怀孕就能怀孕的。看过宫斗剧的都不用我解释，就这么一个院，就这一个大爷，带着这些妇女一块儿过日子，她们能不打架吗？总之是你好了我就好不了，所以你就不能好，道理特别简单。尤其是何皇后那个家庭背景，猪都敢杀，没有什么不敢做的。

王美人怀孕之后就很犹豫，说现如今，我已经有了身孕了，按理说这是皇上的孩子，我应该把他生下来。可是要这样的话，恐怕连他带我都留不住。

为什么呢？何皇后心狠手辣，她哥哥现如今是大将军，手握重兵，这可怎么办呢？咬了咬牙，说喝点药把孩子打了吧，于是就弄点儿药来，憋着喝完之后坐等把这腹中的胎儿打掉。也奇了怪了，这药不灵，喝完之后没动静，不光没动静还总做梦。王美人梦见自己背着太阳天天在外面晨练，王美人就想，难道说这个孩子，他有什么来历吗？要是这样的话，我就把他生下来吧。

十月怀胎，一朝分娩，生了一儿子。消息一传出来，皇上高兴坏了，他之前有好几个皇子，也不知道什么原因，都没活下来，所以在这之前，他爱大儿子刘辩爱得不行。但这儿子哪有嫌多的，再来十个八个也行。他是高兴了，何皇后能高兴吗？冤家对头，没别的可说，弄死他吧。弄死谁呢？连大带小全不能要。刚生出来的孩子，就被送进了冷宫。

其实宫里和电视剧里演的不一样，电视剧里宫门口还挂块匾“冷宫”。实际上没有。一些没有用的偏殿、旧房子，就是所谓的冷宫，就是冬天也给冷气的地方。皇上都不爱你了，就搁这儿搁着呗，活就活死就死，没人管你了。但是东汉的时候，这个地方叫“暴室”，也有负责干活儿的小太监打理。其中有一个很有名的太监，叫朱直。冷宫里来了一个孩子，他也知道这是王美人生的，是汉家一点骨血，他就偷偷摸摸地弄点米粉、奶汤之类的，偷偷喂着孩子。至于何皇后那边，就说孩子没找到，要把大人毒死，于是王美人就被鸩酒毒死了。

这消息一传来，皇上很生气，到底是谁想把他母子二人都害死呢？寡人得给他二人报仇。一查就知道，是何皇后干的。汉灵帝勃然大怒。那是真生气了，皇上一生气那还了得？君王发威，血流成河。他不是说相声的，说相声的就算动手打起来了，最后买十元钱烤串，这事儿就了了。皇上生气，那是人命关天的事。何皇后真害怕了，怎么办呢？得找人帮忙，找哪一位帮忙呢？她找了十常侍。权衡利弊后，他们想来想去，决定帮她：第一，她现在这个位置，后宫里没有能超过她的；第二，她哥哥何进手握兵权，我们团结在一块儿，对我们是有好处的。十个太监骗皇上还不容易吗？于是，十常侍你一言我一语，连哄带吓，算是按下了这件事。皇上说，那这事儿就过去了。但是从这天开始，何皇后就知道了，我要跟十常侍绑在一起，他们在关键时刻是能救我的。就这样，何皇后和十常侍是一条战线上的了。

另一边，冷宫里的孩子也慢慢长大。后来这个消息传了出来，就有人来把孩子接走了。接走孩子的人是董太后。这是奶奶看孙子，所以这个孩子是老太后看大的。老太后为了什么呢？有人说这是骨血至亲。其实那都是次要的，更重要的是老太后跟皇后之间是有竞争的，这是皇宫内院的婆媳斗争。于是，有个问题就摆在了汉灵帝的面前：如果你妈和你媳妇儿同时掉河里了，你救谁？

这个问题也得有好几千年的历史了，我有时候上综艺节目，主持人还会问我，你妈和你媳妇儿同时掉河里你先救谁。我就老问他们，我说这题还没死呢？您想多了，她们娘俩会游泳。现在，这宫里边就是这么一个状况，不太平。

尤其到皇上临终时，常侍们来找皇上谈事。十常侍中有一个了不起的常侍，是宫里掌握兵权的宦官，叫蹇硕。蹇硕是西园军元帅，手下有兵，而且带着八大校尉。八大校尉里面有两位一说名字您就知道了，一个叫袁绍，另一个叫曹操。您现在知道蹇硕有多大能耐了吧。皇上死之前，蹇硕就跟皇上商量，要杀了何进。为什么要杀何进？皇上即将驾崩，如果立了刘辩当皇上，那么何家这一支就立于不败之地，他舅舅何进手握兵权，十常侍他们该怎么办？所以，从宦官的角度来说，要先除何进。当然，他们不会直说，得从江山社稷、百姓朝廷，从各个方面说服皇上必须杀他。大伙儿这么一说，汉灵帝临终前说了这么一句话：“容朕思之。”

“容朕思之”这句话，就要分在什么场合听。比如，我们要一起出去吃饭，您跟我说，郭老师，咱们去哪儿撸串儿、喝啤酒去，我说容朕思之，那就是不跟你们去。但放到皇上这儿，就是默许。因为你要杀的不是一般人，是国家大臣，是皇亲国戚。如果未来立下了小皇帝，那就是他亲舅舅，他现在又掌握重兵。所以皇上这儿只要一闭眼，天下几乎就是他的了。那时候刘辩只有十四岁，什么都不懂。如果说皇上不同意，那“噔”的一脚就得把桌子踹翻了。他只说了句模棱两可的话，说完之后，一挥手，让宦官们退下了。

这些宦官的脑子都是超过常人的，因为他们没有闲白，真的清心寡欲，一天到晚净琢磨怎么害人了，这一听就明白了，那就是同意了。于是，他们派人去请何进，说皇上叫您来聊天。何进正在家里跟大伙儿一块儿说话，来人一叫他，他就要进宫去看看妹夫皇上，谁拦着也不听。他大模大样地来到皇宫，一到就遇见了潘隐，他是蹇硕手下的宦官，但是他跟何进关系不错。也就是说，他到这儿来之前，潘隐已经在门口等着了。何进正高兴，潘隐一看，问道："干吗呀？谁让你来的？"这哥俩有交情。何进糊涂，那么多人拿着刀、拿着剑、拿着绷弓子，就等着杀他呢，他还毫无察觉。到最后，潘隐没辙了："你快走！""噢！"何进这才明白，哎呀，出来没带充电器，跑吧！回来之后，家里人问他怎么回事，他说："差点中了我爸爸的法宝。"他爸爸是拿刀杀猪的。何进把这事儿跟大伙儿一说，然后问道："这事儿我跟他们没完知道吗？点齐所有的精兵跟我进宫，杀光所有的宦官。都同意不同意？"这边站起一位说："我反对！""反对无效！"

当然，《三国志》和《三国演义》的原文肯定不是这么说的，我这样写，是方便大家读得懂。

"你反对不管用，我今天一定要把他们杀掉，我这口气才能出！"

反对的这位站在这儿，脸色转了又转说："将军您但听我一言。"

"你还要说什么？"

"我有一片好心当献。"

"好，曹操，你说。"

曹操那会儿还不是后来我们想象的那个状态，那时他刚三十岁出头，当时场上那么多人都要跟何进走，要赶紧拿棍子、拿刀、拿板凳去打架，唯独曹操冷静。成大事者，必须如此，"处热闹场中，而面冷冷者，此其人必大不凡也"。

曹操确实是一个绝顶聪明的人，他小的时候，有一个叔叔不爱看他，没事还老上他父亲那儿举报他，他挺恨他这个叔叔的，于是想了一个主意。走在马路上看见他叔叔，问了声好，紧跟着“咣叽”一下，口吐白沫躺在了地上，吓了他叔叔一跳，赶紧扶他起来，让他快歇着。之后，叔叔来父亲这就说，孩子病了，中风了，要给孩子看病。转天他爸爸看见曹操，问：“你怎么了？”“我很好啊！”如此几回，他叔叔再说什么，他爸也不信了。

后来，曹操举孝廉做了官，也与普通人不同。比如，他在做大洛阳北部都尉的时候，官职不大，相当于刘皇叔在安喜县的身份。他们二人的官都难做，为什么呢？刘备在安喜县，穷乡僻壤野店荒村，能管谁呢？曹操这官也不好当，在首都，敢管谁呢？但是他聪明，他让人打造了十几根五色棒。在电影、电视剧中，官老爷一升堂，衙役们都会拿着棒子。他特意弄了五色棒，一段一段的，拿着这个，晚上查街、巡夜，打那些犯禁的人。晚上逮着一个，喝酒醉得不行了，还拿着把刀，满大街溜达，没人敢管。抓他回来一问，他的侄子很厉害，叫蹇硕，就是要杀何进的那位宦官。这个醉汉是他的叔叔，叫蹇图。

“我喝酒了，我是犯禁了，我还拿着刀呐，你能把我怎么样？”

曹操说：“那好啊，来呀，立毙杖下。”就拿那五色棍，把他活活打死了。转天就上热搜了，曹操打死蹇硕之叔父，与宦官划清界限，这一下就红起来了，知名度暴涨。后来那个五色棒，连理发店都买走了，搁门口转着呢。

曹操聪明，所以他站起来告诉何进：“我反对，按理说这是该杀，但是宦官势力太大，而且咱们办事得周到，要是走漏了风声，后果不堪设想。咱们得想办法。”何进根本就不听：“汝等小辈，安知国家大事？”看不起他。就这一会儿工夫，门口来报，说潘隐来了，就是在宫门口给何进使眼色的那位。

他一进门就慌慌张张地说：“我有正事。”

“快说，什么事？”

“皇上驾崩了。”

天下大事，跟演电视剧一样。就这么会儿工夫，皇上驾崩了，属于这个汉灵帝的时代结束了。那么，现在有个问题，就摆在了何进的面前：天子驾崩，你又当如何？何进刚刚同着众人，说曹操“汝等小辈，安知国家大事”。但曹操没往心里去，成大事者还在乎这个吗？这个时候是关键时刻，曹操得给他出主意。出什么主意呢？用白话说，曹操告诉何进，就是现在，情况到了最紧急的时刻了，我们要做的一件事情，就是赶紧把小皇帝扶上正位，然后再杀人。对不对呢？对，太对了。现在咱们去打架、去骂他们、啐他们一脸唾沫，把他们家玻璃都砸了，都没有意义。做事要从根儿上做，要考虑目的是什么。天子驾崩，国家不能无主，好，那我们先扶起一个“主”来，之后再想干什么，再往下顺着走，那是之后的事了。这回，何进还真听了，带着兵进了宫，就在灵前，把刘辩立起来了，妹妹生的这位就是当今的天子。孩子还不知怎么回事儿，爸爸刚死，这正哭得不行了，又来一帮人给他道喜。皇家的事情原本如此。大伙儿又跪下给他磕头，他算是当了皇上了，但是这个事情还不算完。为什么呢？他还有个弟弟刘协，刘协的背后是董太后。你以为你当皇上了，你们这支耀武扬威，执掌天下就完了？人家怎么办呢？人家那边也得找明白人问问。老太后问谁呀？问十常侍。

十常侍最坏，他们哪边都吃，谁出主意他们都附和，谁找帮忙他们都管，其实考虑的是他们自己。老太后说：“您看看我们现在这个状况，给出一主意吧。”十常侍出了个主意：“不要紧的，那位不是当皇上了吗？这个最次得是个王爷，给他立成王爷，您垂帘听政，好不好？然后您娘家还有哥哥，给您哥哥封一个大官，骠骑大将军，让他手里有兵权，然后您再重用我们。”老太太最好骗了，忙说：“好好好，都照你们说的办。”于是就给刘协封了一个陈留王，这两位刘家少爷，算是都有了工作了。现在的工作安排是，一个做皇帝，一个扮演陈留王，目前的角色划分是这个样子的，等之后再调整。紧跟着，又给董太后的娘家哥哥封了官，送了印玺和公文，哥哥成了大将军。老太太要垂帘听政，她想得很简单，她坐到龙椅后边，一叼烟卷，前面坐着小皇上，十四岁的小孩子，什么都不懂，不得是她说什么就是什么。文武群臣底下一跪，她在幕后是实际操纵者，皇上坐好了有什么事还得回头问她。中午吃什么呀？她告诉他炒什么菜。想得很好。

如此，何皇后不开心了，怎么就得你垂帘听政呢？可是，朝堂上不可能两位都垂帘听政，那就成戏园子了。怎么办呢？娘俩要吃顿饭，可问题就出在这顿饭上了。何皇后心里难受就要请老太后吃顿饭，娘俩得聊一聊。老太后一听说有饭就去了，四个凉的、四个热的，烤的串儿、腰子，打卤炸酱、鸡蛋西红柿，煮的面有宽条的、细条的，娘俩坐着剥着蒜。我倒不是说愿意吃面，关键是给大伙儿营造一个生活的氛围，让您更能接受得了《三国演义》的故事。我把原文一字一句抄下来也没有意义。

当然，吃饭不是目的，吃饭是为了说事。酒席宴前，何皇后就劝自己的婆婆，您不要垂帘听政，咱们是妇道人家，好好过日子，看孩子上学，以后长大了娶媳妇儿，就挺好。之前您想得太多了。婆婆呀，您草率了！她是想劝婆婆，但老太太这些日子也压着邪火儿，听完之后勃然大怒："你闭嘴，屠沽小儿，国家大事用得着你吗？我老太太想干吗就干吗！"

各位，话到舌尖要留半句，有天大的火你也得劝着点儿自己，当时挺痛快，但这一辈子的高光时刻也就过去了。骂了街，也翻了脸，饭也别吃了，面也别煮了，蒜也白剥了，老太太回去了。何皇后那边，不吃就不吃吧，把哥哥叫来，怎么回事儿，怎么挨了骂，跟哥哥一讲，哥哥就说："那简单，那不要紧的，能设计。"天下都是人家的，还用设计吗？

转天，小皇上登殿，刚坐好，大臣当中就有人递上本章。本章说，董太后不适合在皇宫住，理由是她原来在河间国住，董太后也是从那儿来的，她是那儿的人，现在应该回那儿去。什么时候走？现在。金殿上，大将军何进一看，好，准奏，请太后搬家。狠，但是你不狠对方就狠了。马上就有人到后边去禀告太后："太后归置归置吧。"不一会儿，连搬家公司的人都来了，请太后搬家。老太后也傻了，吃顿面怎么就吃出了这么大的祸呀？不去，不去当时就得死。于是归置好了给老太后送走。那么老太后娘家的哥哥呢？昨天刚封的大将军，好，跟他说封错了，让他把那印交回来。这国家大事，有时候跟小孩过家家也没什么太大的区别。当时就派人去，兵困将军府，有人进去说一声："封错了，之前的公文、令箭、印信全拿出来。"他也明白，好，不费劲，抽出宝剑来，自杀了。到当年六月份，又打发人到河间，找董老太太吃顿饭，酒里边下毒，毒死了董太后。至此，这一支算是彻底消停。

这些大家可要记着点，明白了这些来龙去脉，才知道为什么后边接二连三的事情是这样处理的。

何皇后把董太后这一支铲干净了，接下来，何进这个势力可就显大了。天下是人家的了，有个词叫"权倾朝野"，说的就是他，路都横着走，也不知道要吃点什么好了。从上到下，没有人敢说一个"不"字。但是谁看他不顺眼呢？十常侍。他们两者之间是互相看着不顺眼。十常侍心想，现如今朝里边，他一支独大，而且照这样发展，某一天他要是一翻脸想法办我们，那是易如反掌。我们不能坐以待毙啊！怎么办？双方开始明争暗斗。何进想的是怎么除去十常侍，十常侍想的是怎么杀掉何进。

就在这个过程当中，袁绍给何进出了个主意，说现如今十常侍为非作歹年头太久，不能留。但是怎么除掉他们是个问题。那有什么想法吗？商量吧，这一商量，商量出一个主意来，说咱们招天下的英雄来，让他们来把十常侍除掉。何进挺高兴，“这主意多棒”。旁边曹操站起来了：“我反对。”为什么？曹操掰开了揉碎了给他讲，这样不行，你要招天下的英雄，天下什么样的英雄？各地诸侯，各位地方官，谁都可以来，一块儿来杀。曹操心想万万不可，你让他们来，他们就回不去了！杀几个太监还不容易吗？你实在不方便明着来，暗着找几个杀手也能成功。非得招天下英雄，那哪儿成啊？曹操苦口婆心地劝他，此事万万不可，何进不听。“天下都是我的了，难道说还有什么是我做不到的事情吗？”

曹操只能跺着脚往外走：“乱天下者必何进也。”大汉江山，毁就毁在你身上了。说得对吗？说得特别对。如果当时能够控制住何进的这个想法，大汉江山再延续几十年，甚至上百年都是不成问题的。就是因为这件事情没拦住，大汉江山才很快毁于一旦。

当然，历史不能往回走，故事就是这么设计的。何进高兴了，就这么办。天下英雄多了，咱们调谁进京？想来想去，先调一个人，这是个大大的英雄，他的名字叫董卓。

何进积极送死

董卓差评少帝

难难难道德玄，不对知音不可谈。

对了知音谈几句，不对知音枉费舌尖。

汉末江山国运倾危，何进要召天下的英雄豪杰进京来，一起铲除权阉。袁绍这主意其实出得不好，但何进觉得对。因为何进的知识面一直停留在杀猪那儿。他想这很好，以后传出去，这是大家的事情，不是我一个人的事儿。

人有的时候不能光往好处想，每一个失败的人，在做事之前想的都是好的。比如拍电影，花费两个亿、三个亿拍的，到最后卖四元钱、六元钱。哪个戏拍之前，不得开两年的会？要请专家，请明白人，请大文豪，天天坐一块儿喝酒聊天，分析剧本，探讨台词，研究时代背景，商量这个电影上映之后的观众情绪，结果票房惨淡，那怪谁呢？就是光往好处想，不怨别人，就怨自己，这是最重要的一点。

不仅如此，何进还找了天下最不应该找的人——董卓。董卓是西凉刺史，他是以一个大奸臣的形象出现的，脑满肠肥，吃吃喝喝，这只是脸谱化的一个片面的说法。其实董卓是个人物，他是甘肃岷县那边的人，他家离少数民族地区很近。他家里本身很有钱，从小好打架，骑着马、拿着弓箭，据说可以左右开弓，他可不是大傻胖子，两膀一晃有千斤之力，是个人物。在甘肃当地，他跟那些游牧民族的人玩得特别好，那些人拿他当神仙一样。他心狠手辣而且会交朋友，只要游牧民族的人来了，他都好好地招待，杀自己家里边耕田的牛给人吃，不管来多少人，不够了全杀。最后，游牧民族的头目太感动了，知道他家里边牛没剩多少，回去之后给他送了一千头牛，还臣服于他，愿意跟他交心。所以说，他是最厉害的一股潜在的势力。关键是他还有野心。何进千不该万不该，不该叫董卓进京。但又能怎么办？密诏已经来了，密诏是以皇上的名义也好，朝廷的名义也好，其实是何进写的，不是公开的告示。意思是说现在朝里边十常侍祸乱宫闱，国家兴亡需要你进京除贼，带着兵上这儿来，把这事儿办了，为国效力。

董卓收到密诏非常开心，好好好，我得去，我要带兵进京。带多少呢？二十万大军。但是，董卓身边也有有文化的谋士，他毕竟是西凉刺史，大伙儿也得商量。一商量，说咱们活鱼不能摔死卖，对于咱们来说这是一个好机会，这不是一封密诏吗？咱把它挑明了，上奏天子，下告万民，得让皇帝知道，也得让老百姓知道，现如今是皇上叫我来的，奉诏进京“清君侧”，我的名分与别人不同，我是“清君侧”。君王身边有坏人，我来名正言顺。如果你说你是奉密诏偷偷摸摸来，半道儿碰见巡逻的，你说什么？性质就不一样了。对外，董卓一亮这个旗号：“奉皇上召请，进京勤王”，就值一个热搜。当天董卓这儿一发兵，紧跟着全国都知道了。因为当时接到密诏的并不只有董卓一家，何进给好几位都写了密诏。但是这里面影响最大的是董卓，他的势力最大。

消息传开了，朝里边十常侍听闻，坏了，董卓喜提热搜，阿卓来了我们怎么办？这就是斗争，这不是简简单单几个说相声的坐屋里串闲话：咱们给谁造谣吧，咱们上哪儿汇报去吧。那个搁一块儿值不了三毛钱。这是家国大事，董卓要来了，他来了咱们怎么办？董卓是豺狼心性，从根儿上说，是谁叫他来的，那还用说吗？何进。好，杀何进。看来何进是活不过这一章节了。

他其实有好儿百种不死的方法，他有好多方法能让自己名垂青史、耀武扬威。但他偏偏选择了一条要死得很惨的道儿，这就是他的命了。

宦官们商量着该怎么办，说董卓来不来，咱们死不死是另一回事儿，眼下何进得先死。老话说得好“你不让我好死，我也不让你好托生”。何进要怎么杀？说上他家杀也不现实，天下兵马都在他手里攥着呢。得把他诓到宫里头来，找谁呢？找他妹妹何皇后，现在是何太后了。

太后坐在那儿正喝下午茶呢，跟前坐着几个姐们儿，正喝茶吃蛋糕。

“你那个包儿多少钱买的呀？”

“我这个上当了，一百五，他们愣说是假的，说不值……”

这儿喝着茶，几位宦官进来了，进来把帽子一摘都跪下了，影帝附体。哭着说这些年来我们没有功劳也有苦劳，没有胸毛也有腿毛，没有腿毛也有牢骚……太后得问呀，几位怎么了呀？快起来吧几位。这几位站起来了，说：“您救命吧，我们也是闻听人言，由于我们的一些错误，何进何大将军要杀我们。没别的，您快救救我们吧。”

“你们都犯什么错误了呀？”

“我随地吐痰了”“我做饭咸了”“我见谁没鞠躬”……说的都是闲话，所以他要杀我们，您救命。在何太后这儿，他们是好人，因为在历次的宫廷斗争中，宦官都帮过她，至少她觉得跟他们团结一块儿是好的。在此时的状态下，她更觉得天下无忧了，儿子是皇帝，她有什么可怕的？

董太后那一支已经全清除了，从上到下，连DNA都清干净了，有什么可怕的？所以说这都不叫事儿。

“你们别害怕。”

“不是您说不害怕就行啊！我们这害怕得不行了！”

“那你们说，怎么办呢？”

“我们想跟大将军认个错，跟他道歉，说一声我有罪，我忏悔，我不对。”

“噢，那你们去吧！”

“我们不能去呀，我们去了，那还不得让他把我们剁碎了啊！”

“那怎么着呢？”

“请娘娘传旨，请大将军到宫中来，同着您老人家，我们给他跪下，央求他老人家饶恕我等。”

这就是诓人，要换作别人是不会相信的。但何太后她让胜利冲昏了头脑，天下是自己的对吧，儿子现在是皇上，哥哥这么厉害，这几个是求情来了。

“这不叫事儿，我叫他来，你们多磕头少说话。”

“是是是，谢娘娘！”

高高兴兴，这旨就传下来了，传到了何进的府里。何进跟前人多着呢，一听这信儿，一下子炸了庙。这是玩谁呢？太拿我们当缺心眼儿的了。何进乐了：“我去。”

故事就是这么设计的，“我去，太棒了，我妹妹想我了”。这一屋人都傻了，袁绍的眉头都拧起来了，这分明是定下了诓驾之计，此一去凶多吉少，这比鸿门宴还鸿门宴。众人都劝何进，但他不听，非要去。

“我跟我妹妹手足情长，一定要去看一看她，哪怕是最后一面。”

曹操也在旁边说：“将军倘若是按照太后说的，见一见十常侍，有些话能讲开了，疙瘩也就解开了。您这样，您请十常侍出来，约他们到外边来，咱们见面，好不好？”为什么说曹操聪明，是一代奸雄？想的就是不一样，你的目的不是见面道歉吗？那就出来，在外边道歉，找一个饭馆或者其他哪里，不是挺好的吗？你不能去。

何进想了想，说：“去，我等不了了，我必须要去，就要去！”

这些人大眼瞪小眼。何进也觉得不合适，问：“众位，何人愿意保驾前往啊？”袁绍站起来了：“本初愿往。”袁绍又叫袁本初，他愿意跟何进去。于是，何进选了两人，一个是袁绍，一个是曹操，点齐了御林军一千人。

何进的身份高贵，就没有骑马，而是坐着车，左右是曹操和袁绍，骑着马，全套的盔甲铠胄，后面跟着一千御林军。何将军到了宫门那儿，两位英雄说：“请您万万多听我二人一句话，由我们保着您料也无妨。”说话的工夫就到了宫门，车停住了，何进从车上下来，往宫门那儿走，曹操、袁绍也跟着下了马。到了宫门口，有几个小太监来迎接大将军：“太后娘娘有旨，单请您一人入宫。”

曹操看了一眼袁绍，哥俩一对眼神，心想这里边就是有问题。两人对眼神的工夫，何进已经进去了，走到里面还一回头，那意思是说你们多保重吧。这两个人就傻眼了，皇宫内院，进去可就看不见了。这种状态下又不能擅闯宫门，如果是跟着何进，进去就进去了；若他们两个人带着一千人往里边冲则不行，这算造反。

两人无奈，只能等着。不久，好像听见里边有脚步声了，两人喘了口气，心想这算差不多了。“来呀，把车顺过来。”随从把何进的车顺过来了，曹孟德冲着墙里边喊：“将军，天色不早该回府了，请将军上车！”袁绍也喊“请将军上车”。连喊了好几句，就听着里边脚步声“噔噔噔”，紧跟着，里边有人答了一声：“何将军出来了！”顺着墙头，何将军果然出来了，他的脑袋出来了，身子没有。“咕咚”一下子，人头落地。袁绍就愣了。“啊！”曹操一看，“果不其然，让我们两个人言中了。”

“本初。”

“孟德。”

“咱们怎么办？”

“还能怎么办呀？来呀，众将官杀进皇城！”

大将军何进前去送死，纵一万个人不让他去，他偏要去，拦不住。独自进了皇宫，一会儿工夫，脑袋出来了，这回行了，吃什么也不香了。

曹操看看袁绍，袁绍看看曹操，那还等什么呀？替将军报仇。两位翻身上马，一挥手，后边一千御林军就往里边冲。提前就已经安排好了，进宫之后看见没胡子的就杀，宫里的宦官有很多，这也算是给何进报仇了。

不管怎么说，宫里的兵和宫外的兵是有区别的。宫外的兵都是战场上的兵，打起仗来不要命。这一进宫来眼珠子都杀红了，见人就杀。皇宫内院火光冲天、死尸遍地，一直打到了二更天。

宦官之首叫张让，前文我们介绍过，最坏的就是他，但智商最高的也是他。他看出来了，不能继续在皇宫待下去了，再待下去无外乎命丧黄泉。他想，我得跑，但我不能自己跑，我得带着两个小孩儿跑，第一就是小皇上，十四岁的少帝刘辩，第二个就是九岁的陈留王刘协。于是，他叫两个孩子起床，孩子还问：“今天怎么了？天亮得这么早？”“什么天亮得早啊！出事了，跑吧！”一大帮宦官，裹着孩子骑着马，往外就跑，跑到北邙山的时候，皇宫外已经是刀兵战火，杀乱了套。

眼看要到三更天了，张让倒也知足，说我也差不多了，看现在这个状况，我是难逃一死，别让他们逮着，我自己解决吧。他给两位小皇子磕了个头，转身投河自尽，算是落了个全尸。

两个孩子吓坏了，一个十四岁，一个九岁。九岁的孩子比郭汾瑒刚大三岁，顶多上三年级，他能懂得什么？刀兵四起、眼前都是死人，“扑通”还有一位投河自尽了，孩子能不害怕吗？两个孩子吓得从马上掉了下来，手拉手赶紧跑。他们虽然不是一个娘生的，但毕竟同一个亲生父亲。这会儿已经谁也顾不过来谁了，两个小孩儿转过身去，刚好遇见一个农民伯伯。他家就住在附近，外面如此混乱，老伯伯也睡不着，一开门就看见了两个孩子，看穿着打扮就不是一般人。

要说来俩孩子穿着大褂，那就得问问是不是龙字科的。

他一看这状态，赶紧问俩孩子的来历。这一问才知道，是少帝和王爷，赶紧就磕头下跪见驾。“先进来，先进来。”把两个孩子先让进屋来，又给倒了水先安慰着，一会儿工夫，外面就来人了。有散落的宦官，也有朝里的大臣，都找过来了，当中就包括袁绍和司徒王允。

王司徒大家都知道，后文吕布戏貂蝉的时候，是他的主场。

皇上丢了，哪怕只有十四岁，也毕竟是皇上。终于，在这家农户找到了。王亲大臣们好言宽慰，有臣等在此保驾，料也无妨。请两位上了马。两个孩子赶紧往回走，安全第一。这队人马刚往外走，就看见远处火光冲天，大队人马就冲过来了。旌旗招展、号带飘摇，正当中有一杆大纛旗，白月光斗大的一个“董”字。王允一跺脚，截和的来了。那是西凉刺史董卓进京了。

董卓是奉命进京，为杀张让而来，没想到来晚了。张让死了，何进也死了；请他的人死了，请他杀的人也死了。按理说就没他的事了，但他来可不是为了这个。半路就听见了消息，赶紧问清情况，最后有人说，少帝他们在北邙山一带。于是，董卓拨转马头，直奔北邙山。到这儿一瞧，迎面来了一骑人马，坐着两个吓坏了的孩子，尤其是小皇上刘辩，坐在马上直哆嗦。

对面兵似兵山，将似将海，正当中马上坐着一个人，四方大脸，光脑袋就得有十二斤，一脸横肉，连鬓络腮胡子，眉毛打了卷儿往上拧着走，大眼泡，坐在马上，真是威风。两旁各位战将，高挑着灯球、火把、亮子油松，小皇上都看傻了。

董卓坐在马上一勒丝缰问：“天子何在？”

“气势”这东西很难说，这跟街头小伙子打架似的，一个可能个头儿不高，另一个又高又壮，两人一见面，矮个儿的一下把大高个儿打倒在地，往脸上“咣咣”踹几脚，高个儿得怕他一辈子。其实两人若是真拼力量，矮个儿未必能行，但是就这一下，高个儿就输在了气势上。

这里，董卓一句“天子何在”把小皇上吓坏了。这时候，就看出来陈留王的与众不同了。十四岁的小皇帝直哆嗦，九岁的陈留王稳当住了，坐在马上拿手一指董卓问：“汝是何人？”在场那么多大臣将军，没人敢搭茬儿的时候，一个孩子问了这么句话。董卓也愣了，他在西凉，那就是当地的土皇上，依他的性格，此番到了京城，心里认为天下都是自己的了。这时候来了个孩子问他是何人，他就愣了。

“啊——西凉刺史董卓。”

“汝来保驾，汝来劫驾？”

你是来保驾的，还是来造反的？就愣这么问。

董卓愣了，忙说：“臣前来保驾。”

“既是保驾，天子在此，还不下马？”

这话说得有劲儿。话音刚落，董卓打马上就下来了，走到跟前一撩衣裳，“咕咚”跪下了：“臣西凉刺史董卓，叩见吾皇万岁。”

直到现在，皇上都没说话，还坐在马上直哆嗦，还得是陈留王说：“平身，护驾回宫。”有模有样，重点是这陈留王只有九岁！

董卓站起来翻身上马，他心里有这么几个念头：第一，很开心。他从西凉出来到这儿目的很明确，明明是一封密诏，他对外说这是正式公文，说是皇上请他来处理国家大事。如今，陈留王同着众人问他是保驾还是劫驾，他说保驾。见到了皇上，保着一块儿回去，官方认可了自己是保驾，那么谁也不能再说他是叛臣。用现在的话讲，这一下就被洗白了。所以他开心，因为这趟没白来，这对后面的工作和发展起到了决定性的作用；第二，他开始对陈留王留心了。这孩子太棒了，别说是君臣列位，天下爹娘都爱好孩子，人人都是如此。我教徒弟也是，这个我说一遍他就会了，为了那个我都吐了血了，我怎能不爱聪明的？所以，董卓再狠再坏，但是好歹他明白，这个陈留王太棒了。看他坐在马上那个状态，那个贵族气概、王者风范，有来言有去语，我这么高的身份，却被他问得哑口无言，这是个人物。此时，在董卓心中就有了废帝之念。

一场对话，改写了汉朝的历史。后来，董卓也确实做到了。

接着，自然是先护送皇上回宫。董卓一到，大兵压境，也再闹不起什么风波了。回宫之后，就只剩哭了。宫里这些没死的、残了的，各式各样的，该哭的哭、该闹的闹，都结束之后，天下就算是暂时太平了。这时，大家才后悔，后悔不该让董卓来。因为如此一来，天下都是他的了，就他说了算了。他手握大兵二十万，而且到这儿之后，何进的很多兵都让他收编了，整个朝廷上上下下，唯他独尊。文武群臣没有办法，没法跟他讲理，大伙儿短期内都没有主意。

这一天，董卓要大宴群臣，因为在这个状态下，吃吃喝喝是避免不了的，大伙儿互相熟悉熟悉也是需要的。互相留个电话，扫个微信，初来乍到，互相照顾吧，谁能耐大就罩着谁，这是需要的。

酒席宴前，董卓撂下酒杯道："众公，卓有一言，诸公听了。"

大伙儿一听，杯子、筷子都撂下了，牙签也撂下了。听着吧，现在他最厉害，可不是他说什么是什么吗。相互一瞧，心想不知道董卓要干吗，先看着吧。

董卓这儿坐着，捋着自己的胡子说："唉，今上软弱，陈留王聪慧可喜，我有意废帝，立陈留王为君，诸公意下如何？"

董卓的意思是，我觉得小皇上不灵，也不好好上学，上课不听讲，不团结小朋友，他这个状态怎么能当咱们班的卫生委员呢？陈留王这个同学好，他非常可爱，我让他坐在这个位置上，您各位同意不同意？

此话讲完，酒席宴前鸦雀无声。这可不是小事，这不是德云社选队长，三队队长调到五队去了，你的“倒二”他的“第一”，咱们换换。这不是呀！这是国家大事，是换皇上，没人敢说话。这时，有人站起来了：“我反对。”

“反对无效。”这不是曹操。各位读到这儿，环境太压抑了，让大家撤一撤心火。

但确实有人说了：“不行，今上并无过错。董刺史你自西凉入京，入得宫来就要废帝，莫非说尔欲篡逆乎？”这话说得有劲，小皇上没有过错，你说的不好好学习云云，都是你编的，人家孩子没有那么大的毛病，你带着人来，你的目的是不是造反？话就是这个意思。

刚才，大厅里面很安静，这句话说完，更是死一般寂静。董卓听罢愣住了，还有人敢这么说我？他原本是歪在这儿坐着，看过影视作品的也知道，董卓胖，大肚子歪着坐在那儿，平时舍不得起来。一听到有人反对，费了很大劲儿坐起来，心想，我得瞧瞧是谁。他看了一眼，是荆州刺史丁原。董卓根本就没把他放在心上。

丁原，姓丁名原字建阳，他也是何进请来的朋友，其实跟董卓的身份是一样的，都是何进请来帮忙除掉宦官的，但他来晚了。等他到了，桌上已经摆好了庆功宴。所以他瞧不惯董卓，心里很愤怒，因为他觉得我们都是来打架的，凭什么你董卓就这么耀武扬威的。因此，酒席宴前他说了上面那一番话。

董卓会武术，有些身手又力大无穷，“仓啷啷”宝剑出鞘，当即就要了断了丁原。但他走了两步站住了，因为在丁原的身后站着一个人：一米八二的小伙子，长得很精神，四方大脸、剑眉虎目、鼻直口阔、大耳朝怀，在丁原身后一站那是八面威风，手里边还攥着方天画戟。所以董卓愣了一下。要是没有人站在那儿，董卓就直接冲过去了，但正在他愣着的时候，董卓身边一位有名的谋士李儒拦住了他。

在民间传说、京剧、评剧里，提到董卓和李儒的时候，都说李儒是董卓的女婿，但其实正史上是没有记载的。正史上，李儒就是董卓的谋士，几乎任何事董卓都会问他。

此刻，李儒对董卓说："国家大事，酒后莫谈，改日当堂理论。"其实李儒就是和个稀泥，意思是说咱们改天再聊。旁边的文武群臣一看，有给台阶的也就都过来说："老丁，快喝酒了！"

酒席散了之后，董卓这点儿邪火可下不去，他一路出来所向披靡，有谁拦过？凭什么今天出来个丁原他竟敢拦着我呢？于是自己坐在屋里运气。李儒就在旁边站着看他。

突然，董卓想起了丁原身后那人，问："哎，李先生，您说，丁匹夫身后所立者何人也？"

"哦，此乃丁原的义子干儿，吕布吕奉先也。"

"早就听说过吕布的大名啊，今日一见果然不同凡响。可惜如此猛将，不能为我所用啊！"

"是，您也别着急，若有此心，我想一想，咱们定能将此事做得周全。"

"好，但愿如此吧。"

两人正说着，随着外边脚步声响，军卒进来了。

"报。"

"什么事情？"

"丁原率本部大军，在营门以外排开了阵势，叫您出去会战。"

"啊？这个匹夫，真真是岂有此理！"

是丁原杀过来了。

那个时代的军阀混战，不是我们想象的那种规范化军队，那是说翻脸就翻脸，说打仗就打仗。所以，董卓也赶紧顶盔贯甲、罩袍束带，带着人就迎了出去。

董卓出来一瞧，那边是丁原的人，旁边还站着一位，正是他刚才念叨半天的吕布吕奉先，董卓是发自肺腑地爱。

“哪位将军，愿出马生擒丁匹夫？”董卓问道。

那时打仗与现在不同，光是备战马就要费很大的劲儿。读到这儿，您可能觉得两军阵前骑马对打不就是电视剧、电影里演的样子。但那个时代骑马作战，究竟是什么样子的呢？

玉玺沉浮世间 李肃拿下吕布

斗大黄金印，天高够不着。

学会说评书，不干庄稼活。

“备马”，在两军阵前是非常重要的一个环节。

一般形容这匹马好，人们会说“鞍韂鲜明”。“鞍”是指马鞍，但是马鞍不能直接搁到马背上，得先在马背上铺上一块香牛皮，如果把鞍直接搁马背上，战士在马背上坐着开打，马受不了。用香牛皮先铺好了，上面还有一块红毡子，再在上面铺的东西就叫“韂”。“鞍”的下面就是“韂”。什么是大家常说的“飞虎韂”？大老虎长翅膀这叫飞虎，“飞虎韂”就是它上面绣着飞虎图案的这么一块韂。“榴梿韂”就是绣着榴梿的，“炸酱韂”就是绣着炸酱的……

马鞍上，又有“判官头”和“铁骨梁”。“判官头”，是指鞍子前边较高的部位。马鞍的前面稍微高一点，后边稍微低一点，也护着腰。将军坐在马鞍上，开打时要拿着兵刃，战马是受过训练的，将军拿肚子一撞前面的“铁骨梁”，它就知道往前冲。另有“鸟翅环”“得胜钩”是用来挂兵刃的。在马嘴上，会挂着四根绳子，两根在上头，是拉在手里的缰绳，控制左右转向；还有两根顺下去连着马镫，马镫上有眼儿，那两根拴在马镫上。人端着枪没法拽它，就在脚底下指挥方向，左脚踹它就向左，右脚踹它就向右。将军上了马之后，其实标准的状态是在马上站着，而不是我们在影视剧中看到的坐好了端着枪，那是外行。但即使是在马上站着，也能使上劲儿。

备好了战马，请董卓上马。读到这儿，也许会有人质疑董卓的武力值。其实，董卓很厉害。第一，他力大无穷；第二，他功夫娴熟。所以说他并不是我们想象中的，在电视剧里边看到的那个脑满肠肥、文官形象的董卓。真实的董卓心狠手辣，而且在两军阵前是头一份儿。

上了马，有李儒保着，董卓来到了两军阵前，队伍一字排开，丁原、吕布就在对面。丁原坐在马上顿足捶胸发狠。为什么狠？天下的事难说，但他也就是撒撒邪火。同是大将军何进请来的，都是一块儿灭国贼来的，西凉刺史董卓就成了英雄，而荆州刺史丁原则来晚了，杀何进他没赶上，张让投河他没赶上，小皇上逃亡在外他也没赶上，宫里乱哄哄的他还没赶上，他来到的时候已经在开庆功宴了。也是因为庆功宴上反对废少帝，才有了这一场两军对峙。

董卓这边，他坐在马上不看别人，就看吕布，是真爱：这位将军威风八面的，太棒了！人就是这样，哪怕是敌对势力，他觉得好，反应和状态就不一样。董卓对吕布是越看越爱。

而丁原这边，已经坐在马上大声喝骂道：“董卓，尔乃国贼也，寸功未立妄言废帝！”意思是说董卓就是要造反，一回头问：“吾儿奉先何在？擒此董贼。”话音刚落，吕奉先手里攥着方天画戟，这匹马似离弦之箭直奔两军阵前。

《三国演义》的原文中写得很简单，并没有说吕布这一出来，迎上了哪位大将，两个人打了多少回合。而是处理得很简单，只说吕布往上一冲，董卓就往下败。这很奇怪，按理说董卓是主场，兵又多。但好多天下的事就是这么简单，就是这么设计的——董卓扭头就败，而且这一败不要紧，直接败出三十里地。“三十里”都够打北京城里追到通州去了，追出三十里去，吕布也没再追，就回去了。

晚上回来，董卓坐在屋里直嘬牙花子，用四个字形容他是“心事重重”。此时此刻，董卓心里有两件别扭事：第一，吕布太棒了！怎么看怎么好，若得此将，天下可得也。我来是憋着谋朝篡位，打着要当皇上的算盘的，得有人帮着我，别人帮我都不行，张三嘴不利索，李四不会唱，王五不会学方言，赵六舞台经验太少……怎么也不成。唯独吕布，吕布要是跟了我，得有多棒！恨只恨这样的将军不能到我的手中。这算是新愁，就这两天刚有的；第二，他打进了都城之后，还有件发愁的事情，是传国玉玺不见了。别说是传国玉玺了，如果您有公司，公司的章找不到了，您也得着急。没有这个，公司干不下去。董卓这里，丢的是传国玉玺这件重要的东西。

其实，这就是和氏璧，历代帝王都拿这块玺说事儿。

春秋的时候有一位楚人，名叫卞和。卞和去山里玩，找到了一块石头，他懂石头，说这个太棒了，这是一块无瑕的美玉，就把它献给了楚王。当时楚厉王在位，一看这个是石璞。什么叫“石璞”？石头外边有皮，这叫“璞”，因氧化等作用，看不见里面。

楚王问：“这是什么？”

卞和说：“这是块玉。”

宫里边有玉匠，有专家。专家来了一看，看不出来，楚王让仔细看看，专家说：“我仔细看它也是块石头。”

楚王很生气地说：“我这一天到晚的这么大的工作量，我还得背单词，还得给娘娘做饭……你大胆的卞和弄块石头骗我。来人，小小地惩罚一下，把他左脚砍下来！”这是真事。于是，卞和就抱着那石头走了。

没多久，他又来了，还是献美玉。楚王感动了，这人很好，说明这个东西是真的。还是那块石头吗？还是那块。

“你是怎么想的？”

“我回去想了又想，我看了，它就是无瑕的美玉。”

于是，又请了专家，宫里玉石类的专家都来了。看完之后，专家们说：“大王，这块东西您看它表面是璞，但如果把它抛光之后，它里边也是璞。”

楚王说：“我有谱儿啊！你再想一想，你是不是喝多了？”

卞和说：“没有，这就是好东西，您的专家不靠谱。”

专家们急了：“不能，若我们不靠谱，说明是大王有眼无珠。”

大王说：“说得对，小小地惩罚他一下，把他另一只脚砍掉。”

卞和回到家去，抱着石头天天哭，哭到眼睛出了血。消息传到楚王这里，楚王传他来问：“天下被砍了脚的人很多，怎么就你哭得这么惨呢？你说你至于不至于？”

卞和说：“我哭的不是别的，我哭的是玉在璞中无人识。难道说偌大的天下，就没有人知道它是个宝贝吗？”

这下他彻底把楚王感动了，于是又请专家，倒霉就倒霉在这些专家身上了。

楚王问：“这东西到底怎么样？”

专家们说：“这要想看的话，就得切开看。”

早说啊！切开一看，里边是一块无瑕美玉。楚王很感动，没见过这么好的玉，说：“卞和委屈你了，寡人必有重赏。”

于是，楚王就把这块玉留了下来，叫“和氏璧”。

从此，“和氏璧”就一直在楚王宫里存着，存了四百年。四百年之后，这块玉被赏给了大丞相昭阳，他很喜爱，所以在家里办了展览请朋友们来看。在展览过程当中，和氏璧丢了。

过了五十年，和氏璧在集市上出现，被赵国人缪贤看见了，他知道这是好东西，把它买了下来，献给了赵王。赵王一瞧这是个宝贝，就留了下来。这消息被秦昭王得知，说我们很想要，就跟赵王说要以十五座连城换和氏璧。于是，赵王派蔺相如带着和氏璧到秦国去。到了殿上，秦王一看很开心，就把这和氏璧给文武群臣看看，又送到后宫给娘娘们看看，再给厨子们，大伙儿都看看……

蔺相如一瞧，这不对劲。在赵国，这次宝璧出朝，我国的君王沐浴三天，日日吃素、焚香祷告才把它请出来。到了秦国，人人都拿在手里玩弄，这说明十五连城换璧是假。

想到这里，蔺相如有了一个主意，便对秦王说：“那璧上有一裂纹您看见了吗？”

“没看见，在哪儿呢？”秦王命人把和氏璧递给蔺相如问。

蔺相如身后就是柱子，他接过和氏璧，倚着柱子说：“我看你们换城是假，诈骗是真。今天我决定了，我要把它摔碎在这儿。”

“别！咱们好商量！”

“好商量也行，也得照我们君王那样，沐浴更衣、三天吃素，到最后当着各国使臣的面，我才能把它交给您。”

蔺相如回到旅馆，打发人把和氏璧包好，顺小道送回了赵国。待秦王沐浴吃素的日子到了之后，他在殿上对秦王说：“我看出来了，你们是狼子野心，你们是不可能把十五座连城给我们的。如果你们真想要和氏璧的话，就把地图先画给我们，我们接手之后璧自然就到了。否则，今天我就是死在这儿，也没有什么可惋惜的。”

秦王很生气，但在各国的使臣面前，要是真杀了蔺相如，则会颜面扫地。所以，他无奈地又把蔺相如送回赵国去，这就是中国历史上有名的“完璧归赵”。

正是这块璧到最后成了玉玺，秦国灭赵得到它之后，当时的大丞相李斯用小篆在上面刻了八个字，于是成了传国玉玺。

哪八个字呢？云鹤九霄，龙腾四海。

“传国玉玺”和氏璧上刻有八个字，自然不是“云鹤九霄，龙腾四海”，而是“受命于天，既寿永昌”。封建社会的帝王很在意这个，谁手里攥着它谁就是皇上了。

玉玺一辈一辈地往下传，中间丢了好多回。

秦始皇的时候，带着玉玺坐龙舟过洞庭湖，途中，水翻腾了起来。这是不是湖底有龙王不开心了？秦始皇就把这玉玺扔进了湖里。过去讲究这个，这就镇住了龙王。

民间传说，哪个县哪个府里，闹了水灾，说有水怪，最后怎么办？都找县衙，请县太爷拿印章在纸上一盖，扔到里边去，即可赈灾治怪。更何况是皇家玉玺。

秦始皇把玉玺扔到水底，在那个年月哪还能找到？但是，八年之后，被人捞上来了，要送还给朝廷。总之，这玉玺就一辈一辈传下去，每一个正统皇帝都得有它，没有它的叫“白板皇帝”，意思是这皇帝是假的。

这个过程其实很复杂。包括王莽篡汉的时候，派人去找太后要玉玺，太后拿起就用文言“骂街”，反正就是抒发胸中的不满。最后把玉玺往地上“啪”地一扔，摔掉了一个角。王莽接过来之后，找能工巧匠把这角用黄金给镶上了，打这儿起，留下了一句民间俗话：有钱难买金镶玉。我们常说“金镶玉”，其实是说黄金镶的玉玺。

上下五千年，玉玺经常丢，很奇怪，每一个朝代它都出现过，也都丢过。但是按照民间的说法，非得有仁义天子在的时候它才能出现，这东西只要一没了，就说明这帝王要完。总之，玉玺时隐时现，咱也不知道是哪个魔法师在作法。

这一次，董卓进京之后首先就要搜寻玉玺，那是凭证。总得有了合同章、有了公章，才能说谁是法人。但是董卓没找到。那天，袁绍和曹操带着一千御林军，在皇宫里边杀了个够，大宦官张让带着两个小朋友从皇宫跑出去，皇宫里早乱成了一团。遍地是死人，烟雾腾腾、火光弥漫，在那样的过程当中，玉玺就找不到了。那么，它什么时候才能再出现，再拿回来呢？请您往后翻翻，等到曹孟德挟天子以令诸侯的时候，这块玉玺就再次出现了，重归汉室。

但董卓不知道。董卓犯愁，没有玉玺，可说不过去。你说他自己来根萝卜，自己刻一个，也不像话。本来这些日子他心里边就因为这块玉玺很犯愁，又加上吕布的出现，这么好的人才到不了他的手里边，所以倒上闷酒喝着，心里头别扭。

董卓身旁，是他的谋士李儒，他是董卓的智囊团，而且董卓对他可以说是言听计从。他在旁边看着董卓，"扑哧"一声乐了，说："您莫非有要事在怀？"

"唉！李先生，我想的是那吕布吕奉先。若有此人，何愁大事不成啊？"

"哈哈，好，些许小事，何足道哉？"意思是您为这个愁，可就有点犯不上了。

"先生，计将安出？"

"咱们有人跟吕布是同乡，可以让他顺说吕布前来归顺。"

"哦？此公何人也？"

李儒乐了："虎贲中郎将，李肃。"

说得对吗？对。这位李肃跟吕布是老乡，是发小儿，有这么个交情。

"好，快请！请他来共谋大事。"

紧接着就把李肃叫来了，那还不简单吗？又不是叫说相声的来喝酒，这个今天没工夫明天再说吧，那个又睡着了……李肃就是输着液也得给抬来，没有脚也能抬来，卞和先生就是前辈。

虎贲中郎将李肃来了，进来深鞠一躬。

“快坐快坐，李将军，闻得将军与吕奉先是同乡。”

“是，我二人乃是同乡。”

“唉，观见奉先，文武双全、英雄气概，可叹不能为我所用。”

“我与吕布乃旧相识，又有乡里之情。”意思是，这不叫事儿，我们是老乡！

这话说的，老乡见老乡，背后打一枪，打完一枪再泪汪汪。

“我跟您这么说，吕布此人有勇无谋、见利忘义，我去找他，一定能够顺说他降顺董公。”

董卓高兴了。为什么？这八个字的评语太讲究了，“有勇无谋、见利忘义”，其人性可见一斑。确实，吕布很勇敢，两军阵前能耐很大，但是他没有谋略、没脑子，而且见利忘义，夸张地说，给块饼就投降了。

“但则一件。”

“好，将军请讲。”

“闻得董公有一骑宝马良驹——赤兔，愿将此马顺说吕布。”

李肃意思是，我不能空手去，给他别的他也不在乎。冷兵器时代，大将军全靠这个，一匹好马。那会儿如果要有机关枪，谁还要赤兔马？

一说要赤兔马，董卓还犹豫了一下，寻思着值不值。别到时候马送去了，他骑着马就跑了，然后他骑着马再反过来追我，就更快了。董卓不得不多想。

董卓这略一沉吟，撩眼皮看看李儒。李儒微微一笑，那意思“给他”，为了大将舍一匹马，马去了把他就驮来了，那不值吗？

李儒太聪明了，后来吕布刺董卓的时候，只有他看出了董卓命悬一线，但那是后文的故事了。

“好！”董卓说，“这样，赤兔马送给他。另外你再带去一份礼物，玉带一条、黄金千两，再带上一些珍珠。”

这些东西，尤其对吕布这种见利忘义的人来说是最管用的了，你要说来个董卓签名照，可不管用。

东西准备齐了，由李肃带好，转过天来去见吕布。

前一天打完之后，吕布就在城外不远处安营扎寨。有巡夜的兵丁传话说有故交李肃求见。吕布站起来迎了出去：“果不其然呀，仁兄是您，快请！”人都讲乡里之情，两人都挺高兴。

现在也是一样，不管走到哪儿，山东的、山西的，或是出了国，见面一说是老乡，马上就觉得很亲近。如果旁边那位跟你住的地方离了二十里，就会觉得他是外人，这是人很正常的一种思维。

进来落了座，酒菜也就备好了，哥俩开始聊天。

“好久不见了，仁兄现如今这身富贵可是不简单呀！”吕布夸李肃道。为什么这么说？一看李肃的状态就不一样，要是他披着麻袋来的可就差着了，但李肃可谓一身富贵。

“哎呀，不值一提，小兄我区区虎贲中郎将。”这“虎贲中郎将”对吕布来说诱惑力很大。

“哎呀，啧啧啧……”吕布把狗都叫来了。

就这一个态度，李肃心想，行了，这事儿十有八九没问题，就继续跟吕布喝着聊着。

“好久不见了，兄台今日为何而来？”聊着聊着，吕布问对方最近忙什么呢，您找我有何事。这是很正常的。

“奉先啊，奉先贤弟，我为义气而来！”

读到这句，你就知道他要开始害人了。

您记住了，无论是谁，去您公司跟您谈业务，一进门就跟你讲“我是为了情怀”，你一定要加倍小心。因为“情怀”这个东西是藏在心里边的，他只要能说出来，就都是名利的事情。

但李肃这句“我为义气而来”，吕布还挺爱听。要不说他上当，是必有原因的。在吕布看来，这句话说得他既感动，又高兴。

“为大将者，无有宝马良驹如损双足。我今天来特献龙驹一骑。”身为大将军，没有一匹好马，就跟没腿是一样的。

“嗬！现在何处？”

“奉先随我来。”

什么东西能够打动你，你就容易被什么东西击败。

很简单。比如碰见于老师，你得跟他说哪儿烫头烫得好。你要是跟我说，我能给你啐出去，我用得着吗？但如果换成于老师，他就会问你：“在哪儿？”“哪个师傅？”“能烫什么花？”对于高峰，你得说什么相声怎么着了，唱快板的如何了，哪儿卖竹子了，他准跟你去，一诓一个准儿，这就是对症下药。

吕布跟着李肃来到外面一看，赞道：“哎呀，太棒了！”

宝马良驹身上的毛红扑扑的。您可能会觉得，我这描述得过于鲜艳了，但您若真去看马，就能看到枣红马，它比普通马的颜色要艳，浑身上下一根杂毛都没有，头至尾够丈二，蹄至背八尺五，细蹄寸大蹄碗，螳螂脖吊肚、鞍韂鲜明，往眼前一站，就是不一样。

好马跟英雄其实是一样的。我们看人也是一样，一帮人站在一起，一定有一个让你一眼看过去就觉得这位不一般，这就是气质的问题。有的人他无论怎么打理自己、怎么穿，往那儿一摆，看样子就知道他好不了，这东西瞒不了别人。看眼神、看状态，给人这个感觉都不一样。马也是如此，有的马往眼前一站，你看着就是驴肉火烧的命，熬到头它也只会拉磨。

但宝马良驹则不同，尤其为大将者，看到这个都馋得不行，到跟前来，一把就拉过缰绳，左脚点镫、飞身上马，上马跑了一圈。这一圈跑下来，吕奉先下马时，就已经爱不释手了。

吕布深鞠一躬道："兄台，愧不敢当。"

"宝马赠英雄啊！"

"来，快请饮酒，快请饮酒！"

吕布觉得彼此在感情上又升华了一些。两人进得屋来温了温酒，又添了几个菜继续聊天。如果没有马，那就是普通聊天，但要是拿了人家东西，从情感上就觉着欠缺人家点什么，人都是如此。

吕布也是没话找话说："这一晃，咱们多少年没见了，您挺好的哥哥？"

"我挺好的，令尊身体也不错？"

吕布乐了："兄台你喝醉了？你也没有喝多少，怎么糊涂了？"

"我怎么糊涂了？"

"我父亲早年就去世了。"

"我说的是丁刺史，丁原。"

丁原是吕布的干爹，也是他现在的顶头上司，李肃问的是他这位干爸爸。

吕布端起酒杯来喝了一口说："布也是事出无奈。"

这就是吕布的不对了。人家李肃说什么了？李肃问了"你爸爸好"，哪怕是干爹，你也应该回答"身体不好"或者"睡觉了"，这都算是回答。可你答"事出无奈"，谁问你了？这叫什么？这就说明他的人品有问题，这一下就彻底把自己交代了。

李肃不是吃素的，听完心里都乐开了花，这得赶紧顺杆爬。

"贤弟，以你现在的能力，你这身能耐，确实是屈尊人下了。"

你不是说"事出无奈"吗？你没办法，有苦衷。是的，你确实能耐太大，比你爸爸能耐还大，你有这么大的能耐干吗还跟着他呢？

吕布越听这话越顺，对，我确实能力很大，我怎么能让他当我爸爸呢？他的品性再次暴露：“天下大乱，我也是万般无奈呀！”

“奉先你看，看小兄我，区区不才，我尚且是虎贲中郎将。”李肃这话说的，是往吕布心缝里捅刀，“贤弟此处也没有外人，小兄认为天下英雄此时，唯董公尔。”他的意思是，你别光无奈，目前天下最厉害的，还要算董卓。

“奈何我无有涓埃之功。”

这是吕布的原话，意思是我没有一滴水、一点土的功劳，我投报无门。

吕布话说到这份上，李肃乐了，他把随身带着的包袱打开往桌上一摊，黄金千两和一堆珍珠，还有董卓特意让他带来的礼物。

“奉先，你看看这个。”

“啊！兄台，这算何意？”

“奉先，董公爱才、爱贤，倘若你有意投奔的话，我愿做你引荐之人。”

“哎呀！兄台，这使得吗？”

“使得使不得都在你，奈何你还有义父丁原呢。”

“哥哥等着，我杀了他！”

吕布杀丁投董 董卓废帝达成

曲曲弯弯路，重重叠叠山。

燕飞不到处，人被利名牵。

后世对吕布的评价不高，称他为“三姓家奴”是有原因的，因为他见利忘义。

但是，如果换个角度看，人活一世，首先都需要一个安全保障：我得吃饭；我需要干净的水；外边下雨了，我得在屋里躺着；地上就不如床上好，我有张床了，我还得有张褥子；有褥子了就得有被子；有被子了我得来个枕头才能躺得好……这可能是最早会产生的需求。这个过去之后，人就可能有更高一层的期待：我需要有一份工作；我一天要挣多少钱，我得买馒头、买饼、买咸菜；我不能光吃咸菜，我得有肉……当人能够吃得饱、喝得足之后，就又有了更高的需求——情感上的支持。

随着人不同境遇的变化，需求也在不断调整。

所以对于吕布来说，之前丁原对他的好也是有作用、有激励的。但是这东西就怕比，丁原能给他的，远不如董卓能给的激励大，所以丁原注定要失败。这也是事实，没有办法的。话虽如此，但人还是得讲良心，就算有天大的利，毕竟还要有人情在。

有句老话说，你可以不害人，那枪口可以抬高一寸。有人说，这没有办法，当时在那样的情况下，我们不得不一起动手打他……可人家就有打得轻的，人家就有少打两下的，怎么你就得往眼睛上抠呢？这就是品性的问题，这种人的解释是不管用的。

这天，吕布一瞧这满桌子的东西，那是心花怒放。聪明人说事，不用说得那么细致，都说明白了那是流氓打架。“这事儿怎么办？”“那您抓紧。”这就都明白了。要是变成“我想把他弄死，你看我从哪儿捅这一刀呢”“我认为你把小刀磨得快快的，揪着脑袋刺一下……”这两位搁到一块儿也就两毛钱一斤。明白人说话，一个眼神就够了。

吕布站起来深鞠一躬道：“此番报效董公，全在兄台。”

意思是等我办完了事，你得给我搭这个桥。

“好好好！静候佳音！”李肃说罢就走了。

这就是谈生意，有买方有卖方，谈得合适了就敲定了。当然，倒霉的是丁原。

天色很晚了，丁原坐在屋里边看书边喝酒。跟董卓闹成这个样子，他正在琢磨下一步怎么办。这会儿工夫，一挑这帘子，打外头进来了吕布。

人是有第六感的。我们不是封建迷信，只是有时候会突然觉得怎么这么害怕，或者有突然的其他情绪，必有原因。这不是单纯说这人迷信就能解决了的，人对这个宇宙的了解，最多到百分之五，很多事情我们目前是无法解释的，只能说现在我们明白不了。但人是一种很奇怪的生物，如果琢磨，有很多事真是说不清、说不透的。

今天，吕布一进来，丁原就觉着莫名其妙，觉着哪里不对劲儿。他这个感觉是对的。他把手里的书放下，一抬头道："吾儿奉先。"

这四个字，后来大伙儿也都用。后来董卓也这么说："吾儿奉先何在？"这就是占人便宜啊！这两位叫别人儿子的最后都被人杀了，所以说，伦理包袱有时候也不好，容易出事，叫着叫着就翻脸了，喊着喊着就不乐意了。

这里，丁原的意思是三更半夜你干吗来了。

吕布这眼眉就绾起来了："哪个是你子？"

没有这么不讲理的。刚才吃晚饭的时候还说了爸爸晚安，这一会儿再进来，就变成"谁是你儿子"了，这样就没法交往了，不能够继续愉快地玩耍下去了。

原文对此处的描述很简单，我们也不能把它复演得多么复杂。简单来说，就是吕布把刀掏出来，走上前，"咔嚓"一下，就把丁原的人头砍下来了，就这么快。

为什么要快？要遮掩自己的尴尬。正在读书的换作你，你说此时此刻还能有什么可说的？"跟你商量点事儿，我现在不要脸了，我得把你宰了，然后我上董卓那边去当官了……"不可能。还有什么可说的呢？如果这么说了，丁原肯定得问为什么，当初你怎么认我当了干爹，这些年我对你好不好……不能让你说出这个话来。你丁原说得出口，我吕布就下不去手了。所以，一刀就把脑袋切下来了，丁原死尸倒地。

吕布攥着脑袋往外就走，得跟大伙儿有一个交代。喊了一声，各位请注意："丁原不仁，我已经把他杀了，满营将官，愿意跟着我的留下来，不愿意的自行遣散。"这就叫诈骗了。但吕布总得给自己找一个借口，他总不能拿着丁原的人头出来说他错了。

《三国演义》的原文上说，吕布说完，人大概走了一半，有的人也瞧不惯吕布，哪儿跟哪儿啊？你们爷俩打起来动刀，脑袋就切下来了？这样的主子跟下去没有前途，现在允许我们走，那就干脆回家种地了。所以，就走了一半，剩下一半吕布归置好了，带着他们投奔了董卓。

董卓一见，非常高兴，朝思夜盼的美英雄现在是自己的人了。吕布也做得很漂亮，纳头就拜，撩衣裳就磕头，紧跟着认干爹。这真是急脾气，这事儿对吕布来说就不能耽误，不然别人认了怎么办？董卓开心，闭门家中坐，天上掉下个儿子来，上前就搀起来了，怎么看怎么爱，当下就封为中郎将，又封为都亭侯。

这就是我们前面讲的激励和需求的问题了。在丁原那边，吕布是秘书，正式的身份叫“主簿”。这里面也有丁原的不是，“主簿”是文职官员，吕布这样一个英雄武将，马上步下这么大能力，担任的又是类似师爷、秘书的工作，而且出征打仗还得指着他，天长日久，吕布心里难免不平衡。所以，这也是丁原自己的不慎。

如今，吕布到了董卓这里，立马就封了侯，这两边的差距也太大了。相当于你头两天还在天桥街上说书，转天就当了国王了。

打这儿起，最开心的人就是董卓了。董卓觉得如果这时要给自己写评语的话，那就是“如虎添翼，似饼粘麻”，前半句是老话，后半句是我编的。如大老虎长出了翅膀，能飞起来咬人；那饼上粘了芝麻还不得又酥又香嘛！总之，太棒了！走道儿都横着。而且，他给自己加了一些“荣誉”。什么荣誉？

第一，入朝不趋。“趋”是指小跑，过去文武群臣上殿的时候要趋步。在大殿上不允许像逛街似的走路，那是犯罪。皇上登殿了，官员们得撩着自己的官服，稍微猫着点腰小跑前进，这叫“趋步”，所有的官员都得如此。但是到董卓这儿，他自己加封自己，可以“入朝不趋”。我逛街什么样，在你皇帝面前就是什么样。

第二，剑履上殿。意思是能挎着剑、穿着鞋上金殿。不管多大的官、多高的身份，只要是上金殿，就不能带武器，即使是战功赫赫的人也不可以。鞋子也得脱了，即使是功高盖世的官员，也顶多可以穿双袜子，基本上都要光脚。皇上的金殿里铺着红毯子，官员的鞋底不能蹭在上面，所以个个都要光着脚、撩着衣服往殿里小跑，以示对皇权的尊重。

董卓则不然，到哪儿去都挎着宝剑，哪怕是在金銮殿上。当然，也不是说带着剑上金殿就能刺王杀驾了，皇上身边还有那么多武士守卫着。但如果谁能带着剑上殿，那就说明皇上拿他当亲人了。董卓也不脱鞋，哪怕在外边踩完了雨、蹚完了泥，人家上殿也是抬脚就踩，以此来显示自己的身份。

第三，诏书不名。比如，皇上下圣旨，叫高峰上殿，那就得是：传著名相声演员、一队攒底、德云社总教习高峰上殿，这些名号都得提。但是如果“诏书不名”的话，就没有后边的“高峰”两个字，而是只提身份。为什么董卓要加上这一条呢？在金殿上提了名字，就说明你跟皇上是天壤之别，不提名字，说明你的身份跟皇上是平起平坐，这是多大的荣誉啊！

第四，赞拜不名。是指在金殿上，如果喊“大丞相张三，跪”，那么张三就得跪，如果是“赞拜不名”，那就不用提“张三”了，直接喊“大丞相”。

从古至今，历朝历代，这四样是最高的荣誉。我翻阅资料计算了一下，封建社会集这四样荣誉于一身的，只有一个人，即北宋的一位王爷，叫赵元俨。他就是我们常说的北宋“八贤王”的原型。翻阅历史上下几千年，只有他老人家一人占齐了四样。但董卓这个不是皇上认同的，是他自己设计的，他就是设计自己要在金殿上跳街舞那也是没办法的事。毕竟他权倾朝野，小皇上只是个摆设。

所以这么一来，朝里从上到下，人人都心中不忿，但是却没人敢说话。此时此刻，董卓要干的就只有一件事情——废帝。这一天，大宴群臣，文武群臣都来了，也没别的事，净吃串了。凉啤酒、花生、毛豆都摆上，坐在这儿一吃一喝，吃饭不是目的，目的是说事。跟我们现在一样，明天有一个饭局，约吃饭一定是有原因的。除了专为喝酒的饭局，大部分人的饭局都是有目的的。

酒席宴前，董卓把废帝的事又提出来了："我观当今天子软弱无德，欲废帝改封弘农王。"这本不是大臣该说的话，小皇帝怎么就软弱无德了呢？连下一步都替小皇帝想好了，封他为"弘农王"，以后没事种种地、背背节气歌，也挺好。董卓其实已经快要不把这个过场当回事了。刚才大伙儿还挺高兴的，撸串的、剥花生的、喝啤酒的。一听董卓说罢，大家完全傻了，瓶子也撂下了，串也搁下了。我这里描述说得他们好像是在街上开会……

有不同意的吗？有。这边站起来一位："董卓。"这位敢喊董卓的名字，皇上都不敢喊他的名字，"当今天子哪里无德了？你口口声声要废帝，莫非你有反心也？"

文武群臣都佩服，就这个状态、这个环境下，有人敢说这个话，就不是一般人。大伙儿都看，果不其然，还得是他——袁绍。看过前文的读者，您对袁绍是有些印象了，这个话他说得出来。

正是自己露脸的时候，被人撑上这么两句，别说是董卓，换作我脸上也不好看。一伸手，董卓由肋下就把宝剑抽出来了，呵斥道："袁本初！"

这么喊他，就是要出事了。比如爸爸妈妈教育孩子，平时怎么都行，"儿啊""闺女啊""宝贝儿"都行，什么时候一喊孩子大名了，那准是孩子惹了祸，家长要翻脸了。

袁本初听到董卓叫了自己的大名，拿手一指董卓的宝剑。

董卓说："难道说，你以为我的宝剑不利吗？"

袁绍乐了，把自己的剑也抽出来了："尝尝是你的利还是我的利！"

“你没有我的利！”

“我的比你的利！”

有人问，你写的这是朝堂之上吗？这是两个说相声的在练绕口令吧。

事实上，两个人是互相看着，都拿着宝剑往前走，眼睁睁这就要血溅大堂。

酒席宴前，袁绍跟董卓两个人，要开始“比粗”了。“比粗”是戏曲舞台上的一个技术用语，两人谁也不服谁，当下要分出高低。在这个状态下，不可能真动了刀，自然会有人拦着，尤其是董卓这边。董卓为什么脾气这么大？因为有了吕布在，所以他更横了。

我们那儿原来有个孩子，给我的印象很深，他一出去就总跟人打架。后来我们分析他为什么出去老打架，分析了几次，后来发现不怨他。他一个人出去的时候就不打架，我一问跟他出去的几个人，他们说他出去总是“招欠”，东北话叫“撩闲”，他老勾搭别人打架。孩子的心态就是这样，有人撑腰的时候，他就不在乎；如果是他自己出去，就规规矩矩了，见谁都鞠躬。天下单有这么一类人。

董卓这里也是同样的道理，我董卓有义子干儿吕布吕奉先，我还在乎谁？真打起来了，我还能被杀了吗？他是这么个心态。但是李儒在这儿，李儒得拦着，那是董卓的智囊，不能让双方真动手。人家要考虑做事的目的是什么，目的是废帝，而不是在酒席宴前血流遍地，那没有意义。所以董卓一喊一闹，旁边李儒就过来拦着劝说。袁绍也不是吃素的，心想此地我不可再留，他扭头就走了。

“在东门以外挂节弃官”，《三国演义》的原文写有“挂节”。这个“节”，现在也见不到了。大家熟悉的，就是京剧舞台上的苏武牧羊，苏武手中拿着的，竹棍上挂着动物的尾巴毛之类的，代表着是天子赏赐的。拿着它出去到番邦外国，这代表着是皇上让我来的。“节”有不同，有大有小、有长有短，上面挂有不同种类的毛，有不同的节数。它跟“挂印”的道理一样，意思是“我不干了”。袁绍就把这“节”挂在了东门之上，带着自己的兵丁、部队，奔冀州而去。

回过头来，连李儒在内的好多人都劝董卓，说您别生气，袁绍这个人的性格会导致他以后成不了大事，咱们跟他闹翻了也没有意义。董卓倒是听劝，也就作罢，后来还派人去找袁绍，劝他别生气，封他为渤海太守。但这是之后发生的事，如今的酒席还是不欢而散了。可是，除了袁绍站出来反对，其他的文武官员都没有人再提了。

时隔不久，九月初的一天，皇上登殿，文武群臣都到齐了，底下也站着董相国。董卓加封自己为相国，为什么后来人也说是“董太师”？这也是他自己给自己加的封号。同着文武群臣，董卓打怀里面掏出来一纸诏书，正式宣读：

“当今天子软弱无德，今废为弘农王，立陈留王为帝。”

这就是一张通知书。董卓的意思是，这个小皇上我觉得他不行，你们也别问为什么不行，我就跟你们说一声，我都给他定好了，那么接下来他就是弘农王了。来，请下来，更衣。

刚才小皇帝还摆了驾，宫娥彩女、太监们伺候着，冠袍带履地坐在那儿，一会儿的工夫，这身龙袍就要脱了，帽子也摘了，是不疼，又没人打他，但侮辱性极强。最近网上有这么句话，“伤害性不大，侮辱性极强”，这不就是吗？我看到这句话的时候就在想，用在这里最合适不过。

小皇帝当时就哭了，四月份刚当的皇上，这时还不到半年。当下就有人到后宫通知何太后。来人通知了她，说身份改换了，你心里得有个数，归置归置东西吧。小皇帝在金殿之上“哇哇”地痛哭、害怕，这边就把陈留王请过来了。

“请陛下更衣。”

这陈留王也傻了，他才九岁。宫娥彩女、太监们立马就给他换上了龙袍，换完之后扶上龙椅坐好了，董卓就带着大伙儿跪下，喊着“吾皇万岁万岁万万岁”，这个戏剧冲突有点太大了。但没办法，一朝天子一朝臣，这朝不用那朝人，金銮殿上改得就这么快。

被送回去的弘农王，这会儿已经有了自己的妃子唐氏，加上自己的亲娘何太后，娘仨也没什么事儿，只剩抱头痛哭。哭完之后，就有人拿着锁链子来给这娘仨的宫殿上了锁，严禁探望。

朝野震动，人人都糊涂着，原来的陈留王也糊涂了，角色转变都没人通知我，怎么突然我就是皇上了呢？说不当都不敢，到了这会儿，想不当皇上都不行。

看董卓的意思，他不当皇上都是要造反。虽然话没说出口，但就是这个意思。那么，这位新皇帝是哪一任帝王？这就是汉献帝。您看京剧高派名剧《逍遥津》中，就有汉献帝的一大段唱，领着两个孩子，哭得很惨。被曹操欺负的，正是这位汉献帝。

历史上好多事情真是很搞笑，你不知道他们是怎么设计的。打这儿起，新皇帝上任，原来的皇帝日日在宫里跟自己的母亲、媳妇儿哭，董卓还天天派人盯着。

“听到他们都说什么了？”

“也没说什么，只是哭。”

“哭得怎么样呀？”

“挺好听的，但是没有昨天的声音大。”

“哦，那是累了……”

天天这么听着，但是坚持不了多长时间，董卓不能养他们一辈子。

终于有一天，董卓打发李儒去了娘仨的宫里。李儒是多聪明的人，带着十几个校尉，带着酒、杯子就来了。“酒无好酒”，说的就是这种酒——毒酒，沾唇则亡。

“参见王驾千岁。”

前些日子还万岁，如今一下子少活好几千岁。

“参见千岁，马上快到您生日了，董太师让我给您上寿来了。这是寿酒，请您满饮一斗。”

倒完了寿酒，小皇上眼泪都下来了，准知道这酒里有问题：“寿酒可受不了。”

李儒也没有客气，都是表面的：“天不早了，您喝吧。”

“既是寿酒，你先喝一杯。”刘辩说得对，既然是来贺寿的，你先来一杯。

李儒瞧瞧他，心想那我哪里消化得了啊！但他也没别的废话：“请您满饮此杯，董太师还等回信呢。”

话说到这份上了，意思很明了，就是要处死刘辩。

旁边刘辩的妃子唐氏撩衣裳跪倒，痛哭哀号道：“这杯酒我来饮，能不能放他母子一条生路，饶了我的丈夫和我的婆婆！”

何太后也在一旁哭，顿足捶胸，骂自己的哥哥何进：“何进无谋，江山受累。现如今连累了我一家，保条命都难。”谁说不是呢，挺好的一把牌打了个稀烂。

李儒也不爱看这个，一努嘴，旁边校尉过来，连踢带打地拉走了何太后，屋子里就剩下君妃二人。

李儒很不耐烦道：“天不早了，董太师还等我回报呢，快点吧。”

“你容我君妃一别。”两口子抱在一块儿放声痛哭。

李儒心想不能干等他自己喝，于是吩咐人过来摁住了两人，捏着鼻子，拿着酒杯往嘴里愣灌。片刻之间，君妃二人死在了埃尘之中。看死踏实了，李儒转身回报董卓。董卓很高兴，紧跟着，何太后也被弄死了，这一众人被除得干干净净。到这儿，朝里就算是暂时太平下来了。

这下，董卓可了不得了，想干吗就干吗，我想让谁当皇帝谁就当皇帝，天下是我的呀！《三国演义》的原文上说，这时的董卓做了一件事——夜宿皇宫。这皇宫内院中哪间好，他推门就进，也不回家，就跟住旅馆似的。无论是宫女，还是妃子，看好了谁就叫谁来陪他睡觉。他胡作非为、祸乱宫闱，文臣武将都恨得咬牙切齿。其中有一个人实在看不下去了，他是朝里的老将军，叫伍孚，字德瑜，是一位越骑将军、武将军。他岁数大了，对大汉江山的情感也重，心想要这样下去，江山就完了，我豁出去杀掉董卓，一了百了。

话虽如此，可哪是那么容易的事。董卓出来进去身边总有一百多人，出入都乘着大轿子。汉朝的交通与现在不同，还没有八抬大轿之类的，它更像个大簸箕，董卓坐在里边，而且是仰着坐，前后有杆、底下有底，由人抬着，很像四川爬山的滑竿儿。那时能坐上这个已经很不错了，只不过董卓坐的可能更豪华一些，上面可能会有雕花，材料也会更讲究一点。除了近百人跟着他，还有吕布吕奉先在旁守着。前两天在金殿上，董卓把皇上换了，其实对于文臣武将的态度他心里有数，心想此时此刻必须杀一儆百，所以出来进去带的人也多，他也怕自己出事。

这一天来上朝，董卓坐着他的大轿子到了朝房门口，刚要下来，武将军就过来了。他一抱拳，说了句“老太师”。董卓坐着，刚要起来还没起来的时候，应了句“武将军”。话音未落，武将军一伸手从怀里突然掏出一把短刀。老将军提前都准备好了，刀磨得飞快，藏在怀里边，借着抱拳拱手的机会，就往前来要扎董卓。董卓这人，最大的特点是力大无穷，眼看刀到了跟前，他反应挺快，终归他是武将，一抬脚就踢在了武将军的手腕上，这刀就飞了出去。

轿子落地，董卓站起来了：“吾儿奉先何在？”吕布就在后面站着，露脸的机会来了，两步就到了近前。武将军岁数也大，上朝来又没带兵刃。他不像吕奉先，吕奉先的方天画戟随身能拿着，老将军的兵器由兵卒帮他拿着，只藏了这么一把短刀，还让人一脚踢出去了。武将军见状赶紧往上扑，意思是即使掐死董卓也是好的。可是，董卓身边有一百多兵丁护卫，何况还有吕布，上前来两下就把武将军摁住了。董卓在朝房门口当众就处死了老将军，血流遍地。

上朝的文臣武将可都瞧见了，瞧见董卓拿脚踩着武将军的尸体，仰天长啸。当天，金殿上没有人说话，臣僚们你看看我，我看看你。所有国家大事、公文都办完之后，大家缕缕行行往外走的时候，其中有一位大臣说话了："列位年兄、年弟。"大伙儿一回头，是司徒王允，王大人。

"各位大人，明日乃在下贱降之期，请各位年兄到府下一聚。"

过去人说话雅致，把自己说得很低，把别人捧得很高。对别人都是"贵姓""贵相"，对自己则用"贱降"，意思是我在这一天降生的，请大家来聚聚。

"明日定当过府拜寿。"

"好，明日我略备薄酒，恭候诸公。"

王允要请客，那时像这个身份的请客跟百姓请客不同。我们都明白，这不单单是为了吃饭。朝廷上下这个状态，王司徒是有想法的，他也不是人人都请，得请能说到一块儿去的，得是朋友。

转天晚上，受邀的大人们陆续到了王府，摆上酒菜众人先拜寿，拜寿之后寒暄寒暄。酒过三巡，菜过五味，慢慢渗透到位了之后，酒席宴前王允就开始说话了，说什么呢？说一说朝中大事。

"没有别的，现如今朝纲混乱，自打董卓进京以来，欺天灭地，大汉江山毁于一旦。"

王允把这些事情一一讲了，刚才大伙儿坐在这儿还有说有笑的，听完之后就鸦雀无声，紧跟着就有人开始哭，你也哭、我也哭，文臣武将都被触动了心事。在酒席宴前，有一个人他可不爱听了……

王允大宴群臣
孟德忐忑献刀

守法朝朝忧闷，强梁夜夜欢歌。

损人利己骑马骡，正直公平挨饿。

修桥补路瞎眼，杀人放火儿多。

我到西天问我佛，佛说：我也没辙！

不同的“哭”代表不同的情绪，有声有泪叫“哭”，有泪无声叫“泣”，有声无泪叫“号”。《水浒传》中潘金莲哭武大郎就叫“号”，有声无泪，是哭给别人看的。

但王允宴席上的大臣们是“泣”，都是有身份的人，在场没有低于二品的官员，放声痛哭就不像话了。是王司徒的话触动了大家的心事，为国为民有感而发，他们的眼泪才都纷纷落了下来。情绪是能传染的。比如在火葬场，一帮人一哭，有的人家跟死者也没有多大交情，但到这儿之后，环境带动着，人就会不由自主地哭起来。何况王允宴席上的官员都是朝里边的忠良，一个难过则都难过。

王允很激动，慷慨激昂。这时，有这么一位突然仰天长笑。这就有些不合时宜了，因为他不合群。比如在德云社的剧场里，大伙儿都跟着乐，就你在台下号啕痛哭，那必有原因。我们也得过去问问您怎么了，你是埋伏在这里说相声的是不是？事出反常必有妖。

就这一声笑，大伙儿都回头看，最生气的是王允。王允的情绪正在兴头上，心想，我请各位来吃着喝着，听我讲国家大事，咱们怎么想办法铲除国贼，我这儿说得很好，大家都在哭，唯独你笑。怎么？我这里边有“包袱”？这里换成谁都会生气。

王司徒怒从心头起，回头一看，这位按现在说身高得有一米八左右，脸挺白净、单眉细眼。“单眉细眼”到底是什么样？其实是眼睛往上吊着，细长形，眉毛干干净净，一直往上走进鬓角的样子。这位是谁呢？曹操，曹孟德。

其实今天这饭局按理说没有请他，为什么呢？因为此时他算是董卓的人，董卓爱他的聪明机智，一直很希望把他拉拢过来，成为自己的亲支近派，成为像李儒、吕奉先这样的人，所以董卓对他很好，文武群臣也都知道。按王允的本意是没打算让他来，但曹操听到了消息，王司徒过生日，曹操不请自来。既然来了，王允也不能让他走，就让他坐下了。

此时此刻，曹操一笑，王司徒不乐意了：“孟德，因何发笑？”

曹操站了起来说：“我笑只笑满朝文武，从明哭到夜，从夜哭到明，难道说你们能哭死那董卓？”

说完，文武群臣都对曹孟德刮目相看，他跟我们不一样。这些大臣里边呢，自然是有忠君报国，真正为国担忧的。但是也有一些是从众心态的，见别人哭了，自己不哭不合适，所以真真假假，也都跟着一块儿哭。一听曹操这话，王司徒暗挑大拇指：“孟德随我来。”

王允带着曹操来到大厅后的密室，到屋里一坐，就有家人进来给沏上茶。王允一摆手，下人们出去，屋里就只剩他们两个人。

“罢了，蛟龙正在沙滩卧，一句话点醒梦中人。我没有想到你很年轻，但你的眼界比我们要开阔。别的话我也不愿意说，其实每天你也在朝纲上下，董卓的所作所为，你是亲眼得见，欺瞒天子、祸乱宫闱，夜宿皇宫、滥杀群臣，无恶不作，现在弄死他都是罪有应得。但是我愧为一个文官，生性懦弱，我报国无门呐！孟德，你有没有好计策？”

到这会儿再客气就没有意思了，刚才在大厅咱们都发了誓了，也都喊完口号了，大伙儿都知道怎么回事了。既然你与众不同，你准有好主意，你说说这事儿怎么办，你不能白乐吧？

曹操点了点头说：“司徒，事到如今我也不瞒你，想俺孟德七尺之躯，为大汉江山我情愿抛头颅洒尽满腔热血，但则一件——”

“孟德你说。”

“我要借您家中宝刀一用。”

有吗？有。王允家里面有家传的宝刀，据说有十八口半。为什么是十八口半？有把宝刀比其他刀小，唯独它有一尺三寸，所以算半口，这叫“孟劳刀”，也叫“七宝刀”。

王允开始没听明白：“宝刀现在内室，孟德公要此意欲何为？”

曹孟德点点头说：“我携带着孟劳宝刀，去至相府，面见董卓，我要取他项上人头。”

这就是曹操聪明的地方，他去见董卓要有东西，这有宝刀献给他，往前一递就能把他杀了。如果是普通的菜刀，根本到不了董卓跟前，非得被拉出去剁成馅不可。所以曹操得借王允家这口七宝刀。

“好，孟德稍待。”

王允转身出去，片刻即回，七宝刀托在手里，果然不大，很精致。

往前一递，曹孟德是双手相接，把刀抱在怀里边说：“王司徒但放宽心，俺曹孟德七尺男儿，今日我要为国除奸。”

王允一撩衣裳跪下了。

“王司徒，您这是干吗？您不能拜我。”

“我不是拜你，我拜的是你为国为民的一颗忠心。今天刀交给你了，我老王家上上下下几百口人的性命也交给你了。”

这事儿是明摆着的，去了就两种结果：一种是成功了，杀了董卓皆大欢喜，大家接着喝酒、庆祝、开派对；另一种就是没成功，那就连累了大家。人家追问这刀哪儿来的，谁让你来的，就不是曹操一个人的事了，而是王允全家的事了。所以王允说他全家的性命，都托付给了曹操。

王允撩衣跪倒，孟德也赶紧跪倒，两位都流着泪，互相搀扶着站起来，也没什么可说的，拱一拱手转身就走了。王允再回去跟大伙儿喝不喝酒、聊不聊天那就不重要了，我们单写曹操。

回到自己的住处，曹操只身一人。他在洛阳没有亲眷，一个人住在常年包下的旅店里。把刀放好了，曹操坐在这儿，翻来覆去地想这件事情。紧张吗？紧张。这不是小事，是天大的事，不管成功与否，自己都是要上热搜的。如果他杀了董卓，那还了得？如果董卓把他杀了，那不也得热闹热闹吗？家国情仇，为了江山、为了百姓，董卓这么昏庸，我们这些在朝居官的人就算老老实实地做官，早晚有一天也得被他祸害至死。既然如此，还不如我们先下手为强。

反反复复，曹操在脑子里过这些画面：明天起床之后从这屋往外走，到丞相府，进门、进前院、走后院，董卓他经常待在麒麟阁，我见他之后怎么说话，刀怎么拿着，我怎么抽刀，用什么方法杀他，杀他之后如何……一个好的“特工”需要如此。不可能是一使性子回来就睡觉，睡完觉醒来之后又喝酒，迷迷糊糊地去打架，一定要考虑得周到、缜密，得想象出几种后果的处理方法。曹操心细，坐在这儿一遍一遍地过电影，眨眼之间，天就亮了，这一宿就没怎么睡觉。

喊人过来打洗脸水，净面、漱口，吃了点点心，喝两杯茶，浑身上下收拾得干净利落，怀抱着宝刀赶奔太师府，去面见董卓。

远远地来到太师府，金碧辉煌、戒备森严，门口的台阶上还摆了几条凳子。有“春凳”也有“懒凳”。来了客人，说要拜访谁，要坐着等一会儿，客人坐的这个叫“春凳”。家里还有伙计、看大门的，没什么事的时候歇一会儿，坐的是“懒凳”。所以，看门口坐在什么凳子上，就知道是什么人。

曹孟德到了，心也到嗓子眼儿了，心想着，成败在此一举，暗叫自己的名字，孟德、孟德，你要小心了！

曹孟德怀抱着孟劳宝刀，来到了董卓的府上。

若是别的官员到府上拜访，是需要通传的。但曹操不用，到了直接往里边就走，这是身份的象征，也说明董卓拿他当自己人了。这也是为什么曹操敢跟王允说“我献刀刺董”，要是没有这个身份，没有董卓对他的这种厚爱，这主意想都不用想。只能抱着刀在人家府门口喊：“磨剪子嘞——戗菜刀。”根本就进不去。

眼观鼻、鼻观口、口问心，沉心伏气。这个大气很重要，不然你拿着刀进来，到不了二道门，人家得问：“你偷东西了吧？”要沉得住气，往常什么样，现在就要什么样，城府很重要。曹操虽胸中有波涛，但面带春色，高高兴兴地往里边走。他得到后院的麒麟阁，平时没事董卓愿意在这儿休息，有时候跟吕布聊聊天，跟李儒谈谈心里话，跟这些亲近的人谈谈江山大事，能到这儿来的就不是外人了。如果是在前面厅堂上，就都得冠带齐整，但在麒麟阁就不一样了。

迈步进来，一直到董卓休息的房间，这屋里靠窗有一个榻。喜欢古家具的都知道，过去有“美人榻”，不是正式休息的时候可以倚在那上面的一种家具。也有背，但背不高，能倚着腰。董卓就在这上面正歇着，旁边站着吕布。

往屋里一走，曹操这心里“咯噔”一下子。怎么了呢？吕布在。“人中吕布，马中赤兔”，那都是厉害的代名词。曹操心想，今天下手够瞧的，保不齐就对不起王司徒了，我就得真献宝刀了。他们家藏了好几辈，最后让我借出来送人了。曹操只能见机而作，进来后赶紧施礼：“孟德参见老太师。”

“孟德呀，何故来迟？”董卓的语气就是拿他当自己人，他每天都上这儿来聊天啊，说说国家大事，出一些主意。董卓爱听他说话，他聪明。为什么说曹操“奸”？天下只有刘备把曹操骗了，大部分人都玩不过曹操。看着你就知道你想听什么，所以董卓爱他。

“回太师，马匹有病。”

“吾儿奉先。”吕布赶紧过来了。

“去给孟德挑一匹好马。”

“是。”吕布转身出去了。

曹孟德都快乐出声来了：哎呀，天助我也！要是他在这儿，这事儿成不了，我往前靠近几步，人家一脚就能给我踹出去。这下他出去了，行了，天下是我的了！而且，可能他来之前董卓在榻上倚着有点累，又往下顺了顺身子，就把身子侧过去，后背冲着曹操，脸冲着窗外。曹孟德差点过去说声谢谢，董太师太疼人了。他给了我一个杀他的好机会，你看这个状态摆的，伸着个脖子，我只要拿出刀来往跟前走，一刀下去就青史名昭了。还等什么？刀正在怀里抱着，往下一顺，找到刀把，拖着刀鞘往外抻刀。刀刚要举起来，董卓就看见了。董卓的榻上有花板，花板上镶着圆片蜂窝铜，那会儿没有镜子，这就相当于是镜子了。他侧过身去歇着，身后曹操来这么一手，都看见了，这才回头问：“孟德，意欲何为？”

曹操的演技还是很好的，他顺势把刀就拔出来，往榻边一跪道：“太师，孟德来献宝刀。”这种事，差几秒都有问题，正是要出鞘没完全出鞘的刀，拿出来才能说是“来献宝刀”。

董卓坐起来了，拿手一接，曹孟德往前走两步递过去，董卓接在手里瞧瞧，真是把好刀。刀把上镶着各种宝石，刀刃上刻着“孟劳刀”三字，翻过来写着“七宝刀”三字，果然是把宝兵刃。董卓心里挺高兴，心想我要是再上朝的时候，我就带着它，再有行刺之人到跟前儿，我这掏出来就能防身自卫。

就这会儿的工夫，吕布进来了：“孟德。”

“将军。”

“马给你看了一匹，西凉的宝马，它叫‘干草黄’。”

“是，是，多谢将军，多谢将军！”

董卓把这刀放下说：“走，咱们一块儿看看去吧。”于是穿上鞋，打榻上站起来，往院子里边走。有兵卒就把马牵过来了。

“干草黄”，听名字就知道是黄色的马。一瞧这马的状态，就知道不是一般的马。

“好马，好马。”董卓看了看问，“孟德，爱不爱呀？”

“太师，真是宝马良驹呀！太棒了！”

“乘骑一乘！”意思是让曹操试一试。

“太师在此，我焉敢撒野？”

“这叫什么话？这是我送给你的，骑上试试。”

“是，遵命。”曹操扳鞍认镫，飞身上马，坐上去了。院子很大，慢慢地转了这么一圈，回来甩镫离鞍，有人给他牵着马，曹操说：“太师，太棒了，真是宝马！”

“喜欢就好，就把它赏给你了。”

“哎哟，这怎么敢？”

“长者赐不可辞，行了，去吧，改天有事再宣召于你。”

说了声“是”，曹操倒退着往后走，一直走到这花园后头，这是规矩。如果扭头走把屁股对着董卓，就是有罪。包括在金殿和在偏殿，大臣跟皇上说完话，都得退着走，转身走就是没有礼法。出来之后，有人把马也给曹操牵走了。

董卓带着吕布转过身来，往麒麟阁走，董卓就琢磨刚才的事。天下的事就怕事后细想。想着想着就回到了麒麟阁，又在榻上坐下，伸手又把这刀抄起来看了看。

吕布就问他：“义父，您怎么了？”

“我想刚才这事儿有点不对，刚才孟德来了，他说是献刀与我。但是我前思后想，恐其有诈。”

吕布有勇无谋，况且他当时不在跟前，也说不出什么来。但这时，李儒推门进来了，这是董卓的谋士、智多星。他一进来就觉得爷俩的脸上有事，忙问：“太师，怎么了？”

“你来得正好，适才孟德前来献刀。”董卓把刚才的过程形容了一遍，“他走了之后，我反复思量，这里有问题。你说他到底是真来献刀，还是有意行刺呢？”

李儒说：“这个简单，打发人把曹孟德叫回来。他要是回来了就没事，他要是不回来，就是有事。”

“好，奉先，快去，叫人唤孟德前来。”

吕布去了。

那么曹操呢？

曹操从董卓府上出来，出大门之前都还稳稳当当的，这点他是明白的，急急忙忙往外跑，但凡有谁多句嘴，自己就走不了了。他出来之后，接过这匹马来，稳稳当当上了马，也没回住所，一打马就出东门而去。

那还不跑啊？

一会儿的工夫，有差人到他住的地方去找，人没找到，一问，说他骑着匹大黄马出东门走了。赶紧回来跟董卓说，董卓一听气坏了，口中言道："我说什么来着？我就觉得不对劲！"想想也真后怕，但凡要是糊涂了，反应慢一点，这刀就挨上了。

"曹孟德，不应该呀，老夫待他不错，他怎么会行刺于我呢？吾儿奉先，带人速速出东门，把他拿来见我。"

吕布带着兵就赶紧去追，追不上。是因为马吗？不是，是因为脑子。

曹操足智多谋，跑的时候就想到了一定会有人来追，而且一定会从哪儿个路线追，他想，我不能按着你脑子里的路跑，我得按照我的路跑。以吕布的智力，不可能追上曹操。

吕布回来报告说："父相，没追上。"董卓既是丞相，又是他的父亲。"没事，我已经叫各地画影图形，天下捉拿，有擒住曹孟德者，赏黄金千两，官封万户侯。"

东汉末年的黄金千两是多少呢？换算一下，大概合今天的黄金六十二斤半。此外还官封万户侯，这是真恨他。当然，换了谁都会恨。

现在，本书的男一号就是曹操了。

《三国演义》讲理就讲理在这儿，这会儿曹先生挑梁了，他是主演了。主演跟主演不一样，他这会儿是逃犯。

曹操害怕，先把衣裳换了，之前做官的那身衣裳不能再穿了。他也知道各地都在逮自己，打扮一下，装扮成商人的模样，装别的他也不像，他家里有做买卖的，他觉得自己没问题，能应付。装扮好了，逃离洛阳城。他想要往东边去，回自己的老家，然后招兵买马、聚草囤粮，广招天下的英杰，灭了董卓。但是，前提是他要先躲开人家的追杀，突破层层关卡，得能回到家里去，这是他当前要做的事情，难也就难在这儿了——东藏西躲。出去旅游是一回事，可躲避追杀就是另一回事了。

这一天，曹操来到了中牟县。常听相声的朋友都知道，这是一个主要的环节。中牟县是一个重要的关口，他必须得从这儿走，不走不行。

但是很难，为什么？城门那儿贴着自己的美照，那年头没有照相、没有二维码，但是有画像。姓什么、叫什么、大概长什么样，犯了什么罪过，最重要的一点是逮着之后给黄金六十二斤半，这个诱惑力就很大了。要是说逮着之后给小红花三朵，那根本不管用，不会有人往心里去的。重赏之下必有勇夫。

曹操远远地就瞧见了，城门口有一帮兵丁，而且感觉得出来，查得很严，过城门的每一个人都被叫住，看看脸、看看画，差不多了才让走。追捕曹操的人是从洛阳来的，他不能往回走，只能往外走，他必须要走中牟县。最后，他只能咬紧牙关、硬着头皮往城门走。来到这儿，有很多把守城门的兵丁，有几个坐着的，也有俩认真查对的，站住看看，不是，过去吧，下一个。

离孟德还有三四个人的时候，他就开始准备，问我叫什么，我说我复姓皇甫，我叫皇甫嵩。问我做什么的，我说是个商人。曹操准备了一整套对答如流的话，看到官兵来到前面几个人面前问："姓什么、叫什么？"

"姓高，叫高峰。"

"多大岁数？"

"三十五。"

"怎么长得这么老啊？"

"说相声说的。"

"好，过去吧。"

"下一个叫什么名字？"

"叫史爱东。"

"干什么的？"

"唱快板的。"

"唱快板是干吗的？走吧。"

一个一个地走，问得非常细致。眼看就到曹操了，他努力让自己的脸上别那么僵。为什么？他一抖，人家就看出来了呀！所以他极力地放松，骑着马就过来了。

“下来，下来，下来。”

“是，是，是。”曹操从马上下来，“几位军爷，辛苦了，辛苦了。”

“不客气，不客气。”

“这个城门不能随便出入，知道不知道？”

“是，知道。”

“现在画影图形逮人呢。你叫什么名字？”

“跟您回，我复姓皇甫，我叫皇甫嵩。”

“哦，你是干什么的？”

“我是个商人。”

“那行了，过去吧。”

曹操往前一走，这两个查人的兵丁就喊坐地上的那几个说：“嘿！起来，起来，起来！”

“干吗呀？”

“起来，给他捆上，他是曹操！”

孟德被困中牟 陈宫仗义放曹

曲木为直终必弯，养狼当犬看家难。
墨染鸬鹚黑不久，粉刷乌鸦白不坚。
蜜饯黄连终需苦，强摘瓜果不能甜。
好事总得善人做，哪有凡人做神仙？

整部《三国演义》，我最同情的人就是汉献帝。京剧有一出戏叫《逍遥津》，前些日子“麒麟剧社”刚唱完。多可怜的一个皇帝，让人家给欺压成那个状态。关于这个汉献帝的京剧有两出，前面这一出叫《逍遥津》，后边到他上了岁数之后，还有一出叫《受禅台》，也叫《曹丕篡位》，都没什么人唱。这些戏完整地表达了汉献帝所受的委屈。汉献帝的经历其实就是在告诉我们，不管家里的买卖、企业有多大，只要是外人参股特别多，一定会换董事长的。万里山河都是他的，到最后自己说了不算，换董事长了，换的“董总”，就是董卓！

董卓坏，而且文武双全，这就厉害了。拿他跟汉献帝比，汉献帝太可怜了。但是董卓上欺天子、下压群臣，夜宿皇宫、无恶不作，所以引来了孟德献刀。如果孟德成功献刀杀了董卓，那这故事就杀青了，所有演员一领盒饭、一签字，尾款结一下，这故事就完了。但曹操没成功，被天下通缉。

曹操害怕吗？能不害怕吗？如果说是后来，像京剧舞台上曹操的形象：穿红蟒、戴相貂——就是那黑帽子，两边有翅，叫“相貂”，也叫“相纱”——曹操是大白脸戴着胡子，我们叫“黑满”，这样的曹操已位极人臣，挟天子以令诸侯了。到那个状态的时候，他什么都不怕。为什么？因为天下都是人家的，雄兵千万、战将众多，有什么可怕的？但是，被通缉的时候，曹操可谓“急急如丧家之犬，惶惶似漏网之鱼”，没有不害怕的。

老话说得对：“人心似铁非似铁，官法如炉真如炉。”我父亲是警察，小的时候我妈身体不好，我爸带着我去值班，我就常在派出所住着。我经常能看见刺着一身花，连脸上都刺着花的各式各样的人。只要把他们抓进来往派出所一放，当时就特别老实。“小人知法不知恩”，不能说没有横的，但一万个人里边能有一个比较横的，一般来说都不会。

所以，曹操害怕很正常，他想的也多：第一，我对不起王司徒。王司徒这口宝刀，人家祖传了好几辈，让我给糟践了，我要献刀，结果真献了。董卓把刀留下了，他留下我得跑。王允把这么大的事情托在我的身上，我保不齐还连累了人家，万一人家一查这事儿，查出来我的幕后支持者就是王允，我对不起朋友；第二，我对不起家人。我还有父亲和一家人，家里人怎么办呢？如今画影图形，天下人都知道了，家里人也一定会知道。万一逮不着我，给我家里人抓去了怎么办呢？第三，就是对不起我自己。本来我在这儿混得还不错，董卓对我挺好，虽然说他是个坏人、大奸臣，上欺天子、下压群臣、危害百姓、祸乱朝纲、坏事做绝，但是人家对我好，拿我当心腹。这回我在后面拿刀要杀他，他会不会很伤心？关键现如今这个状态，我上天无路、入地无门，有家难奔、有国难投，怎么办？只有一条路——跑，往家里跑。回了家我再说下一步。

但现在按路线来说，眼前的中牟县，曹操过不去。

中牟县的县太爷姓陈，叫陈宫。有人说陈宫是陈平的后代，陈平是汉朝的大政治家，帮助刘邦打了很多胜仗，但这不见于正史，野史传闻也很少，所以我不太相信这个说法。另外，陈平在汉朝的时候，虽然足智多谋，很多胜仗都是他打的，但是他自己都说：我不会有后代的。为什么呢？因为陈平两军阵前用的招数太坏，用现在一个名词“夸”他：“这人多损呢！”说的就是陈平阴损歹毒，所以说他是汉朝的大阴谋家。若是查正史，陈平之后确实没有多少年，他的后辈儿孙也就都完了，这一支血脉就灭了。要是从这个角度来分析，说陈宫是他的后代则不可信。

陈宫这个人挺好，确实是文韬武略、爱国爱民，在中牟县做县太爷。

差人打外边进来：“启禀太爷，拿住了刺客曹操。”

您要是常听相声或者常看京剧，就知道这个环节叫“捉曹放曹”，传统相声中“拿住刺客曹操”说的就是这个。相声里边唯独《捉放曹》我没说过，我不喜欢。那天演出，在北展后台我跟于老师聊天，台上“烧饼”他们在演《黄鹤楼》。谦哥就说了：“你看，我越来越不爱演这个‘腿子活’了。”

所谓“腿子活”，就是两个相声演员把桌子往后一搭，分出前后台，你扮演谁、我扮演谁，两人一个会的，一个不会的。

我说：“那当然，因为‘腿子活’本身是‘小孩活’。”

说相声的小孩儿，《报菜名》《八扇屏》已经会了，接着再往下推进，就可以上“腿子活”了，像《汾河湾》《黄鹤楼》都是在锻炼他们的表演。

但真上了岁数的演员，像马老祖马三立先生安排一场《黄鹤楼》，是为了让大家看看名家是怎么演绎的。除了这种情况，一般上了岁数或是到了一定程度的演员都不爱演这个，让孩子们折腾还好一点。这几个“腿子活”里，《黄鹤楼》还是不错的作品，其次是《汾河湾》。但是再往下，不管是《乌龙院》还是《捉放曹》，我都不是特别喜欢，因为没有瓤子。所谓“没有瓤子”，就是没东西愣来，这就不好玩了。

今天，差人进来一禀报，说拿住了刺客曹操，陈宫一愣，说：“万没想到在中牟县拿住了他。”按当时的说法，管曹操就已经称呼为“国贼”。为什么呢？当时，汉献帝只是一个符号，天下是董太师的。有人要刺杀董太师，这个罪过还小吗？所以，人们会说是拿住了“国贼”，从这个角度说，曹操若是能活下来就是万幸了。为了此人，朝廷说了，要出黄金千两，而且能够官封万户侯。陈宫吩咐下去：“梆点升堂。”

差人们出来准备好了，在两边排班肃立，中牟县陈宫转屏风入座，吩咐一声：“来呀，带人犯。”说着，底下就把曹操推上来了，来到堂上，曹操立而不跪。陈公台瞧了瞧他，点了点头，心想是条汉子。怎么了呢？在大堂上，他是有“威”的。看看电影、电视剧中，犯人一上来，堂上的差人就喊“威——武——”，手里还拿着个水火棍。第一是为了给老爷助威；第二就是为了吓唬人犯。一般人一到这个环境就害怕了。

老爷审案子要是和在火锅城一样，那就成不了事。来个火锅，四盘羊肉，老爷坐一边，犯人坐另一边。老爷说：“来，我敬你一杯，我深着点儿。到底人是不是你杀的呀？”那怎么可能呢？最后得把老爷抓起来。

所以说，环境气氛很重要。一上堂来，老爷坐好了，堂上没有聊天的，老爷正襟危坐，两旁差人如狼似虎，这个环境下，你心里就得慌。但是，曹操站在堂上，面如止水。就是水拿风一吹它还会动，但今天他站在这儿，水静止了。即使心里边也会慌张，但那是他的事，最起码脸上看起来没有害怕，这就不容易。陈宫点点头，心想这个人有点儿意思。

笑着问道：“姓什么？叫什么？”

“跟大人您回，小人复姓皇甫，单字名嵩，我叫皇甫嵩。”编了个瞎话。老大人乐了，很欣赏他这种说瞎话不眨眼的状态。

“叫什么？”

曹操心想，大人耳朵不好还是怎么着？“小人皇甫嵩。”

“做何生计呀？”

“我是个买卖人。”

“好你个胆大的曹操！我管你是皇甫松、皇甫草的，我认识你，你就是曹操！”

“大人，此言何意呀？”曹操的意思是，你说错了，你认错人了吧。

他慌吗？慌。但慌也得忍着。还明知故问道：“大人您什么意思呢？”

陈宫差点乐出声来：“想当初我在洛阳求官的时候见过你。”过去的官他也要出差，去拜见上司或者有其他公干。“你看看你这一张面皮，与画图之上的一般无二。你还有什么可解释的吗？”

“大人，你错认了。”

“来呀，钉杻收监！”

陈宫这儿跟他再说也没有意义，把他先关起来吧。差人们过来就把曹操带下去，先搁在了监牢中。像这种案子，不可能把曹操跟其他犯人关押在一起。偷自行车的、偷烟袋的、偷寻呼机的、打群架的、吐痰吐人脸上的，你们大伙儿在一个屋。曹操不一样，他是朝廷要犯，自己单独有一个屋，屋里有一个不大的窗户能看见月色，但不能让犯人从那儿钻出去。从窗户往外看看月亮，曹操两手一摊，完了。有人说，不是还没承认吗？没承认管什么用啊！这不是说你不承认，这事儿就能了结的。怎么办？没有办法。

曹操心想，我对不起王允，往大了说是对不起天下苍生。我当时如果动作再快一些，一刀下去，天下就太平了。这回他给我一刀，也天下太平了。我对不起父亲，父亲为了我投入了多大精力，花了多少钱。现如今，也不知道他老人家怎么样了，有没有受我的连累。我的下场会是如何？想到这儿曹操打了一个冷战，心里不是滋味。曹操在朝里做官，他当然知道自己的下场最好也就是落一个斩首。

最早的时候，“斩首”其实是拦腰砍断，后来才是砍脑袋。如果是拦腰剁开，其实很痛苦。为什么“斩”的右边是个“斤”？要知道，当年砍人的时候是用斧子，斧子的底下是个“斤”字。

曹操心想，看来我曹孟德难逃一死，想人活一世，草木一秋，这一次也不错，为国为民，我也是万古长青了，也不知道后世提到我的时候会怎么说。想罢，坐在这儿闭着眼等死。

这时，牢门开了，一帮差人进来说：“曹操，给你道喜。”

这一句“给你道喜”，差点把曹操吓死。为什么？监狱里边不能说道喜呀！说道喜的，是给罪犯带出去杀了的意思。“道喜”是分场合的。谁家结婚，有人去给道喜，人家准高兴，但监狱里边不行。

曹操正琢磨着，估计自己得被斩了。一算月份，现在要杀我正合适。为什么？因为是在秋天。为什么过去杀头叫“秋决”呢？是“秋决”不是“虬角”。“虬角”是文玩，把海象牙染成绿色叫“虬角”。“秋决”是说在秋天处决。没有说在春天、夏天杀人的，法律上规定就是秋天。天凉了，树叶也掉下来了，一片肃杀之气，这会儿朝廷要杀人，古代的死刑犯都是在秋天被处决的。

有一种刑罚叫“枭首”，是砍完头之后把脑袋挂在杆上，“枭首示众”，让大伙儿瞧瞧。“你看，这位是偷自行车的。”偷自行车那么大罪过呢？这偷自行车的还杀了六个人呢！于是“枭首示众”。也有一种刑罚叫“弃市”，把犯人杀掉之后丢弃到市场上。所谓“市场”，其实就是繁华的所在。过去，还有一种死刑叫“剐”，北京城“杀”在西，“剐”在东……

总之，那个年头，这“斩首”是一个挺厉害的刑罚。当然，这些还是普通地方官处理的。如果真到了要皇上监斩，那就了不得了。有资料记载，万历年间拿住了好多倭寇，逮着之后要“龙楼献俘”。皇上在龙楼上坐好了，文武群臣站好了，大将军带着人，把战俘拉进来跪在龙楼之下。大将军跪在这儿，说拿住了多少俘虏，他们如何坏，现如今合该问刑请旨。就等皇上一句话，它是有仪式的。万历皇帝身体不好，听底下说完之后，用很轻的声音说：“拿去。”就这俩字，楼底下的将军等着呢，是杀是剐，我们这儿请旨，等皇上发落。可皇上就说了两个字，“拿去”，声音很低，离着那么远将军根本听不见。所以旁边的两个大太监一起重复这个“拿去”，再往外，有四个小太监也喊“拿去”……从这儿开始，四个、六个、八个、十二个、十六个、三十二个太监……一层一层往外推，声音越喊越大，一直到龙楼底下，三百六十个武士一块儿喊“拿去”，就算倭寇听不懂，他也知道不是好事。这是皇上要杀人。

今天，曹操坐这儿正琢磨自己会不会被“拿去”——好像曹操也看了这本书似的——牢门一开，差人们就进来了，如狼似虎，纷纷说“给你道喜”。曹操一愣，心想这不对呀，哪能这么快就杀我呀？像我这种事得问好几遍，最起码我得承认了，得写下来签字画押，然后将这个消息报到朝里去，最后要么递解进京，要么把我就地问斩才对。一种就是说这人先别杀，把他拉来我看看，之后当着我面把他弄死以解恨；另一种是怕夜长梦多，万一路上有人把他抢走了，怕出事，于是就地处决，脑袋切下来就行了。但曹操一想，这两种都不挨着，怎么这么快就要杀了我呢？

曹操抬头一看，迎面说话这个是差人的头目，喝道：“看什么看？给你道喜，好事！大人约你二堂回话。”

曹操一听就稍微放下点心来。为什么呢？因为在过去，“二堂”也叫“花厅”，大堂一般用来审案，但有的案件不适合在大堂上问，比如风化案件，会涉及女方尊严的问题。大堂上百姓是可以围观的，当地的一些士绅、有钱人，当地上流社会人家，家里出过状元的人，都可以上堂来旁听。他如果觉着官司有问题，可以制止，所以很多案子不能在大堂上审。那怎么办呢？可以在“二堂”或者说“花厅”审。到了这里，第一，说明不公开审理；第二，说明很多事情是有转机的。给老爷行贿、买通师爷，把这事儿怎么操作一下，都是在“二堂”见面商量，双方得聊一聊怎么处理这件事。

对曹操来说，这是好事，可他不明白为什么。刚才进门就道喜的差人是今天刚来上班的，是个外行，他不知道该说什么、不该说什么，他觉得这是好事儿。他带着曹操从牢里出来，转来转去，到了中牟县的二堂。

一开门，陈宫坐着，桌子上放着茶壶和茶杯，旁边有个凳子。曹操进来之后先看看这屋里边，没有别人，往前走了两步。曹操看到中牟县太爷就没下过跪。这跟舞台上唱戏不一样，也正是因为这种性格，曹操才打动了陈宫。若曹操一上来就往那儿一跪，一行鼻涕两行泪地说：“我错了，饶了我吧。我上有八十岁老母，下有不会走道儿的孩子，以后我好好的呀！你饶了我吧！”这样不会有人看得起他，也就不会有“放曹”这么一说了。正是曹操这种独特的性格，才打动了对方。

曹操站在这儿不卑不亢，太狂傲也不行，终归他是犯人。旁边站着几个带他来的差人，陈宫挥挥手，几个差人就出去了，在外边把门还给带上了。

陈宫看看他喊道：“孟德。”

“大人。”

您可能会问，怎么不解释了？没意思。都到这时候了，还说自己不是曹操，就没劲了。

“坐下叙话。”

按理说，这是不可能的。曹操可是国贼，从董卓的角度出发，你曹操是大汉朝的贼人，普天下都得逮曹操，但人家还跟你这么客气地说："坐。"

曹操赶紧抱拳作揖，这是最基本的礼数了。人家跟你那么客气，你不能不懂事。曹操坐了下来，从这一坐，就感觉得出来曹操是个奸雄。为什么呢？按规矩，别说你是罪犯，就算不是罪犯，在这种状态下，坐也应该坐着椅子的一半，欠着身子，这是尊敬对方。

但曹操没有，他大摇大摆地坐好了。那么，他是不懂礼貌吗？不，他是故意的。他想的是在气势上我不能输给你，得让你知道我不在乎，不卑不亢。

陈宫看看他问："孟德呀，董太师待你不薄呀！因何前去谋刺？"

事实上也是如此，他就是董太师极力培养的心腹。陈宫不明白，说你得告诉我为什么，怎么回事儿。

"燕雀安知鸿鹄之志哉？"曹操这话说得挺不礼貌。

谁是燕雀？人家跟你好好聊天，你给人来这么一句。意思是说我曹操是大鹏，金翅鸟。民间传说大鹏鸟的翅膀六十年扇一下，扇一下是十万八千里；你是麻雀，你就这么小，你那翅膀玩了命地扇，扇半个月都没出这胡同。

如果按着早年无厘头喜剧的套路，陈宫就得跳起来给他一巴掌，哪有这么不会说话的。但是没有，陈宫看看他，还是很欣赏的状态。此时此刻这个身份，这个状态还敢这么说，此人必不凡矣。首先，他把生死置之度外，不怕死，他才敢说这个话。

"孟德公，可能你也不认识我。我姓陈，叫陈宫，字公台。"

曹操愣了一下，人的名树的影，未必认识但得知道，他赶紧站起来了："久仰公台兄大名，待我重见一礼。"

刚才进门那是让座，咱们客气客气，你是官、我是犯人，现如今咱们盘上道了，咱们得再客气一下。

二次入座，曹操开始了演讲的模式。讲讲我曹操为什么要杀他，西凉刺史董卓自进得京来，上欺天子、下压群臣，所干的坏事罄竹难书……把我们前几章写的内容全讲了一遍。曹操可能偷看我们这本书了，要不然陈宫能那么爱听吗？

都说完了，陈宫点了点头问："那么接下来孟德公意欲何为？"

曹操的态度很坚决地答道："我要回我的原郡家乡，招兵买马、聚草囤粮，我要歼灭董贼。这里只要不杀我，回老家把钱拿出来，我带着人要造反、要打董卓，要为大汉江山干点什么。"说完，曹操看着陈宫。

曹操是有意说这番话的，他并没有指望陈宫的帮助，但如果能打动陈宫，不把他送到董卓那里去，他就成功了。万没想到，曹操说完之后，陈宫先把头低下了。大概有一分多钟，屋里的气氛很凝固。曹操不知道结果，很有可能说完之后，陈宫一抬头命人捆上他杀了。毕竟此时的曹操值黄金六十二斤半，还值一个万户侯。人家做官熬的是往上走，他就算把曹操放了，这官也做不了了。所以说陈宫心里，也得来来回回地作斗争。

最后，陈宫一抬头说："好，既然如此，孟德公，我情愿挂印随你而去。"

交朋友要交陈宫这样的。人家是中牟县的县太爷，离京城很近，他要是在某偏远山区当县官，可能熬上去不容易，但作为京城边上的官，有点成绩就能升迁，前途是很美好的。但陈宫愿意放弃，因为曹操的人格魅力、政治理念打动了他。

不得不承认，曹操是个大政治家，身处险地还能把对方说服，是个高人。

话说到这儿了，此地就一刻也不能再留。

陈公台站起身来，两个人一躬到地，多说无益，当务之急就是一件事——跑。两人得一块儿跑，陈宫把曹操放了，如果还不走就是等死，得赶紧收拾东西逃走。

两人换上了青衣小帽，身上背着一口剑，一人一匹马，趁着茫茫夜色，直奔东南方向。

往外一走，曹操很是开心：第一，我活命了；第二，我还拉拢了一个合作伙伴。陈宫心里则七上八下的：我太冲动了。是，他这个冲动简直是魔鬼它舅舅了。前途未卜，自己其实抛弃了大好的前程。如果说后来董卓死了，天下三分，那是另一回事。但此时此刻，陈宫犯的罪比曹操还大。他可是在职的官员，放走国家要犯，抛弃了美好的前程。

不过，这时候说什么都没用了，两个人趁着夜色往前就走，这一趟就走了两天左右，大路不敢走，全是走小道。走着走着，曹操突然勒住马，仰天长笑。

曹操连杀九口 回家要拉投资

伤情最是晚凉天，憔悴斯人不堪怜。
邀酒摧肠三杯醉，寻香惊梦五更寒。
钗头风斜卿有泪，荼蘼花了我无缘。
小楼寂寞新雨月，也难如钩也难圆。

这天，太阳平西，晚上六七点。两人勒住了马，曹孟德定睛观瞧，看到远处的村庄，仰天长笑。

陈宫没明白，忙问：“孟德因何发笑？”

“公台兄，此处名叫八里屯，这儿有我们家的熟人，我父亲的结义兄弟。咱们可以前去投奔。”

陈宫也挺高兴，天天在小路上躲藏奔波，如果在这儿能洗个热水澡，吃得好点、睡个好觉，自然是不错的。

“哦！就在此处吗？”

“对，就在这个村子里边住，这一老丈他姓吕，叫吕伯奢。”

如果按字排，吕伯奢在他们家排行老大，因为他的名字里带“伯”字。“伯、仲、叔、季”就是“一、二、三、四”的意思。

天越来越黑了，两人又稍微在村子外边等了一会儿，太早进村会被百姓瞧见。那会儿没有电灯，也没有游戏机，觉得村里人差不多都睡了，两人才放马进庄。曹操来过这里，按照记忆，找来找去到了这家。两人下了马过来敲门，不一会儿工夫，听到里边脚步声响起，紧跟着门开了，但只开了个门缝。有人在里边稍微探了一下头，因为太晚了人家不知道是谁来了。这一看，门里站着的正是吕伯奢，六十来岁，很和善的一位老大爷，胡子、眉毛都见了白。第一眼还没太看清楚，外边黑，又没有灯光，又眯缝着眼睛一看是孟德过来了。

“伯父。”

“谁呀？”

“孟德。”

“进来，赶紧进来！”

怎么了呢？大家都知道了，曹操惹祸了。两人进来把门关好了，老头带着他们进里面的屋子去。这家还算有钱，小院子是前后的格局，带到后边这间，来到屋里边把门一关，从吕大爷这脸上的表情就看得出来，他很紧张。

“孟德，普天之下画影图形正捉拿于你呀！”

曹孟德点点头说：“是是是，侄儿一时疏忽。”

“你先坐，先坐。这位是？”

“我跟您说，这位是中牟县的县太爷，陈宫，陈大人，是他将侄儿我放了。”

“哦！”老头站起来一躬到地，“多谢使君！不是使君仁德，他曹氏灭门矣！”

老头是真疼人，知道如果不是陈宫放了曹操，曹家就会被全家抄斩、祸灭九族。所以从自己的角度来讲，我跟他爸爸是把兄弟，要在这里一躬到地。

陈宫赶紧相搀，言道：“岂敢，岂敢！”

坐定，曹操就把自己这段时间的经历，一五一十地跟吕伯奢说了。怎么来怎么去，现如今我们俩跑出来，连着好几天了，路过您这儿……

“好，太好了，到这儿来就对了！你在外边还让人不放心呢！”吕伯奢又对陈宫说，“但放宽心，您就跟这儿踏踏实实地住着，有老朽在此料也无妨。我去给你们先安顿饭去，这个山野小地方，也没有什么好吃的东西，咱就简简单单的吧。”

吕伯奢人很好，站起来往外就走，这儿沏上茶，曹操跟陈宫两人喝茶聊天，就说下一步的打算。曹操的想法是，之后要回陈留郡招兵买马、聚草囤粮，广招天下的英豪，我们共图大事，灭了董卓，我们要匡扶社稷。

曹操很聪明。为什么这么说？因为他要占据道德的制高点——匡扶社稷。后边我们会写到吕布被抓，问吕布为什么造反。吕布说：“天下者非一人之天下，乃天下人之天下。”意思是人人都可以当国君，这叫糊涂。他把自己立在了道德的对立面，所以他死了。但曹操不同，一代奸雄，他想得周到。

两人在这边聊天，聊着聊着，曹操把手里的茶杯放下了。怎么了？他们聊天大概聊了四十分钟，聊得差不多了。曹操就想，时间不短了，这吕大爷干吗去了？马上，他第一件事就想到，他是不是去官府举报去了？有人说，他这么想，就说明他是个大奸之人，这不对。我们设身处地想一想，曹操也没有什么不对的，他终归是国家在逃的要犯，是要谨慎。所以他愣了一下，之后就支棱着耳朵听。

吕伯奢家是个前后的小院，隐约听见有人说话，并且有动静，有人走动，但听得不清楚。曹操站起身来，把门打开，支棱着耳朵听外面的声音，声音是从前面的院子传来的，他点点头示意陈宫：你别动，我去听一听。打这儿出来，曹操撩着自己的衣服，蹑足潜踪。出去听了一会儿，再回来的时候曹操的脸都白了："公台，大事不好。"

"孟德兄，怎么了？"

"我听见那个院子有人说话。"

"说什么？"

"他们说的是缚而杀之。"

陈宫还在琢磨。

曹操没等陈宫琢磨完，就说："你怎么还犹豫啊？说的就是你我啊！"

经曹操这么一解释，在那样的状态下，陈宫也有点慌，毕竟此时两人命运相连。

"孟德，你说这怎么办？"

"还能怎么办呢？时间可是不等人。"

按燕翅、退绷簧、一推蛤蟆口，宝剑出鞘，推出门去，曹操直奔前院。一进院子，迎面碰上个大高个儿，曹孟德手起剑落就砍断了他的脖子，死尸倒地。院子里一有动静，屋里又出来人了。曹操杀红了眼，原文说他杀了八条人命。吕伯奢家里，连老的带少的、有男有女，一会儿工夫，八口人全死了，陈宫这才拎着剑过来。

陈宫终归是个文人，不是曹操，所以后来他没活多长远。曹操能有这么大的身份，是由他的性格决定的。陈宫到这会儿就傻了，心想，有人挡着我们大不了跑啊，你不能给人一家八口全杀了呀！

曹操回头看了看，意思是你干不了什么大事儿。曹操想看看后屋还有没有人，就攥着宝剑往后边走。陈宫也跟着往里边走，进了后屋更呆住了。怎么了？屋里架着一块磨刀石，旁边放了一口刀，这口刀的上面带尖儿，是弯的，说明这是杀猪的刀。如果是要杀羊、杀牛，把脖子的血管割断放了血就可以了。唯独杀猪，一定要用刀上的尖儿刺进心脏，它才能死得痛快，所以专门有这一套杀猪的东西。再往旁边一看，地上正捆着一头猪。

“啊！”

曹操也看见了，多少有点尴尬，杀错了：“嘿！”

陈宫呆在原地，八条人命，话到嘴边说不出来。

曹操一拉他说：“公台兄，是非之地不可久留，咱们赶快走。”

也只能走了，还能说什么呢？两人出来把东西拿好了，背上宝剑、骑上马，往外就走。

整个《三国演义》里，有一个最不合理的地方就是：猪为什么没叫？猪是一捆上就会叫的，但书里的猪没叫，这是最大的漏洞。它要是一叫，这事儿也就过去了。但是天下事原本如此，故事就是这么设计的。

两人出来骑着马，比来的时候还快，杀了人，陈宫连话都说不出来了，心里翻江倒海：我跟他出来是不是错了？但到了现在，解释都没法解释了，骑在马上，陈宫整个人都是木的。

大概往前跑了十多里地，就听对面有骑驴的铃铛声，迎面走来的驴身上坐着吕伯奢，原来吕伯奢给他们打酒去了。家里安排人杀猪款待，打酒回来遇见了，面对面不能不停住。老头纳闷地问：“贤侄、使君，这是要到哪里去呀？”

曹操看了看他答道：“背罪之人岂敢久留。”

“哎呀，贤侄这是从何说起？我已经安排家里人，让他们杀猪、准备酒菜，我出来给你们打酒来了。村子小，咱们这儿没有卖酒的，我才跑出来打酒，等急了是吧？咱们回去，回去好好的，你们得吃点、喝点，得休息休息。”

“伯父，时间紧急，来不及了。”

“别啊，咱们回吧好不好，你哪儿差这一宿啊？明天天亮再走也是好的呀！”

这个过程当中，陈宫一句话都没说，坐在马上只剩内疚。杀人没有我，但是我在跟前，我是亲眼看见的，而且我没能拦住他。就这么善良的一个老头，现如今这要回家一瞧，家里边血流成河，八口人都死了，这叫什么事？！

曹操哪儿有工夫跟他聊闲天啊！“伯父伯父，大恩侄儿铭记在心，改日定当报答。天色不早了，我们赶路要紧，咱们再会，再会！”说着话就拨转马头要往前走。老头就愣了，心想怎么会这样，但一看他们两个人骑着马要走了，老头还挺舍不得。人家要走也没法拦着，话都说到这份上了，也只能回家。

曹孟德坐在马上看着老头，老头背冲着自己骑着驴往前走，曹操就把手中的这口剑抽出来了。宝剑在手，拨转马头，马比驴可跑得快，几步就到了跟前了。“伯父！”喊了声伯父，吕伯奢一回头满脸堆欢，高兴，心想这是要跟我回家呀。一回头，剑下来了，给吕伯奢斜肩带背，就这一剑，死尸倒地。

陈宫坐在马上眼泪都下来了，他亲眼看见曹操干出了这么不仁不义的事情来，哭着喊道：“孟德！”

喊了声孟德，陈宫话说不出来了。曹孟德一抬脚，在靴子上把宝剑上的血蹭了一蹭，宝剑还匣。回过头来看了看陈宫喊道：“公台兄。”

“孟德，你为何出庄来又杀老丈呢？”

“斩草必须除根。他回得家去瞧见遍地血海，岂能轻饶你我呀？”

“孟德，你——你如此行事，你大不义呀！”

曹孟德仰天长笑。曹操活了六十六岁，这一辈子就说了今天这一句实话：“宁教我负天下人，休教天下人负我。”

一个人一个活法，曹操觉得这就是对的，这就是他做人的标准。这也算是曹操给自己立的一个“flag”，立了一个“标杆”。他这一辈子也确实是按这条标准过来的。

“三国”里有好多位英雄都有自己的“flag”。刘备说“汉贼不两立”，他做到了；诸葛亮说的是“鞠躬尽瘁，死而后已”，他做到了；孙坚打洛阳得的玉玺，别人找他要，他不给。他说“要是我拿了玉玺藏了起来，那我以后不得好死”，他也做到了……说到做到都是好样的。

陈宫和曹操两人默默无语，继续往前走，事到如今再聊别的都没有意义了。两人虽然脚底下的路还是一样的，但各有心事。曹操也琢磨，够呛，两人未必能走到一块儿去。往前又走了这么一天多，累得不行了，终于找到一个合适的地方住店。那里比较偏，太繁华的城里边不能住，容易被官兵发现。到了客店，翻身下马，伙计过来接过马，给两人让到后边，两人住一间屋，屋里边点着一盏小油灯。

“吃点什么呀，二位？”

“随便看着来点儿吧。”

店家准备好酒菜茶点，两人吃饭的时候也就随便聊了几句，一直不说话也太尴尬了，但这时候就不能掏心窝子了。曹操也知道自己做得不合适，但是从他的角度出发必须这样做，你陈宫不爱看那是你的事儿，我这儿该吃吃该喝喝。陈宫这边，反正你说什么我也就跟着聊。吃完饭撤去了残席，两人又喝了两碗茶，打算好好地睡一觉，这些日子太累了。

两人住的房间正当中是一张桌子，一边一把椅子，两边分别有一张床，两人各睡一张。洗洗涮涮，把外衣宽去，曹孟德躺下了，没多大工夫呼噜声就响起来了，睡得很香。

陈宫就坐在床边，呆呆地发愣，回想这一段时间，跟过电影似的。我把官扔了，我不光扔了官，还扔了万户侯和黄金千两。我原来认为这些都抛弃之后，值；但现在看，不值。是，跟着他，以后也许能共谋大事，会有荣华富贵，但是眼前他的所作所为，是我不能接受的。上至天子下至庶民，讲究的是修身为本，你所做的这些事情，在我这儿看，太不道德了。不管是皇上还是老百姓，是推车卖报纸的还是说相声的，咱们最起码得修身，这就是人的品性啊！无论怎么解释，你都说不过去。陈宫坐在床边，翻过来掉过去，想天下的事，想自己家中的事，想这些日子发生的一切，心里边真不是滋味。也不知道是后悔，是难过还是别的什么，各种情绪拧在一块儿，根本睡不着觉。再看对面，曹操还在打着呼噜。连杀了九口人，他睡得还挺踏实。

陈宫看着，点了点头，心想孟德呀孟德，以你的为人和品性，他年如若得志，你可是国家的祸害。

曾经有人说，曹操是治世的能臣，乱世的贼子。“治世的能臣”，说的是在建设国家的时候，把事情交给曹操，他准办得特别好。但同时，“乱世的贼子”也是他。

陈宫想，现如今天下大乱，董卓专权欺文害武、祸乱朝纲，我实指望抛弃了官职跟你出来，能够匡扶汉室，现如今你让我心里边凉了。以你的品性，以后说不定还得干出多少不仁义、不道德的事情来。既如此便如此，我何不为国家先结果了你？陈公台动了杀心。自己的宝剑就在身边放着，抓在手里，轻轻地抽出来攥住，对面就是曹操，曹操脸冲里，打着呼噜。

结果了曹操就在瞬间，很简单。曹操喝了酒，又睡得这么踏实，陈宫一剑下去，天下哪还有三国？顶多两国。所以，我们的故事能不能写下去，全看陈宫了。

陈公台攥着这口剑，站了起来，他绕过桌子，对面就是曹操，心里念叨着，孟德呀孟德，许你不仁就许我不义，我今天与你无有深仇大恨，我是为国家要结果了你。有什么事儿，阴曹地府咱们见面再论短长！宝剑攥在手里边，就准备杀曹操。就在这会儿，曹操说梦话了。

“难保的君王，难救的爹娘。”

这是他发自肺腑的话。这几句话平时他清醒的时候时常在脑子里来回转悠，晚上睡着了身体机能没有休息，就会把这些再调出来。曹操之前想的是好好做官，一层一层地往上熬，熬到最后要做个大官。但是汉献帝软弱，朝廷形同虚设，忠君保国是做不到了，所以说是“难保的君王”。他惹祸了，现如今他这个祸惹得不小，连累了父母，连累了家人，想救他们，但怎么救？他自己还没有着落呢，所以说是“难救的爹娘”。

梦话，说得不是很清楚，含含糊糊的，声音不大，但是这两句话把陈宫打动了。

陈宫慢慢地退回来，把宝剑搁在桌子上，坐在桌旁发呆。唉，难保的君王，难救的爹娘。漫说是他，我陈公台又何尝不是呢？我也想保君，但现在君没法保，何况我跟他跑出来，是国家的罪犯，想保也没有机会了。我出来连累我的爹娘和家人，也不知道他们在何处，我不也是有难救的爹娘吗？这两句话说的，跟我心里想的一样。

这也就是陈宫，如果两人换位，别说是陈宫睡觉说梦话，就是唱咏叹调，曹操也不会搭理他的。故事就是这么设计的。

陈宫这边叹了口气，把宝剑装在匣里边，把自己的东西归置归置，耳边就听得谯楼之上打罢了四更二点。陈公台看看外边的月亮，心里边暗暗地念叨，鼓打四更了。鼓打四更星月明，不该随他走西东，杀了吕家人数口，方知曹操是奸雄。

这四句是他的心里话，《三国志》和《三国演义》里都没有写，这是我写的。我是站在陈宫的角度，站在他那个位置上想，这会儿后悔也没用了，说什么都没有意义了，走吧。最后就是，许你不仁，不许我不义，放过你一条命，希望你好自为之，但愿你为国为民，能干点好事。

陈宫拿着宝剑从屋里出来往外走。伙计迎上来了：“客爷。”

“这是店钱，我有点急事儿，赶路要紧。同来的客人醒了之后，你跟他说一声，我回老家了。”

“哦，好好，那您慢走。”

陈宫出来，扳鞍认镫，飞身上马，扬长而去。

天光大亮，曹操醒了，这一觉睡得可真不赖，解乏。喝了点酒，终于躺在床上睡觉了，高兴，挺舒服的。回过头来，拿眼一扫，看另一边的床上没人，而且床上的东西没动，曹操就猛地坐起来了。怎么了？你要说被窝都抖开了，说明这人可能上厕所了，或者早起了；可是东西没动，说明他没在这儿睡。曹操是什么人，“噌”就起来了，左看看、右看看，推门就出去了。

伙计迎上来说：“客爷您起了。”

“与我同来的那位客人呢？”

“四更天就走了，说是家里有急事。”

“哦，哦，好。打水洗脸。”

要是换成别人，就得想，他怎么走了？不乐意了吧？但曹操想的是，他是去报官了吗？此处不可久留，我得赶紧走。

好歹擦了一把脸，打这儿出来，上马赶紧跑，回哪儿呢？回老家，陈留郡。这一路上躲官兵、躲关口，终于回到了老家。

赶到天黑才到家里来，怕人看见，把马拴好了，“啪啪啪”一砸门，门打开了。一瞧里边这位不是别人，正是他父亲曹嵩。进来把门一关，爷俩一照面，他爸这脸是铁青色的：“逆子！”曹嵩也是刚从外边跑回来，爷俩前后脚。

曹操没说话，得先让老父骂够了。

你也是如此。在外边惹了祸回家之后，你不能一进门先喊，得先等爸爸妈妈喊够了。那会儿，你父母一定是喊你的全名，什么乳名、昵称就都没有了。一定要有这么一个过程，得让他们都说完了，最后才能轮到你说，你再去解释。

曹操懂得这个，他进了门也不说话，头一低，意思是开始你的表演吧。

“逆子啊！你知道你惹了多大的祸吗？好好的公务员你不干！你竟然要刺杀董太师……”当然，那个年头还没有“公务员”这个词，但就是这个意思。

说到最后，曹嵩累了：“哎呀，你来两句吧！”一般到这会儿，其实老头的气就消了。曹操扶着父亲说：“您坐着，坐着。”爷俩对面而坐。

曹操开始表演了。我为什么要这么做，朝里边怎样，董太师又如何，百姓们又怎样，我是怎么回事儿……把事情从头到尾全讲了一遍。“您看呢？”

曹嵩与其他人不一样，他是做官的人，他的理解与普通百姓是不同的。听儿子一分析天下大势，说得有道理。到最后，曹嵩问曹操：“这事儿我听明白了，你有什么想法吗？”

“爹啊！我是准备着变卖家财，招兵买马，聚草囤粮，匡扶社稷，诛灭董贼。”

这要是别人家，假如曹操他爸爸是说相声的，他回家说了这些，他爸爸就得抡圆了胳膊给他一耳光，再捆好了送到村里边去。但曹嵩不一样，他想了又想说：“好，难得我儿有此雄心壮志。好便是好，但有一言，这个事情资财少了是做不到的。”

投资的人在哪儿呢？你要造反，一个人成不了，加上咱爷俩也不行，咱家还趁仨学员那也不行，这事儿得拿钱买呀！这怎么办？

为什么招兵买马得用钱？那个时候，招兵不能白招，跟现在上班一样，得给人钱。另外，盔甲、兵器、战马、粮草，都需要钱。为什么说当年像这种造反的生意不好做，原因就在这儿。投资巨大，而且很难成功。

爷俩一算这个账，说一定要有人给咱投这个钱才行。商量来商量去，曹嵩说："咱们这儿有一个人能做成这件事，平时咱们也多有来往，要是跟他聊一聊，我觉得这个事情靠谱。"

曹嵩说的这个人叫卫弘，是此地的大富豪，特别有钱，而且曾经跟曹操一样举孝廉。

"好，您安排一下吧。"

过了几天，曹嵩把卫弘请到家里来赴宴。

这一见面先得介绍，这是卫老员外，要称呼伯父，曹操赶紧给人家行礼。按理说这种吃饭的场合，应该是曹嵩跟卫弘在一起，曹操不能在这儿，毕竟"父子不同席"，这是规矩。但今天这意思不对，是爷俩找投资，光曹嵩一个人说不明白。

上菜吧！山中走兽云中燕，陆地牛羊海底鲜，猴头燕窝鲨鱼翅，熊掌干贝鹿尾尖。

看到这儿您可能会问，真有这么多好菜吗？不是的，很多菜当时都没有，这是为了说明宴席的美味，不能是一人来包辣条坐宴席上吃。不能光吃饭聊天，得说正事。曹操父子二人坐在酒席上，偷眼观瞧卫弘的状态很好，多少喝了点酒。

为什么找投资都在酒桌上呢？刚开始，他脑子很清醒的时候，你跟他说他不容易投钱。就是要吃饭、喝酒，坐在一起聊天，一高兴他什么都敢答应你。

曹操这边也是一样，求人办事，得哄着人家："卫大爷，今天请您来，我有一件大事要跟您商量。"

卫弘挺高兴地说："贤侄啊！久闻贤侄文韬武略，今天备酒相邀，必有大事所为。"

卫弘也知道，找我来是有事儿，不是单纯地为了喝酒。便豪爽地说："你说吧。"

曹孟德仰天长笑，说出来了一番大道理。

曹操成功组局 诸侯聚头汜水

野草闲花遍地愁，龙争虎斗几时休？

抬头吴越楚，再看梁唐晋汉周。

曹孟德要“拉投资”了，这个很厉害。

我亲眼见过好多拉投资的。北京城东三环附近有几个五星级酒店，那里一层的咖啡厅是中国影视界的聚集地。至少十多年了，只要去这几个地方，看到三个一群两个一伙的人，都是在谈影视投资的，每个人都会拿着一沓打印好的纸。从他们身边经过，不用听他们说话的内容，光听那数字，每一桌聊的都是一亿五千万元以上的电影，没有聊便宜的。在那里聊八千万元的剧本让人瞧不起。那这些买卖都能成吗？太难了。抄起来就是一亿多元的投资，哪会那么容易？而曹操今天要拉的投资，也同样数额不菲。

劝人投资是门学问，必须说得能打动人心，对方要有钱，更要觉得合适。今天曹孟德面对的，就是一个有钱、有身份、有智慧的老头，是陈留郡的首富。

曹操把自己要说的话都摆在了桌面上：第一，现如今天子软弱，社稷将塌；第二，董卓专权，祸乱朝纲；第三，曹操有意匡扶社稷，全赖君扶持。

原文很长，我把曹操的意思总结为这三句话：第一，机会来了，天下要洗牌，谁出手都有可能分一杯羹；第二，把自己的事摆在道德的制高点上，董卓虽然是当时的掌权人，刺杀未果的曹操不说自己是罪犯，而是把自己摆在正义的一方；第三，我要天下，你发财。

天下的事分两种：第一，你得会说；第二，你得会听。事情都是一样的，就看人怎么说了。

这话说完之后，卫弘把手里的酒杯放下，微微一笑，大概有半分钟的工夫，人没说话。其实他是在心里边琢磨这事儿：第一，天子软弱。这是一个不争的事实。第二，董卓专权祸乱朝纲。这个说得对，这件事情拿出去说它是光明正大的，天下人都恨董卓。第三，他要办这件事情。因为之前有人跟卫弘聊天时提到过，安天下者必是孟德，他们是同乡，聊来聊去，孟德的各方面卫弘也都认可。于是，他把酒杯撂下，点了点头。

“好，贤契，匡扶汉业，你真乃大英雄也。”

这句话说完之后呢，曹操就踏实了，这个投资基本上没问题了。当然，卫弘本身是生意人，人家得琢磨透了。接下来，三个人就在屋里系统地研究需要多少钱。想要起兵造反，挑费太高，这不是说八个人弄一个二人转小分队出去玩。这可是军队，招的都是兵，具体要涉及一个兵多少钱。那个年头的招兵，跟招聘是一样的。不管是来当兵或是当将官的，要比画比画你会什么，弓刀石马步箭、骑马打仗，不同能力的人得谈条件、谈挣多少钱。人来了之后，盔甲、战马、人吃马喂的账都要算明白了。

这么一算，卫弘几乎就把家财全拿出来了，大概能招八千人。这八千人里边，有五千人是给曹操招的，卫弘给自己招了三千人，八千人就不少了。安顿好了之后，准备一切，这就放出风去。

有钱了，可以干一番事业了。曹操对外打的就是“忠义”二字，包括他起兵的时候，他的旗子是一面白旗，旗子上写的就是两个大字——“忠义”。

这个太棒了。为什么呢？师出有名。让投奔的人有一个奔头，大家都是奔忠义而来的。有来的吗？有。那时，汉室气数已尽，好多人都找不着主心骨，人人都说乱世出英雄，所有人都在想，机会来了。天下刀兵四起，诸侯众多，大家也得考虑投奔谁，其中就有奔曹操来的。除了兵，大将也收了不少，如李典、乐进、夏侯惇、夏侯渊，还有曹仁、曹洪。当然，姓曹的是自家兄弟，其实夏侯也是他们家亲戚。反正时间不长，就聚齐了一班人马。

这件大事，接下来怎么做非常重要。曹操现在有人、有马、有自己的队伍，也给自己喝了号，一切都齐全了，后台已经准备妥当，大幕拉开之后，这场戏要怎么唱呢？

为什么说有的人是“将才”，有的人是“帅才”呢？“帅才”就要考虑好排兵布阵，这件事怎么办，我派谁去打哪一道关；如果失败了怎么办，要想出几条退路来；如果他不行还有谁；我们打过去怎么办，打不过去又当如何……“将才”就是你要打谁，我去打。这是有区别的。

曹孟德聪明，在屋里想，我一个人不行。虽然说我现在有八千人，也有这么多员大将，但是要想兵进洛阳，拿住董卓，还是单薄了一些。怎么办？说句通俗易懂的话，这件事情上我们要做的就是“打群架”。一个人不行，得多叫人。天下有这么多诸侯，我挑起一杆“忠义”的大旗来，咱们联合在一块儿，这样的话就师出有名。单枪匹马自己去没有意义，天下诸侯心里也未必不想如此。如果单独去，换谁都会心里打鼓。但是如果大家聚在一起，兵合一处、将打一家，这事儿就成了。

曹操坐在屋里边，把天下诸侯的心思都琢磨了一通，行得通。当下就写了一封“矫诏”。矫诏是什么？简单地说，就是假圣旨。以皇上的口吻出了这么一道圣旨，盖了一个戳子。

他有玉玺吗？他没有。没有不要紧，找一个卖豆腐的，来块豆腐干，水豆腐不行，容易把圣旨弄湿了，非得是豆腐干，不要五香的那种，刻上字：“受命于天，既寿永昌”。

当然，此时此刻，传国玉玺仍下落不明，您稍微往后翻翻就知道了。但此时此刻，这图章是假的。盖完之后，普天下一撒，给各路诸侯看一看。大伙儿知道是假的吗？知道，谁都知道是假的，但假的也很需要。没有这个假的，大家怎么出兵啊？擅自起兵那叫反叛，有了这个就好办了，名正言顺，我们这叫“清君侧”。

历史上发生过好多次“清君侧”的故事。一般来说，“清君侧”都是造反的人提出来的。所谓“清君侧”，就是清理君王身侧的人。通俗地说，就是皇上很可爱，皇上身边有大坏蛋，我们要去把大坏蛋打跑，然后扶保皇上。这是个借口，“清君侧”的目标是“君”，不是“侧”。“清君侧”都是奔着君去的。当年的燕王朱棣没有借口怎么能出兵呢？“清君侧”就是最好的借口。

所以，各路诸侯一看，可把这个东西等到了。哎呀，它再不来，我都憋着弄一个假的了！于是，家家点兵调将、准备粮草，目的是打洛阳。虽然董卓在洛阳，但是不能直接到洛阳，也到不了。头一战要打汜水关。汜水关再往下打就是虎牢关，到了虎牢关离洛阳还有五十里地，就很近了。

路线如此，所有的人马就聚集在汜水关以外。曹操把有头有脸、有字号的诸侯全请来了，在这些人里边，我们单独要提出一个人来写一写，这人叫公孙瓒。

公孙瓒的属地是现在的河北省雄县附近，白马将军公孙瓒接到这个矫诏的时候很开心。他想了又想，因为自己势力单薄一些，人家一说都是带多少多少人马前去，战将多少多少员。我这儿怎么办？连大将都没有啊。想了又想，突然乐了，我这儿有，我这儿有三员大将！于是，吩咐身边的人："来人呐！"

"将军。"

"拿我的手谕，去平原县，调刘、关、张。"

刘、关、张休息了很长时间了，桃园三结义他们哥仨出场了，打完督邮就休息了，到现在也一直没提他们。这哥仨干吗去了？鞭打督邮之后裸辞没地方去，就投奔了远房亲戚刘恢。刘恢对他们不错。但没多久，有两人造反，一个叫张举，一个叫张纯，这两人和刘恢一样，都是太守。刘、关、张就跟着打，哥仨能打，带着人去了就平了战乱。因为公孙瓒跟刘备是同学，哥俩交情好，这事儿干得漂亮，他就给朝廷写了一个奏折，说这次平叛多亏了刘备。朝廷很高兴，说之前鞭打督邮既往不咎，这次有战功就得赏。所以，刘备现在是在平原县做县令。

这一天，公孙瓒把他们哥仨想起来了，太好了，调他们来就成了。工夫不大，外边差人进来报说："跟将军您回，刘、关、张到了。"

兄弟三人来见公孙瓒，哥仨这些日子还算不错，比较稳定。但是也没有什么大事业可干，平原县县令是最大的官了。关羽有个马弓手的身份，但马弓手也不是什么官，现在来说就是县保安队的队长，大概是这个级别。今天一听说公孙太守叫他们去，还挺高兴。尤其是刘备，他跟公孙瓒是同学，而且有交情，是打小一块儿长大的。

我们也是一样，要说这位是昨天喝酒刚认识的朋友，那是一回事。

要说这位是从小一起上学，从穿开裆裤就在一块儿玩的人，你就会觉得他亲，在一起也没有什么提防之心。

来了见到公孙瓒，该施礼得施礼，终归人家身份在那儿。大家先聊会儿，也没有外人，闲聊之后，就说到这封矫诏了。现如今，奋武将军曹操曹孟德，他来了这封矫诏，号召天下的诸侯一起，要匡扶汉室，捉拿董贼。

把这事儿一说，刘玄德听完之后真是有点热血沸腾了。为什么呢？他是一个干事业的人，否则到后来不可能三分天下有人家一份。他如果安心地做小买卖或者干点别的什么，鞭打督邮都不可能发生。在县里好好上班，给督邮伺候走了就得了。他是有野心的，但这个人喜怒不形于色，什么东西都藏在心里边。今天听见这个消息之后，刘备很开心，因为机会来了。

机会比才华更重要，我老说这句话，没有机会，才华等于狗屎。天下各行各业有能耐的人很多，有的人就是一辈子没赶上机会，那就会被埋没一辈子。这就跟演电影、电视剧一样。什么叫好？有机会就叫好。张三、李四两位演员，演技上差不了多少，这部片子张三演了，张三就红了。李四没演，李四就没戏了，李四就只能演丫鬟、采女，给人家跑龙套。这时候但凡来一位，说这角色给李四演吧，那李四就红了。这里边有命也有运，难讲得很。我也不是哲学家，我文化水平也有限，好多事掰扯不清楚，但是肉眼所见，俱是如此。

刘备这边也是一样，机会来了，他很兴奋。公孙瓒也很开心，说："玄德公，我希望你也领一哨人马，跟我一起。咱们汜水关外，会一会众家诸侯。"

"好，我全听您的吩咐。"

"玄德，平原县你现在有多少军马？"

"跟您回，加上我弟兄三人，一百二十多人。"

喝酒吧，把烤串的叫进来吧，别跟着起哄了咱们。一百来人，打狼都不够啊！这是玩笑话。刘玄德有一百多人，是真的吗？是真的。他一个县官能有多少人啊！

公孙瓒也乐了："我调配你三千人马。"

这就不少了，玄德高兴，如虎添翼，当下就安排一切。安排兵将、安家的人马，锅碗瓢盆、粮草兵器、战马，都安顿好了。公孙瓒、刘、关、张，带着人马浩浩荡荡地赶奔汜水关。

汜水关外的兵营，排了得有二三百里。有这么多吗？有。一共来了十八家诸侯，兵似兵山、将似将海，他得有帐篷、得安顿人马，不是说这些位来了都去住酒店。将士们还都得选择基地，做饭也得合适啊，还得靠着水，避着风口。十八家诸侯，每家少说也得来了几千人。

刘玄德这边也着手安顿，有自己的中军宝帐用来办公，后边单有一块，叫"子帐"，就是休息间。大家在大帐开完会，可以在子帐休息。安顿好了，公孙瓒来问了问情况，说都没问题了。

"走吧，我带你去开开眼。"

"开开眼，好，就依将军。咱们去哪儿啊？"

"我带你去见一见袁氏兄弟。"

所谓"袁氏兄弟"指的就是二袁：袁绍和袁术。汜水关外来的这十八家诸侯中，势力、身份各方面最高的就是袁家。"四世三公汝南袁氏"，说的就是人家。袁绍前文咱们提过，跟曹操私交不错。袁绍是哥哥，袁术是弟弟，哥哥袁绍也叫袁本初，弟弟叫袁术，字公路。两个人是"嫡庶兄弟"，一个是嫡出，一个是庶出。

从法律上来说，嫡出在家庭中是最占便宜的。所谓"嫡出"就是由明媒正娶的原配所生，放在皇宫里说，就是皇后所生，"嫡出"的儿子能当太子。所谓"庶出"，就是姨太太生的孩子。家庭里面也是如此，兄弟二人的身份有区别。在袁家，哥哥袁绍的母亲原是早先家里的一个丫鬟，丫鬟生得早，所以袁绍是庶出的哥哥；袁术的母亲是明媒正娶的媳妇儿，她生得晚，所以袁术是嫡出的弟弟。这样的兄弟二人叫“嫡庶兄弟”。

过去，人们见面聊天，说这是哥俩。人家得问：“二位同胞兄弟吗？”如果回答“是，我们同胞”，那意思就是同父同母；如果回答“不，我们嫡庶”，这就是我们上面描述的关系；如果回答“不，我们是隔山兄弟”，意思是同父异母的兄弟；类似地，“隔海兄弟”就是同母异父的兄弟。

正因为袁绍跟袁术是“嫡庶兄弟”，所以两人之间有矛盾，矛盾就出在弟弟袁术身上。他觉得，我是嫡出，你的母亲原来是咱家丫鬟，你是比我早来会儿，但那不管用。又何况这个哥哥袁绍，还过继给了袁术的大爷，所以袁术看不起袁绍。袁术认为，这天下都是我的，袁绍就不应该跟我平起平坐。这是他哥俩的原罪。到最后闹掰了、打成那样，都是从这儿引起来的。

这天，公孙瓒带刘玄德来见“二袁”，来到了人家的中军宝帐，见袁绍真是个俊品人物。有人说袁绍“面若姜黄”，脸不是这么白，他的面色是把姜切开可见的一种淡黄色，说他“颌下三绺墨髯一表人才”。虽然说袁绍往这儿一站，威风凛凛，八面精神，但是历史上对袁绍是有评价的：“凤毛鸡胆，虎皮羊质。”

“凤毛鸡胆”说的是羽毛五彩斑斓，跟凤凰一样，看起来很厉害，但胆子只有一点，难成大器。“虎皮羊质”说的是像大老虎一样威风凛凛，浑身都是花，尾巴一扫能抽折了树干，死也是站着死，死了也有虎威。但把虎皮切开了，里边是羊肉，早晚得跟孜然搁到一块儿。

但是，在汜水关外，人家很厉害，来的这十八路诸侯里边，人家势力是最大的，人也最多。他的占地，是从潼关到黄河，何况人家家里边是“四世三公”，人家的门生故吏遍地都是。但凡当官的，您问是哪儿的，都说是袁家出来的，是袁家提拔的，原来是给袁家看门的……这就叫威望。

在袁绍的中军宝帐中，公孙瓒介绍道："这是平原县令玄德公，刘备，刘玄德，汉室宗亲。"

这一说完，刘备过来撩衣裳就要跪，袁绍一把就拦住说："哎哟，玄德公快快请起。来呀，看座。"

按理说，在这个状态下，不让刘备坐是很正常的，身份太低了，但人家袁绍为什么让刘备坐？非敬职也。并不是尊敬你的职位，敬的是大汉宗亲。你是皇上的本家，你是皇上的叔叔，我尊敬你，也就是尊敬了朝廷。

就这中军宝帐里边，各路诸侯都到了，谁是总指挥？按理说是曹操叫的号，但他聪明之处就在于一点都不张扬。他尊敬每一家，对每一家都客气，挨个儿地捧，这样的人不会不成事儿。给大家安顿得很妥当，有认识的，有不认识的，各位都很客气。

终归是要谈正事儿的。站起来一位将军，这人姓王叫王匡，他言道："各位诸侯、各位将军，十八家聚在一起，共讨国贼乃江山之幸也。"得来两句客气话，那么接下来要说真正意义上的正事了。"十八家诸侯在此，我认为我们应该推举一位盟主，无纲不网，无领不衣。"

"无纲不网"，说的是捕鱼的时候，要先把网撒出去落到水里，再往回拉，拉的这根绳子叫"纲"，它其实跟马纲绳的道理是一样的——"马纲绳"是老的说法，现在人一般说"马缰绳"——如果没有这根绳子，撒出去的网就是窟窿眼，你拽不回来。"无领不衣"，说的是没有领子衣服没法拎起来，一提领子，衣服就拿起来了。

王将军说的这八个字，用现在的话说，就是"人无头不走，鸟无翅不飞"。十八家聚集到了一起，少则几千人，多的有好几万人，得有一个总负责人，得有一个人说了算。都说了算不行，得挑选出一位来。

这个建议说出来之后，所有人都赞同，曹孟德把头低下来，微微笑着，态度很谦恭，意思是选，选您各位。如果换了别人，就得说我把您各位召集过来共谋大事，不如这样吧，我毛遂自荐，我不才，我要如何……那等不到大破汜水关，这帐篷里边就得出人命。但是曹操不这样，为什么说他是奸雄？他就是不一样。“好好选吧”，他的意思就是“我不当”。

那么谁来呢？其实大伙儿心里边都有数，无外乎就是“二袁”之一，但是谁就难说了。有的人认为是袁绍，也有人认为是袁术。为什么呢？按照身份来说，袁术嫡出；按照资历来说，在官阶上他比他哥哥高，人马也不少，所以袁术在旁边嘴撇得跟八万似的，意思是“必须是我”。为什么说在战术上，后来袁术确实不灵呢？这跟性格有关系，他不大气，净干些小事，没有城府，狗肚子搁不住二两香酥油。虽说他哥哥也一般，但是比他的态度要谦虚很多。这跟出身是有关系的，他的母亲是丫鬟，从小他就知道要看人脸色。母亲的身份就决定了两个人的性格。当然了，两人心里都打鼓，都希望是自己，但自己不能说这个话。

这时候，大帐里边已经乱成一团，大伙儿说什么的都有。耳边就有人说了一声：“列位，听我一言。”

袁绍当选盟主 孙坚积极讨令

红尘波浪两茫茫，忍辱柔和是妙方。
从来硬弩弦先断，自古钢刀口易伤。
人为贪财身先丧，鸟为夺食命早亡。
任你奸猾多取巧，难免荒郊土内藏。

曹孟德是这次讨伐董卓的总发起人，所以说他站出来主持这个会议。

曹操说："我觉得应该推举本初。"

袁绍得客气客气："哎呀，岂敢岂敢！小可我缺谋少智。"袁绍这虽然是客气话，但确实如此，没有比他自己更了解自己的了。前文我们提到过，说袁绍"凤毛鸡胆，虎皮羊质"，成不了大事，所以到后来尽管他手下趁那么多兵将和有名的谋士，他也没成大事。是他的本质导致了他注定要失败。

虽然他弟弟袁术并不同意，但是大伙儿都承认，都说必须是本初，要让本初当这个盟主，我们大家心服口服。在这种情况下，客气归客气，客气完了也得同意。

这一说定，紧跟着就要登台拜帅。那么，“登台拜帅”有台子吗？没有。包括韩信或者其他哪位将军登台拜帅，都是现做。营里边有负责看风水的，得来这么一位高人选定一个地方，兵丁们垒土台子，把土夯实，上面必须要三层，因为三三见九，不能到十，古人认为最大的数字就是九，到十就清零了。三层台子垒好，还要码上六张桌子，桌上放一个金盆，旁边是金碗、金针。所谓“金盆”其实是铜的。十八路诸侯、大小的将官都准备好了，择良辰、选吉日，聚集在一起。这个很重要，不管是打仗，还是办仪式，中国人讲究这个。不管是方位还是风水，这是门很大的学问。

日子选定，袁绍就要登台拜帅。首先，得请袁绍先讲话，这个简单了。“天下大势，现如今献帝软弱，朝内出了奸臣。大奸臣董卓，上欺天子，下压群臣，夜宿皇宫，无恶不作。普天之下哀鸿遍野、狼烟滚滚，我们要匡扶正义……”这些话是必须要有的，因为他们是各路的诸侯，你站出来一定要说自己不是反朝廷，而是反奸贼。一定要站在道德的制高点上，要师出有名，这个很重要。当然，心里怎么想的就是另一回事了。话说完之后，各路诸侯得响应，说得对，我们要努力，向袁绍学习……都说完了之后，开始要有一个仪式，这个仪式叫“歃血为盟”。

“歃”，是指用嘴去吸东西。“歃血为盟”，是说每个人都要走到台子边上来，当然得是够了级别的将官，拿金针刺破中指，把血挤在金盆里，挤完之后等下一个上来挤，这里是没有酒的。挤完之后，拿金针要搅一下，把它搅匀，然后把血倒在金碗里。从大到小的各路将官再依次过来，拿手在碗里边蘸一下血，抹到嘴边上。就抹这一下，叫“歃血为盟”。抹完，就代表着起事了，代表我与对方势不两立。

跟电视剧里面不一样，电视剧拍的喝一碗酒之类的，是为了拍出来热闹、好看，但是那不对。

仪式结束，请袁绍更衣。首先头上得给他换帽子，要戴帅盔。帅盔的后边有一个三叉。这个东西被舞台表演借鉴，戏曲舞台上，元帅戴的帽子上都有三个尖立着，叫“帅盔”。从上到下给袁绍穿好，前面是掩心甲吞口兽，背后是护背旗。做主帅的护背旗是八杆，八杆护背旗代表着“八德”，两军阵前冲锋陷阵的大将护背旗是五杆。唱戏的是四杆，唱戏那是假的，舞台上弄八个太贵，有这八个都够两个演员用的了。五个的话，有一个是单的，不好看，所以舞台上统一是四个，它是美化了的戏剧服饰，真实的并没有。

穿完衣服，登台拜帅，有一口宝剑，大伙儿得把这宝剑献给袁绍。宝剑要放在一个特定的架子上，这就是军威。以后无论哪员大将犯了错，我们这儿有军法，就用这个斩你。你们承认了，咱们今儿就开始正式营业了，是这个意思。

在桌子前边立着一根杆，杆的上头有一个龙脑袋，龙脑袋下边甩出一条金钱豹的尾巴，尾巴上打着三道金箍，这个东西叫“麾”。我们常听人说，我在某某将军麾下听调，就是这个“麾”。“为大将者六韬三略”，其中就有一个“豹韬”。六韬里边，“豹韬”代表着智慧，挂这个的目的是彰显元帅的智慧。大家都承认元帅比我们强，我们的智慧和能力不如您，从此愿意在您的麾下听调。

一切停当，所有诸侯上将都跪倒在地，要拜一拜袁绍。袁绍也跟大伙儿客气客气，又说了几句激励人心的话：“咱们以后就是一家人了，虽然说是十八路诸侯，有山南的有海北的，但是咱们现在是一家人了，兵合一处，将打一家，誓灭国贼……”这话是要有的，这都说完了以后，众将该表态的表态，也说说心里话。

为什么最后一定是选择袁绍？其实是因为曹操，如果曹操说不能用他，还真就成不了。别看袁绍势力大，可整个事件的发起人是曹孟德，最终解释权在他手里。那为什么曹操这么愿意选袁绍呢？他明明自己可以做盟主。他是有原因的。

首先，他俩私交特别好。他们从小就是好朋友，他们两个小时候都是问题少年。虽然后来曹操是大汉丞相了，但曹操小时候做的事还不如说相声的，袁绍毕竟家里边“四世三公，汝南袁氏”，很是了得，但他也净干些见不得人的事。历史记载，两人被县里逮着过很多次，放在现在就是被送去了派出所。曹操好赌博，跟街坊赌博，对方有势力，是朝里边赵忠的亲戚。赵忠是朝里边十常侍之一。赌博，赢了就得拿钱，输了就得给人家钱，这是规矩。但是赵忠这亲戚说不行，这把有问题，曹操出老千他才输了，输了又不给，所以两边就打起来了。这时候就看出朋友情分了，袁绍急了就扑了上来，哪怕对方人很多，但孟德跟我是哥们儿，两个人一起就跟人家十多个人打起来了。他俩差点被打死，两人再团结也打不过一帮人啊！事情不大，但说的是两人的交情。

历史上记载，街坊四邻有人结婚了，这两人到那儿去连喊带闹，趁着酒劲打一顿，闹完之后又调戏新娘子。我一想，干这事儿，这还不如说相声的呢。这种事有很多，然后两人被送到县衙里去了，县太爷一看这两家都惹不起，也就教育教育给轰回家了。但两人的交情是越来越好。

有一次，他们出去惹祸，误入了山贼的家，这也是提前没踩好道，山贼才不跟他们客气，一大帮人拿着刀就追出来了。两人往山上跑，跑到最后袁绍动不了了，草深，又是在荆棘丛中。袁绍说：“我歇会儿吧。”孟德说：“你必须得起来，要不然追上你怎么办？”为了让袁绍起来，曹操开始大喊：“在这儿呐！”一喊这个，袁绍没辙了，玩了命地跑，两人才算逃出去了。他们是这样的交情，这很重要。这是曹操选袁绍的第一个原因。

另外，是因为董卓。袁家在京城的亲戚都被董卓杀了，所以大家也很同情袁绍。再加上他家本身的政治资本和他现在带的人、他的兵将、他的一百多谋士，方方面面都觉得他理所应当做这个盟主。曹操考虑了所有综合的因素，也顾虑到了所有人的想法，一直往这个方向引导，所以到今天，袁本初登台拜帅，一切都很顺利。

结束之后，大伙儿得喝酒庆祝一下，这也是中国人的特色。打仗之前先得喝顿酒，这顿酒喝得很开心，喝完酒转过天来，咱们得干点正事。转过天来坐在了中军宝帐，十八路诸侯都在这儿了。袁绍往这儿一坐说："各位将军。"这态度就不一样了，前一天咱们是哥们儿弟兄，但现在有威了，大伙儿得有尊重的样儿。

先说了说国家大事，咱们这次为什么要讨伐董卓。其实即便天天说那也得说，必须时时刻刻地告诉大家。说完之后，进入正题：

"诸位将军，何人领本帅一支将令，攻打汜水关？"

我们的目的是打到洛阳，杀了董卓，现在地理位置是这样，眼前是汜水关，过了汜水关就是虎牢关，虎牢关前面五十里地就是洛阳城，所以要先打破汜水关。这头一仗非常重要，可以鼓舞士气，头一仗必须要赢，但是头一仗风险很大。怎么办呢？大伙儿都看着，如果只有一家诸侯，那还好说。就怕哪里的都有，露脸的是你，丢人的也是你。

袁绍说完，看看左右，众家诸侯也略一沉吟，猛然间就听到甲叶子"哗棱棱"响，出来了一位说道："元帅，莫将不才，愿讨此支将令攻打汜水关。"

袁绍回头一看，心想这个人可了不得。怎么了？他是乌程侯长沙太守孙坚，字文台。提孙坚可能有人不知道，日后他有个儿子可厉害，他坐镇江东，名叫孙权。

攻打汜水关，有人要讨第一支将令，此人是乌程侯长沙太守孙坚。十八路诸侯驻扎汜水关，孙坚的队伍是为数不多跟董卓交过手的，并且还胜了董卓。其他很多家诸侯就是来聚餐的，吃饭有他、喊口号有他、向袁绍学习有他，两军阵前没他。孙坚则不然，确实是厉害，破虏将军，后来三分天下，人家的儿子占一份。

今天在中军宝帐，孙坚说："启禀元帅，末将不才，讨您这支将令，我要攻打汜水关。"

他一讨令，其他人点点头。人家有实力，让他去吧，露脸，当然丢人也是他的。

袁绍很开心地说："哎呀，文台兄，有你此去我高枕无忧。"令箭递过去了，孙坚接过来掖在了脖子后边，从中军宝帐出来，回到了自己的营盘安排一切。

部队出门要有粮草、有车，粮草很关键。在部队驻扎的空地上，粮草放在后面，前边住着兵，外围就用车圈起来，车上罩着薄牛皮。这样圈起来的整个儿一块地，叫"营盘"。在营盘里，再有中军宝帐和子帐。营盘得有出入口，出入口是将车立起来，一般来说是立着两辆车，就如同是两扇门。大的营盘则有立着六辆车形成三个门的。车有车辕，立起来之后在车辕上立着旗子，这就叫"辕门"。京剧《辕门斩子》和《辕门射戟》所说的，就是这样的辕门。

孙坚回到自己的营盘，把一切都安顿好了，跟自己手下的大将也要商量商量。孙坚手下有高人，如程普、黄盖等，都是有名的大将，很多人到后来一直都有出现。哪怕是说相声，也得合计合计明天咱们在哪儿商演，今天谁开场、谁倒二，何况是打仗。

次日清晨，孙坚带着自己的兵前往汜水关，现如今大营盘离着汜水关还很远。不能直接把营盘搁到汜水关底下，我方没有进路，对方也没有退路，那不是打仗，是送死。十八路诸侯，来的人很多，占了有几百里地，所以孙坚要提队伍出来，单独逼近汜水关。

汜水关这儿有总兵，姓赵叫赵岑，带着自己的副将胡轸也在商量对策。那么些人要打来了，这边也早就知道，城里边精神极度紧张，尤其是赵岑和胡轸两人。他们有信念，觉得自己是朝廷的人，按照朝廷的价值观来说，我们是正方，你们人再多，也是造反的，这不一样。我们背后有坚强的董太师，我们这儿还有吕布，有朝廷，心里踏实，但是眼前人家兵来了，得打。

转天，双方终于要见面了，汜水关门打开，兵丁战将从里边出来，都一排一排站好了。这边是孙坚，也率着自己的战将坐在马上、拎着兵刃，双方交锋对垒。

凡是这种事，首先要说话。无论我们做什么事，都是以说话谈判为主，真到动手的时候，就快结束了，没有二话不说上来就开打的。双方先得说说，你错在哪儿了，我为什么要来打你。这个非常关键，而且是给自己人听的，为了鼓舞士气。

孙坚说的也没有什么特别新鲜的，无外乎董卓上欺天子下压群臣，谋朝篡位，祸害百姓，今天我们十八路诸侯会聚于此，我们代表着正义，我们要代表月亮消灭你们……

赵岑这边也得说，赵岑比孙坚说得还热闹。我们代表朝廷，你们是反贼，既食皇王俸禄，现如今你们却起兵造反、荼毒百姓……

"我反对。"

"反对无效。"

都说完了，到最后就得打了。两边都问："哪一员大将擒此反贼？"双方互相指责对方是反贼。都得如此，没有说我是反贼，杀了我的，都得代表着正义。

孙坚这边出来一位大将军，叫程普。京剧爱好者比较熟悉，在《群英会》中这位将军还一直出现。程普很厉害，手中使的是丈八蛇矛，跟张飞那是一个地方买的。有人总以为丈八蛇矛只能张飞用，不是的，谁都能用，只不过张飞把这个兵刃使出名来了。程普用的也是丈八蛇矛，这一催马，直奔两军阵前。

赵岑不能出来，他是总兵啊，他出来万一打败了呢，所以，旁边的大将军胡轸手中拿着枪也催马上前。

怎么打不重要，像他们这种打，在“三国”的故事里边是铺垫用的。简短截说，马前走了三个回合，程普一顺枪，“噗”的一下就扎在了胡轸的后腰上。马上的将官一力降十会，马下的将军一巧破千钧。好在这两位用的都是长兵刃，那边是枪，这边是丈八蛇矛。

我常说，两军阵前的枪要是跟锤打起来，锤太吃亏，锤本来就沉，举着锤跟举两个煤气罐似的，把儿短、头大。对方如果用长枪，力气再大也到不了跟前，你还没到近身，人家枪都到了嗓子眼儿了。也不知道是谁给设计的啊，好歹弄一个长点的东西，能捅到也是好的吧！

战场上，程普的丈八蛇矛一刺进胡轸的后腰，矛尖儿都看不见了，紧接着一较劲，就打马上把这人挑了下去，紧跟着有兵丁过来跟着打。双方都会有小兵卒跟着，有护着马腿的，因为会有人来削马腿。两位将军坐在马上正打着，底下的马腿要是给削断了，那将军就掉下去了。所以双方都会有人护着战将、护着战马，小兵们也都拿着兵刃。这很关键的。我们常听人描述两军阵前，只有两位将军对打，这是不对的。

旁边有兵卒过来，手起刀落，“咔嚓”一下，先把胡将军的人头切下来，一回头拴在程普战马的踊胸上。程普坐在马上，马脖子底下挂了一个大铃铛，铃铛上有红缨子，上面有一个环，给人头拿来之后得拴到这环上，回来这是请功用的。跟着程普的兵卒是这个作用：一是护马腿；二是如果将军打赢了，好切脑袋。

这下可了不得了，汜水关里边就两个负责人，胡轸完了，赵岑很着急，他顶着巨大的压力，现在没有别人了。原来两个人有事还能商量商量，现如今胡轸输了，眼前来的这只是一班人马，他后面还有多路诸侯，我未必能保得住汜水关。怎么办？赶紧撤。“兵败如山倒”，一点都不假。

战场上，一说赢了，大家全都往上冲；一说跑，人人心都到了嗓子眼儿，全跑。关键是，这么多人都从城门里边出来，可城门没有多宽，想一下子跑回去就成问题了。

在跑的过程当中，孙坚的身边又蹿出去一员大将——黄盖。黄盖手里使的是豹尾紫金鞭。拿着这紫金鞭，他就一直看着这个赵岑。黄将军心想，好机会，趁着乱我来吧！说时迟，那时快，黄盖就到了赵岑身边，赵岑也看见了，想躲也来不及了，鞭已经到了跟前。刚招架了一下，黄盖的鞭正打在赵岑的后心上，"噗"的一下，一口血就喷出来了。仗着人多，赵岑就被兵丁护着赶紧往城里跑。

简短截说，孙坚这一仗算是赢了，赵岑的兵有退进去的，有没退进去的，有被抓了的，有被杀了的，剩下孙坚的人在整理战场。

赵岑回到城里，赶紧写告急文书，吐血了也得写，赶紧写，给董太师送去。我已经让人打吐血了，我的副将也送了命，朝廷得管我们。不然，汜水关一失守，下一站就是虎牢关，虎牢关往前五十里地就到了董卓的身边了。我如果完了，您也马上就危险了。写完之后打发人赶紧给董太师送去。

其实董卓早就知道了，一刷抖音就看见了："哎哟，来了那么多人啊！他们已经兵临城下，将至壕边了。"

董卓真急了。这可不行，汜水关如若失守，他们马上就到洛阳了。这怎么办？这时，董卓身边有一个了不起的人物——吕布，他的义子干儿。

吕布说："您不用担心，太师有孩儿我呢！"但是董卓，还不愿意让他现在就出马，他得在这儿保护自己。人都走了，洛阳城没人保护了哪行呢？所以说不能让吕布去，他不去就得另选良将。

董卓问："哪一位将军愿意前去抵挡一番？"

话音刚落，身边出来一位，身高得有一米九，这张脸长得几出几入。

什么叫几出几入？额头窝进去、眼睛凹进去，高颧骨，颧骨下面又塌下去了，再下面牙又龇出来了，到下巴那儿又缩回去了，下巴末端又翻出来……连眉毛带头发，都泛着红色。那年头没有“漂染”，这张脸蓝瓦瓦的，咱也不知道是吃了什么，肩膀、前胸是宽背厚膀，站在这儿像个妖孽似的，两道眉毛拧着，都长到太阳穴边上去了，这大眼珠子咣里咣当的，都是黑眼仁儿，白眼珠很少。狮子鼻阔口，扎里扎煞一副钢髯，站在这儿，这要是半夜碰见非得哭不可……读完这段，你准以为这不是《三国演义》，而是《西游记》。

这人往外一站说：“丞相请赐某家一支将令，此一去将他十八路诸侯扫荡击沉。”

敢说这话还了得？董卓看看他，乐了：“有将军在此，我觉得料也无妨了。”

这个人确实是个了不起的人物，他是关西人。汉朝时的关西指的是潼关、函谷关以西。此人当年做过山贼，董卓派人打了好几回才把他收服，确实能力非常强。

“你要去我倒是放心，赐你一支令箭，希望你旗开得胜，马到成功。”

这人究竟是谁？此人姓华，名雄。此一去才引出了美髯公温酒斩华雄。

华雄主动请缨 关羽初展锋芒

大将生来胆气豪，腰横秋水雁翎刀。
风吹鼍鼓山河动，电闪旌旗日月高。
天上麒麟原有种，穴中蝼蚁岂能逃。
太平待诏归来日，朕与先生解战袍。

华雄在《三国演义》里算是数得着的英雄，他要是不来，汜水关早就破了。他一来，把汜水关的总兵赵岑高兴坏了。两人见面之后，赵岑就把当下的情况全部说了一遍。

华雄点点头说："好，您陪着我，咱们城楼上，观敌瞭阵。"

"好，您请。"

到了城根儿，华雄下了马顺着马道上去，站在城墙上往下观瞧。只见兵似兵山、将似将海、盔缨滚滚、甲叶摇摇，城外边是孙坚的人马，离着大概五里远。五里远能看得见吗？能，它不是五里地外站着一个人，而是一片人，连人带马，旗幡招展。看完之后，华雄就有数了，耳边低低地就跟赵岑商量要如何应对。

这边，孙坚就知道有情况了。孙坚怎么知道的呢？为大将者，不是一天到晚吃了就睡，精神上要非常警惕。他发现汜水关上城头的旗子有变化。

过去的旗子，讲究东方甲乙木，西方庚辛金，南方丙丁火，北方壬癸水，正中央戊己土。这个“东方甲乙木”的旗子是绿色的；“西方庚辛金”的旗子是白色的；“南方丙丁火”的旗子是红色的；“北方壬癸水”的旗子是黑色的；“正中央戊己土”的旗子是黄色的。过去是按照旗的颜色排兵布阵的，旗子动了，说明兵就动了。

孙坚这儿有人盯着，这回来一报告，说城头之上的旗子有变化。仔细一分析，虽然猜不出来对方到底要干什么，但是感觉得出来，他们来外援了。所以说很多事情，想到了就要马上去做。孙坚当时吩咐所有的人：“来呀！咱们暂退十里。”大伙儿这就拔营往后退，为什么呀？多留一个退身步。离得太近了有的时候不方便，所以把大营往后又退了退，退好了之后，又重新安排妥当。孙坚坐在营里边跟左右的将军把眼前的事情又安排了一下，就打算休息了。刚躺下，就听外面乱了套，紧跟着有人进来报：“将军快点起，有人劫营。”

谁来了？华雄。得亏退了十里地，要不然就出大事了。

华雄又聪明又勇猛，说今天不能再给他们机会了，咱们夜里去劫他们的营寨，所以饱餐战饭后，带着人就来了。

这下可就乱了。要是说白天两军阵前，双方都站好了，各派一人对打是一回事，但这半夜都睡着觉呢，一下子全起来，准有慌乱的、迷糊的、梦游的……总之，各式各样的人都有，一下就乱了阵脚。

华雄是真勇猛，两军阵前，在营盘里边“切西瓜”的就是他。华雄在兵营里就瞪着眼睛看帽子，为什么看帽子呢？找孙坚，找主帅。孙坚的帽子上有一个簪缨，红色的。京剧舞台上也是如此，形容这簪缨像豹子尾、狮子尾，一大团，火红的，在脑袋上顶着。看到这顶帽子了，就说明这人是主帅。

华雄就坐在马上控着兵刃，跟前碰见谁就把谁的脑袋切下去。孙坚一瞧，营里面乱了，当务之急是自己不能让他逮着呀，因为刚才眼睁睁看见好几员战将都让人家砍了。这时候身边过来一位，祖茂祖大荣，祖将军说："您快把这盔摘了吧！"说时迟那时快，祖将军过来，把这盔帮着摘下来，找了一根柱子，把它挂在柱子上边，这是之前有百姓在这里烧火的时候留下的柱子。混乱当中，华雄看见了帽子，催马过来再一看，上当了。正好跟前就是祖将军，二话没说，抡起刀来就把祖将军立劈马下。

孙坚这儿彻底乱了套，这会儿已经没什么可说的了，赶紧往回跑，大败而归。等回到营盘见到袁绍，孙坚眼泪都快下来了：第一，损失了自己的几员大将；第二，自己没脸见人。十八家诸侯并在一处，现如今孙坚没能得胜仗，而且败得太惨了。他低着脑袋、含着眼泪，进了辕门，往大帐里面走。一进来，大帐里面鸦雀无声，因为各路诸侯已经得到这个消息了，说孙坚大败，正说着，孙坚进来了。来到里面一撩甲叶子，"扑通"跪下了："唉，元帅，孙坚请罪！我被那华雄偷袭营寨，大败而归，请元帅治罪。"

袁绍点点头说："将军请起，两军阵前，一时胜败不算什么。将军您辛苦了，请起。"

孙坚站起来，旁边有人搀了一把，站在那儿连头都不能抬。这个状态太丢人了，心里边又难受又心疼自己的战将。营里的人都看着袁绍，看这事儿怎么办。

"列位将军，休得惊慌、少要害怕，今天没想到华雄如此凶猛，但是兵来将挡，水来土掩。我料明日，他必然前来，探马仔细地盯着。”

“是。”

刚说完，探马进来了：“启禀元帅，华雄大兵离此三十里，追来了。”

“再探。”

两旁的将军、诸侯，你看我、我看你，面面相觑。人家追来了，说明他胆大。按照这个状态，他其实打完了之后，就应该回汜水关休息休息，然后看下一步。但他没有，他追来了，他人再多，也没有咱们十八路诸侯的人多呀，看来来者不善。

袁绍点点头问：“各位将军，计将安出？”

就这会儿工夫，探马又进来了：“启禀将军，华雄离此二十里。”

快呀！提速了！这会儿工夫天已经都亮了，各位将军都在琢磨这事儿该怎么办。十八路诸侯，虽说是一个反董的联盟，但是不可能都是一条心。每个人的位置不一样、出发点也不同，每个人的想法和他想要的东西也不一样，所以不可能是一条心。这时候，如果打胜了，还能鼓舞士气，就怕打败了。

袁绍也在琢磨，心里知道眼前这一仗非常重要，必须得把华雄打败，否则后面会很难。

过了一会儿，探马进来了：“华雄离此十里。”

就这一句话，周围所有人都开始嘀咕：“这怎么办？到了。来了，一会儿就到了……”军心不稳。

袁绍乐了：“各位将军，不算什么，谅华雄小儿此番前来，插标卖首。”

“插标卖首”，意思是把一根草插在脑袋上。过去卖东西的时候，没有这么多幌子，包括旧社会穷人卖孩子，弄根草插在孩子的脑袋上，就代表着出售。

袁绍是给大伙儿吃一个定心丸，说安排一切，准备迎敌。

华雄来了，人马就扎在袁绍的营盘对面。两军对垒，华雄把这儿稍微地安顿了一下，把兵卒们都调整好了，两军阵前就开始讨敌骂阵。

袁绍问："哪位将军领本都督一支将令，擒那华雄？"

话音刚落，出来一位将军，二十来岁，身高一米七五左右，很精神、很帅，姓俞，叫俞涉。俞将军说道："末将愿讨一支将令，斩那华雄首级来献。"

"好好好，将军多加小心。"

俞将军就带着令箭出去了。

"各位将军少安毋躁，华雄有名无实，未必如何。"

就听着外面战鼓声响，紧跟着有小校进来："启禀元帅，俞涉将军马前未走三个回合，死于华雄之手。"

"未走三个回合"，各位你看我，我看你。

袁绍点点头问："还有哪位将军愿意出马？"必须得有人顶上，这时候没人顶上，大家得回家。

这边又出来一位说："末将愿往。"

这人姓潘，叫潘凤，手持八卦开山钺。"钺"很像斧子，也不知道是谁研究出来的，要拿着这样的武器去打仗，打柴多好啊！

"末将潘凤讨一支令箭，我要征战华雄。"

"好，潘将军多加小心。"

刚出去小校就回来了："潘将军未走一个回合，命丧马下。"

刚出去，到那儿就死了，这就是送死去的呀！

"还有哪位将军征战华雄？"

有吗？有。我们不再赘述，但真有几位将军出来讨敌骂阵，片刻之间华雄连斩八员大将，将军们几乎是到那儿就送命，没有什么技术含量。

整个中军宝帐安静下来了。

"唉——"袁绍叹了口气说，"可惜我那颜良、文丑两员大将不在身边啊！”

意思是我手下有两员大将，颜良和文丑，我这两个兄弟要是在这儿，你们全不灵。这既有炫耀也有着急，多重心理。诸侯们你看着我，我看着你。

“你去。”

“你怎么不去呢？”

“听说你挺厉害的。”

“我跟你逗着玩呢！”

眼看着出去一个死一个，谁都得掂量掂量自己。

“我不能去，我今天约了酒局了。我那桌都订完了，我不能去。”

“你去，我也不能去，我儿子下礼拜结婚。”

都不能去那怎么办？看着吧，看着什么时候合适就跑吧。这就是军心涣散。

袁绍如坐针毡，太难受了，心想我们是不是不该来呀？十八家诸侯讨董卓，这刚到汜水关就回去了，这人生还有什么意义呢？

“唉——”袁绍叹了口气。

刚叹完这气，就打旁边闪出一个人来说：“启禀元帅，某家讨令，我要立斩华雄。”

华雄来了，非常厉害。他的出现有他的作用，《三国演义》里的好多人物其实都是虚构的，都是历史上并不存在的，但这并不重要。

此刻，正当华雄难住了十八路诸侯的时候，有人说：“元帅，某家讨令，立斩华雄。”

所有人的眼睛一齐看向这个人。按照电影的手法，机器得推上去，地上得铺轨道，得推到这人身上。

这个人往前一站，所有人都发出“哎呀”的声音。看他的穿着打扮，这不是一个有身份的人，没有职务，头上连一个赤金的抹额都没有。

戏曲舞台上唱戏的武将出来都会戴“抹额”，我们叫“大额子”，上面带着珠子、泡子、绒球。当然，舞台上是把这个东西美化了，但真实的武将确实应该有一个赤金抹额，它的作用就是表明身份。抹额有品级，是副将还是什么其他身份，通过抹额一看就知道。

一般来说这是标配。身上得有盔甲，戴着赤金抹额，但这位都没有。头上戴了一个绿缎子匝巾，长方脸，面如重枣，卧蚕眉、丹凤眼，五绺长髯散满前胸。他老人家终于出现了。谁呢？关二爷。

华雄的出现就是为了衬托关二爷，所以说每一个人都有他的用处。

关羽往前一站，袁绍就愣了。怎么了？不认识。他们是跟着公孙瓒这支队伍一起来的。十八家诸侯里边，公孙瓒算是一路人马，但是能力太小了，平时说话也轮不上他，不是中心位，也不是主咖。公孙瓒都如此，他带来的人袁绍哪记得住。

“来者何人？”

关二爷站在下面回道：“平原县令，玄德公帐下马弓手，关羽，关云长。”

袁绍这口血差点就喷出来了。

对于这个情况，我举个例子。世界反恐大会，各国的警察精英、高手们聚在一起，这时候来了一个天桥的保安，大概是这么个意思。大伙儿都恨疯了，我们这样的都没敢说话，你一个平原县令刘玄德手下的马弓手，管八个人十二匹马，站在这儿还气宇轩昂的。

袁绍也对得起他：“将他于我叉出帐去。”那意思是你在拿我开玩笑？我们这儿有正事，你上这儿玩来了？两旁就有人过来，马上要推关二爷。

这时，站起来了一个人说：“本初且慢。”

是谁？曹孟德。曹操不管是能力，还是情商、智商，方方面面都超过袁绍很多倍。曹操赶紧过来劝阻道：“本初且慢。”

别人都喊袁绍为元帅，他喊本初，这称呼的意思就是：“哥们儿，听我的。”

袁绍给面子吗？得给，必须要给。这句话一出口，两旁的人就退下去了。他们一退，袁绍看看他，那意思是你怎么能劝得了我？他上我这儿起哄来了。

曹操点了点头说：“本初啊，人出大言必有其能。”

这话说得对，你看他说大话，他准有能耐。这种事就是两个极端：一个是真有能耐；一个是真想死。话说到这份上了，袁绍也不能再说别的了。“唉，好好，孟德公所言极是。”

先得客气客气，你不能驳了曹操的面子。

曹操一转身，面向关云长喊道：“云长公。”

曹操爱才，按现在的身份，曹操其实不用这么客气，但这就是他的过人之处。他这时候如果说“小关”“大红脸”，也不是不可以，但身份这个问题很奇怪。此时关羽还不是汉寿亭侯，蜀国的五虎上将，那是另一回事。关羽现在就管着十二匹马。但曹操没有，他尊重每一个人，这就是他能成功的原因。不在任何地方让人尴尬，既不丢什么，也不损失什么，就是一句客气话，让对方的心里边热乎乎的。

“孟德公。”

关羽这边是不卑不亢。我是马弓手，但是我也没觉得你们比我高到哪儿去，该客气咱们得客气。

“此去征战华雄，多加小心。”

“是，多谢孟德公！”

曹操一挥手：“看酒来！”

旁边有人端过一个盘子来，盘子里面有三斗酒。

“斗”是四方的小杯子，这个东西在戏台上我们常能看见。我们唱戏的时候，一说喝酒，端起来的木头碗就叫“斗”。不算正四方，略微有点长方形，两边带耳朵。

一斗酒是四两，这三斗酒得是热的。那个时候，人们喝热酒，但是度数不高。到了元朝，才出了类似白干儿这种所谓的烈性酒。三国时期的酒其实比红酒的度数还要低一些，烫热了喝以壮声色。那时敬酒，最少得是三斗，只有病人才喝一斗酒。人病了，喝斗酒，热乎乎的，有利于身体的恢复。逢这种战斗饯行的场合，必须是三斗酒。

旁边就有人把这盘子托过来，孟德举起酒来："云长公请饮此酒，以壮声色。"

关羽谢了谢，微微一乐道："多谢孟德公，斩杀华雄回来，再饮不迟。"

再看各路诸侯："嘁……"可以理解，大家都不相信他还回得来，各位气得都不行了。

袁绍也有点儿看不过去了："云长，你要多少人马呀？"不管怎么说，现在同意他去了。

关羽微微一笑道："俺单人独骑，不需要。"

所有的诸侯都想，这日子过不了了，他拿我们找乐来了这是。

袁绍也气坏了："一个人都不要啊？"

关羽点了点头："多谢元帅容让，谢孟德公赐酒，得胜而回再饮此酒。"说完，转身往外就走，跟着出去的是关羽的马童。

《三国演义》中，这个细节很重要，唯独关羽的这个马童在书里面是有名字的，他叫马洪，是个山西人。关羽也是山西人，关二爷很喜欢他，他能力很强，一直跟着关羽。传说他有两大技能：第一，日行三百里；第二，负力五百斤。这肯定是夸张，那个年头一个人一天走三百里地，那怎么可能呢？只不过就是说腿底下快。他是得快，到后来关二爷骑着赤兔马，他如果腿脚慢，怎么跟着跑呢？

马洪跟着关羽出去了，就听着外边鼓如爆豆，两军阵前征战华雄。这三斗酒在这儿放着冒着热气。

曹孟德一回头："元帅。"这会儿不喊本初了，因为要说正事，刚才是为了拿人情打动袁绍，这完事之后要说工作了。"元帅，我要请三千兵，两军阵前观敌瞭阵，给云长助威。"

曹操这一点做得不错，要三千兵去战场上，最起码我们不能打光棍的架，对方那么多人，我们不管云长能耐大小，不能让他一个人去。我带着兵去，给他助助威也是好的。

袁绍点点头："好，孟德公此言甚是，就拨于你三千人马，两军阵前观敌瞭阵。"

话音刚落，就听着外面鼓如爆豆，紧跟着是一片喧哗。由大营外面"噔噔噔噔"走进来一位，关羽，关云长。他手里拿着一样东西，往地上"咕咚"一扔："俺斩了华雄，前来交令。"伸手拿着酒杯往嘴上一送，酒还尚温。这就是美髯公温酒斩华雄。

看到这里，您可能会问，为什么不描述两军阵前？您可能也听别人讲过，两人刀怎么举，怎么对战。但《三国演义》的原文中也没有在战场上着墨多少，它也是把重心放在中军宝帐，一切都是画外音，一切都是内心独白，都是外边如何了。我觉得这很有道理，华雄的出现是为了衬托关羽，奠定了关二爷温酒斩华雄的这个基础，是他人生中头一件光彩的事情。渲染两军阵前怎么打的没有意义。我们要的就是快，人快、马快、刀快，那么厉害的一个华雄说死就死了，看完之后你得佩服，关二爷好样的，这是我们的目的。

所以，关二爷回来，把华雄的脑袋往地上一扔，伸手就拿这酒搁在嘴边一喝，这酒还热着呢。满营的将官、大小的诸侯，只剩一个动作——目瞪口呆。都傻了，你瞧不起人家，人家只管八个人十二匹马，人家是天桥的保安。现如今人家回来了，这个脸露大了，这是一辈子的名气呀。

曹孟德过来了，满面堆笑道："哎呀！云长公，真有天神相助！"

为什么后来曹操这么爱关羽？那是发自肺腑的真爱，但是此时此刻再看袁绍兄弟二人，根本没往心里去。为什么最后二袁会失败？每一个细节都在说明原因。如果是在太平年间，他们这样做则罢了，但此时是乱世，需要拉拢人才，得把有能耐的人都聚过来帮你呀！到了这会儿还想的是他怎么比我强，那你的结果是必然要死的。

袁绍多少还好一点，弟弟袁术简直是浑蛋多少钱一斤他多少钱一斤，都快恨疯了。他那意思是我要去比他强。你要去早就死了，回来地上脑袋就是你的了。所以说每个人的人设很重要，它决定了一切。这些人心里怎么说的不重要，打这边“嗷”的一声蹿出来一位。谁呀？张三爷，张飞问：“我二哥立斩华雄，我们何不趁此机会打进汜水关？”

说得也对，都乱成这样了，咱们赶紧吧。快马加鞭，咱们胜利就在眼前。这个话刚说完，袁术站在旁边叫道：“呔！匹夫，无知匹夫！众家诸侯在此，哪容得你在此胡言乱语！”

有事说事，为什么要骂街呢？您的身份在这儿了，现在张飞是没身份，他是步弓手，他还不如二爷。他身份是没袁术高，但是袁术的所作所为更显得不合身份。

还得是曹操：“公路，公路。”曹操赶紧来劝一劝。

按张飞的脾气，这肯定按捺不住。曹操赶紧劝了这个、安慰那个，照顾每一个人的情绪。所以，通过这样的小事儿，日后曹操能有这么大的家业也是应该。人家的能力、品性等方方面面是应该做大，这就是天道。

客气话也说完了，事儿也聊完了，接下来咱得说下一步该怎么办呢。大伙儿得商量。最后，袁绍说：“摆在咱们面前的是两件事情：一是汜水关，二是虎牢关。过了汜水关就是虎牢关，虎牢关再往前五十里，就是洛阳城，咱们就能拿住老贼董卓。我是这么认为的，咱们兵分两路：把诸侯分一下，其中的八路人马，咱们裂出来攻打虎牢关；剩下的人咱们在这儿打汜水关，好不好？咱别都死守在这儿，没有意义。”

紧跟着就排兵布阵，他这儿安排着，人家董卓那儿也得安排。

一听说华雄死了，把董卓心疼坏了：“损我一员大将啊！”万没想到华雄死在了汜水关前，这可不成。当下，要先给这个汜水关增加兵将，派自己心爱的大将李傕、郭汜去增援，两人带着五万人马赶奔汜水关。又让吕布带着五万人马，赶奔虎牢关。

吕布领了命往外就走，这才引出来虎牢关三英战吕布。

三英大战吕布 董卓暴力迁都

人心不知愁，夕阳西下水长流。

将军战马今何在，野草鲜花遍地愁。

写到这里，这个故事已经发展得很热闹了，因为董卓要撒狠了。这不打架是不成了，不给点厉害是不行了，赶紧派手下的两员大将上场——李傕和郭汜。

对“李傕”这个名字的说法有很多，但基本都认同“李傕”这个叫法。

“郭汜”看似很简单，但有专家提出了“汜”的读音问题。有人分析说当年还有一个“氾”字，跟它字形很相像，所以此人可能叫“郭氾”。不过，查来查去，也没有什么文献可以证明这个字念“氾”。后来，有专家考证，说在唐朝的一本书里给出了注音，音汜，但是从唐朝之后，由于传抄、木刻的过程，这个字越写越草。简单来说，有可能是唐朝之前都管此人叫“郭汜”，唐朝之后都管他叫“郭汜”。年深日久，汉末也没有什么文献资料，究竟是哪个也无从考证了。我们这里就从众，管他叫郭汜。

董卓派他们两个人带领五万兵丁前去救援汜水关。但是光救汜水关不行，还有虎牢关，不能破了一个再考虑下一个，那就来不及了。虎牢关这边派的是吕布，吕奉先。论能耐，吕布是了不起的英雄，至于品性，那是另一回事。董卓是真爱他，给了他十万大军，带着人镇守虎牢关。

十八路诸侯这边也是如此。袁绍说了，咱们不能死守着一家，也得兵分两路：我带着其中的八家去打虎牢关，剩下的人打汜水关。各方都安顿人员，各司其职，拔营起寨。

打仗可不是件好事，倒霉的就是沿路的百姓。有句老话说：“宁为太平犬，不做离乱人。”太平年间，街上的一条狗生活得都很好。如果打起仗来，兵荒马乱的，最苦的是百姓。此时，天下可以说是“刀兵滚滚民不聊生”。

袁绍这边的八家诸侯，在虎牢关外安排好了营盘，两边交锋对垒。

对面的兵丁们从虎牢关里往外走，雁翅排开，从后面出来一位小伙子，长得很漂亮。跳下马来，身高至少一米八，面白如玉，两道俊眉，一对朗目，鼻直口阔，大耳朝怀，牙白似玉，唇似丹朱，头上戴束发紫金冠，身上穿着铠甲，里面征袍上绣团花朵朵，胯下赤兔马，掌中方天画戟，正是吕布吕奉先。坐在马上，吕布满身英雄气概。

袁绍这边有人出马了，河内郡太守王匡。前文我们说过王匡的“文戏”，如今，王匡的“武戏”要出场了。能打吗？能打。王匡可厉害了，如果不遇见吕布的话。在吕布跟前，三个回合还没走完，就被方天画戟挑在了马下。

袁绍这边紧跟着还得出人，一个接一个，吕布连扫五路诸侯，谁出去都不行。吕布坐在马上面不改色，真是不当回事儿，端着方天画戟，威风凛凛的。

这可怎么办，还有人吗？这时，白马将军公孙瓒出来了，北平太守，就是他带着刘、关、张三人来的。过去在家里也很厉害，但是今天碰见吕布了，之前所有的荣誉都没有意义了。就走了两个回合，眼看公孙瓒的命就得交待在这儿。只听旁边有人大喊一声："呔！吕布三姓家奴！"

这话说得狠，"三姓家奴"，杀伤力不大，侮辱性极强。

你爸爸姓吕，传给你的，是你的正根儿；后来认了干爹丁原，你也姓丁；现如今管董卓叫爸爸，你也姓董。你趁仨姓，所以叫你"三姓家奴"。吕布一愣，回头找是谁在侮辱自己。

是谁呢？关键的人物需要上场了——燕人张翼德。张三爷来了，也该他出场了，关二爷已经展示过了，"温酒斩华雄"露完脸了，该三爷了。三爷为什么出来呢？救公孙瓒。公孙瓒是北平太守，刘备是平原县县令，级别上来说人家是老板；私交上来说，公孙瓒跟刘备是同学、发小儿，论起来也得叫他一声瓒哥。打别人我们不熟管不着，打自己的哥们儿可不成。所以，张三爷催动胯下马，掌中握着丈八蛇矛，来到了阵前，是为了先把公孙瓒换下来。公孙瓒擦了擦冷汗，两世为人呢！把战马往旁边一拨，看吕布跟张飞开打。

两军阵前的刀来枪往我们不赘述，总之张飞打不过吕布。张三爷打吕布，找不到破绽，而且越打越累。如果还这么单打独斗下去，张飞一定会有危险。关二爷看不下去了，喊道："三弟，休得惊慌，愚兄来也！"催马抡刀，关二爷就来到了阵前。哥俩打一个，再打着打着，刘备就冲上来了。刘备的兵刃叫"双股剑"，它不像方天画戟、丈八蛇矛、青龙偃月刀，好歹都有杆儿，不能因为刘备是皇叔，汉室宗亲，就无限夸大他的能耐。平时他的武艺也就一般，关键掌中的双股剑一般长是三尺三，长一点才四尺，也够不着人家。但此时，人家三个人打在了一块儿，刘皇叔只能“有钱帮个钱场，没钱帮个人场”，站脚助威。咱们也是哥们儿兄弟，别的他也帮不上忙。

吕布挺生气，这三个人不讲武德，哥仨打我一个，太不像话了。

这场战争，其实最得利益的就是刘、关、张，因为什么？天下公认，吕布是第一勇将，而他们仨是素人。二爷刚露脸温酒斩华雄，这点时间还不至于传遍天下，这时候，基本上没人知道他是谁。就这哥仨一块儿打，打赢了、打败了都露脸，这种技巧后来在演艺圈、娱乐界，被继承了下来，这叫“借腕儿养腕儿”。

有时候，我们会看到突然冒出来一个人，这人大家也不认识，他叫着号骂一个知名度很高的人，那位只要一理他，他就赢了，马上他们两个人就搁在一块儿了。所以，现在您看说相声的谁跟我打架，我才不说话呢。

刘、关、张三英战吕布，是，吕布很勇，可架不住对方人多。你能耐再大也会有疏忽，吕布的一个漏洞就让张飞逮着了，手中丈八蛇矛往下一来，就这一下，吕布真是没注意，等注意的时候丈八蛇矛已经到了眼前。吕布往下一攒身、一低头，丈八蛇矛这尖儿就扎到头上的束发金冠里头了。这个很厉害，就差一点，扎到太阳穴上吕布就完了。紧跟着，张飞就使劲要挑，他想的是已经扎到头发里边了，连头发带冠我这儿一挑，就把你挑起来了。吕布劲儿大，使劲往下压，两人就较上了劲。吕布头上的金冠是有带子的，别好簪子有带子系着，搂在颌下，这叫“搂颌带”。带子系得很结实，到最后一使劲，搂颌带断了，这就是张三爷露脸的第一件事，叫“枪挑紫金冠”。

吕布的头发“唰”一下就散开了，一挥手，撤，回到了虎牢关。

追吗？想追，但是不敢。而且两军阵前已经乱了，吕布那边不外乎就损失了一顶金冠，咱们这儿已经死了好几个了，得先商量商量该怎么办。刘、关、张这边也赶紧撤回兵来，召开紧急会议，研究下一步怎么办。

像我们上面说的，这一仗唯一的作用，就是吕布成全了刘、关、张，以他的能力为三人铺垫了一下。最起码从现在开始，刘、关、张在天下有知名度了。但是，此时十八家诸侯的内部已经开始松动了。

首先是孙坚不开心，在这次战役里边，孙坚出的力是最大的，很辛苦，好几次都是他带着人舍生忘死。但是现在的问题是粮草供不上，打仗要是没有粮草，就别干了，不能打到半截停下来，让士兵们出去买泡面。过去都说“人马未动，粮草先行”。为什么打仗用钱？就是因为这个。得先保证士兵们能吃饱。

那么，十八家诸侯在这儿，怎么会粮草不够呢？是因为袁术故意不发粮草。在整个战役中，袁绍是盟主，十八家他是总负责人，他的弟弟袁术负责粮草。我们也说了，袁术没正形，又嫉贤妒能，一天到晚看谁都不顺眼。他一看，孙坚太勇猛了，我不能让他这么露脸，不管他的饭。这下，孙坚不干了，我跟你袁术说不着，我找你哥哥袁绍。

“元帅，出生入死我们不怕，抛头颅洒热血我们不怕，士兵们得吃饭呐！我有证据，为什么公路将军克扣我们的粮草？”

袁绍也是没办法，他也知道自己弟弟的人品，只能跟人道歉，给人补齐。

事情虽然不大，但是动摇了军心。

与此同时，董卓也在琢磨，他是个大奸臣。他想：天下是我的，但是我不踏实，而且看眼前这个状态，洛阳城待不了了。怎么办？跟自己的谋士李儒一块儿商量，商量完了之后想出了一办法，说咱们换个地方，洛阳给他们，我们不要了，我们去长安。

这可不是一说就能做到的事，得带着皇上，带着文武群臣，带着整套领导班子，带着洛阳百姓，得带着一切走。汉朝有多少位皇上一直想能不能迁都，也就想一想，没人做得到。董卓来了不到半年就做到了。

第一，换皇上他做到了；第二，迁都他也做到了。

文武群臣都不同意，说不能这样，长安还不如洛阳，没有宫殿也没有住所。再说，太平年间都完成不了的事，如今这乱世，怎么能成呢？董卓倒是挺客气，都谁不同意呀？好办，不同意的都带出去杀了，杀完了是不是都同意了？这儿还有六个不同意的，那杀了吧。把这六个杀完了，又杀十二个……都杀完了，还有不同意的吗？谁敢不同意？这回都同意了。

董卓想，你看，满朝文武还是很喜欢我的，我说什么是什么。“李儒，传我的口谕，要想离开这里去长安，我还有几件事情要办。”

董仲颖打算迁都，这一看就不是他的家业，他不在乎。要是说这个江山到他手里传了十辈都是自己家的，皇宫的窗户、门掉漆他都心疼。因为不是他的，所以有危险就想着跑，去长安。

临走之前，董卓做了一系列很周密的安排：第一，把洛阳城中所有的巨富、有钱的人家全杀了。没有理由，安了一个罪名是反贼。杀完之后把钱财全部拿来，都是董卓的，还安排人把皇陵刨了。之前的皇上下葬一定有宝贝，值钱的东西全拿来，谁反对马上就杀；第二，通知洛阳城中的百姓跟着走，几百万人一起奔长安，临走的时候放起火来，火烧洛阳城。

这就叫人间地狱，几百万老百姓，有老人有孩子，一路上死了多少，他是全然不管，只顾着自己奔长安而去。

朝里边如此，外边就更乱了。汜水关的总兵叫赵岑，之前赵岑还拼命坚守阵地，后来一听说他们都奔长安了，自己还给谁守着？就剩投降了。把门一开，欢迎，欢迎各位，我盼你们盼了很久了，请进！于是，各路诸侯人马进城，汜水关就打破了。虎牢关这边，吕布跟着董卓走了，也没人守着，刘、关、张就带着人齐下虎牢关。

各路诸侯全来了，两道关都破了，洛阳城就等于收入囊中了，五十里地，一眨眼就到了。大家都到了洛阳，谁先来的？乌程侯长沙太守孙坚孙文台。他带着人先进的洛阳。一看，洛阳要不得了，人间地狱呀，先救火吧！

董卓走前先刨了皇陵，士兵们一瞧，那我们就刨老百姓的坟吧！房子拆了，所有百姓的坟都给挖开了，把棺材都起出来，金银财宝陪葬的东西全拿走了，所以说是“人间地狱”，连人带鬼全不安生了。

所以孙坚说咱们先救火，然后露出来的死尸，能埋的尽量埋，先干点善后的事。各路的诸侯也陆续到了洛阳。曹操找到袁绍说：“本初，机会来了，现如今匡扶汉室，咱们已经大见成效。但是董卓跑了，得把他追回来，咱们这趟活儿就算顺理成章了。”曹操说得对，但万没想到袁绍告诉他说：“大家太累了，先歇息歇息，喘口气。”

曹操就愣了，心想你也没干活儿啊！打仗都是人家打的，是孙坚、刘、关、张他们打的，你没有啊，你就一天六顿饭呐！

为什么会这样呢？前文我们提到了，各路诸侯分崩离析，来的时候大家众志成城；现如今大家不这么想了，各有心思。尤其是袁绍，不愿打了，休息休息吧。

曹操气坏了，骂道：“竖子不足与谋也！”这是当初鸿门宴上的一句话。

“竖子”意思是这浑蛋小子。翻译得通俗一些，就是你这个浑蛋小子，我不能跟你玩了。

于是曹操另找别的诸侯一起去逮董卓。这个说牙疼，那个在闹肚子，没有人跟他去。曹操一跺脚，我自己去。曹操人不多，他连一万人都没有，当初但凡人多也不会叫大家来打群架呀，叫大家来就是要兵合一处的，现在求谁都不响应，把曹操气坏了。

曹操单独去追董卓，肯定成功不了。中途碰见吕布，曹操差点丧命，但也没有办法。洛阳城里，孙坚带着人干活儿，到处救火、安顿人，把尸体给埋一埋，他是善后小分队队长。孙坚不容易。皇宫也着火了，而且是先烧的皇宫，把皇宫的火灭一灭、安顿一下，孙坚就在皇宫内外安排着。孙坚心想，这叫什么事，大好的家邦毁于一旦。这时，他跟前的兵丁拿手一指南边，说："您看那儿！"

原文上说，南边有一口井，有五色的光芒。那个时代跟现在不同，要是现在的故事，有人拿手一指说南边井里面有光芒，一定会有人问，是手电筒掉里边了吧？当年不会。

大伙儿都来到了井边，井底泛光，不知是什么。捞吧，这一捞，捞上来了一具女尸。读到这儿，这故事有些像《聊斋志异》了。女尸脖子上挂着一个小匣子，有人摘下这匣子递给孙坚，打开一看，里边有宝贝。是什么东西？传国玉玺。

前文中我们说过，玉玺丢了，到今天，玉玺重现。"有五色的光芒"这一说法，一定是后来人编的。如果不说冒光的话，一点问题没有，但古人愿意把它说得浪漫一点，一看就是传国玉玺，上面有八个大字："受命于天，既寿永昌"。孙坚看傻了，历朝历代，所有人都相信，得到了玉玺的人是真命天子。如果说你不是真命天子，玉玺在你手里边也会丢，无缘无故就会丢。所以，古代做君王的都特别惦记这块玉玺，有了它，说明自己是天选之人。孙坚赶紧在这盒里边装好了，压低了声音告诉周围所有的人，跟谁都别说。

那怎么可能呢？我不止一次在书里提醒过各位朋友，这句话是绝不能说的："我跟你说点事儿，你可别告诉别人呐！"

对方一定说："放心，你告诉我什么事吧！"

他这个表情，其实已经想好告诉谁了，一定是的。你但凡要能忍着，就忍住，你只要说出去了，就要做好全世界都知道的准备，瞒不了。

孙坚想的是，传国玉玺突然出现，现在在我手里边，是老天爷的眷顾，看到我有一朝人王地主之命。那么接下来，我不能在这儿待着了，收拾我的兵、带着我的人，我回长沙找一个合适的机会，我要当皇上。这是他此时此刻真实的想法。但是他身边有这么一个人，是袁绍的老乡，巧就巧在这儿了。

孙坚说完，大家都起誓了，谁也不许说，谁传出去谁是小狗，一会儿这小狗就去了袁绍那里。

“我跟您说点事儿。”

袁绍问：“什么事儿啊？”

“你可不能告诉别人。”

“你放心，我谁也不说。”

“适方才发现了传国玉玺，就在孙坚那儿。”怎么来怎么去，把这事儿一说，“您留神，他可能归置东西，要回家了。”

“好，你放心，我跟谁都不说。”

转天，各路诸侯坐在一块儿开会的时候，孙坚就说了：“列位，我得告假了，身体不行，顶不住了。这些日子太累了，我得回家，我有病了。”

袁绍乐了：“你肯定病了，你得的是传国玉玺的病！”

“谁说的？”孙坚差点没蹿起来，“您这是听谁胡言乱语呀？我都听不明白。”

“你有什么不明白的？你那心里跟明镜似的。”

“没有！”

“拿出来！”

“我没有！”

“你怎么证明你没有？”

“我起誓，我要是藏了传国玉玺，让我不得善终！”

所以千万别轻易地起誓，后来孙坚就说到做到了。

大概是这个意思吧，我就不照搬原文了，归根结底就是这点事。

两人坐在一块儿，拧着眉、瞪着眼。到最后，孙坚心想再待着也没有意义了。因为袁绍说了，要翻孙坚的东西。那不行，一翻什么都有。

这时候就得翻脸了："你这太欺负人了，太不尊重我了！走啦！"

于是孙坚率着人马回了长沙。袁绍很生气，这传国玉玺凭什么给他呢？他回长沙我得想个办法，提笔写信，得找个人半道儿劫他，把他弄死才好。给谁写信呢？荆州刺史刘表。听这名字就知道，汉室宗亲。孙坚回长沙，一定得路过刘表的地盘，所以让刘表劫他。传国玉玺在他那儿，劫到了呢就给我送过来，袁绍是这么想的。

其实，刘表能做荆州刺史，得念孙坚的好。孙坚来的路上到过这儿，原来的荆州刺史他看着不顺眼给杀了，他杀完之后刘表才有机会接替了这个岗位，所以对他的仕途是有帮助的。但是这会儿不一样了，这里面还有传国玉玺的事。刘表想，那我得劫着他，不能让他走。

因为他们不在我们的主故事线上，所以这里简短说：头一回，刘表没劫住，闹得很不愉快；后来孙坚死了，也是应了自己的誓言。

这一下，各路诸侯的心彻底散了。曹操带着人回了扬州，刘、关、张回平原县，袁绍也走了。十八家诸侯讨董卓，到此杀青。

到这儿，最踏实的就是董卓，他太开心了，因为各路诸侯解散了，天下还是他的。而且董卓在离长安城二三百里地的地方单独盖了一个小城，这城的名字叫"郿坞"。在这里，董卓完全按照皇宫的样子建造，在这里休闲娱乐，选了几百位美女，没事就来住宿、休闲。文武群臣无计可施，因为这个朝廷不讲理。说点什么，只要董卓觉得不对，就把人拉出去杀了，杀完之后再问这事儿怎么样？那就没人反对了。

这天，抓了一百多名俘虏，董卓开心了。他也不问是哪儿来的，也许是十八家诸侯那边的，也许是别处的，但不管怎么着，有一百多人。

"太好了，今天晚上跟文武群臣，咱们一块儿喝酒庆祝吧！"董卓很高兴。

傍晚六点左右，文臣武将都来了，点上蜡，摆上珍馐美味，酒也烫得热热的，董太师在上，文武群臣在下，吃着喝着。一会儿的工夫，有人说："太师，这一百多名俘虏已经押到了。"

"好，带上来吧！"

他这大殿上什么都有：油锅、案板、菜刀、斧子……一百多人被带上殿来之后，这个切脑袋、那个剁胳膊、这个挖眼珠子、那个扔到油锅里边……文臣武将看都不敢看，整个大殿上惨叫连连。

董卓开心了，这个太好看了，高兴！文武群臣坐在这儿也不敢说话，也不敢走，就这么看着他。这时，听到有脚步声，"噔噔噔噔"上来一个人——吕布。

吕布到这儿来不用通报，直接就到了董卓的身边。他弯下身来，在董卓耳边说了几句话。董卓满脸带笑道："好好好。"意思是很同意。

吕布站起来往下就走，两边坐的是文武官员，其中有一位是朝里的司空，叫张温。他是朝里的元老，当初孙坚在张温手下做过官。曾经有一次，孙坚就跟张温说过，说您要提防董卓。那时董卓的身份并不高，有一次，董卓奉命公干，迟到了，就在张温手下。孙坚还告诉张温，趁这个机会杀了董卓，张温觉得不合适，迟到了就杀他？算了吧，以后再说。所以，后来孙坚进洛阳，一瞧这把大火，孙坚头一句话就是："当年若听我的何至于如此？"此时坐在殿上的，就是这位张温。

吕布走过来，拍拍张温："张大人来。"

张温站起身来，两人一前一后地往外走。

董卓这边端起手中的酒斗："诸位大人。"

所有人都浑身一抖，不知道他要干吗，也都赶紧端起酒杯。

"诸位大人，刀枪入库马放南山，皆是诸公之力也。"天下太平了多亏了你们各位，这是董卓的客气话。

文武群臣也无外乎说："尚父英明。"

为什么叫"尚父"？是董卓给自己改的名，天子的爸爸叫"尚父"。

想当初姜子牙就被称为"尚父"，那是人家皇上心甘情愿的，董卓这个是自己给自己起的。

"诸君请。"

这边喝着，又听得台阶下有脚步声。大伙儿回头一看，吕布来了，手里托着盘子，盘子里面是张温的人头。

董卓惨无人道　王允巧设连环

善恶终有报，天道好轮回。

不信抬头看，苍天饶过谁。

董卓迁都长安是对的。长安属于关中地区，历史上秦国占了这里，其他六国拿它没办法；刘邦把这里作为根据地打败了项羽，才有了大汉天下。董卓舍弃洛阳奔赴长安，这条路是对的，而且迁出来之后，他挪到了关中。

关东地区的诸侯们已经开始内乱了，打得不可开交。如果董卓把握住方向，把长安稳住了，再找机会出关，把诸侯逐个击破，那么得到天下是没问题的。从军事上讲，他的策略是对的。

但董卓错就错在他的操作上。前文提到了，他从洛阳出来的时候，天怒人怨，火烧洛阳城、刨皇陵夺取金银财宝、烧民房，百姓无论谁家有钱都被扣上“反贼”的帽子杀掉，目的也是夺人钱财。他这样做，他手底下的兵也刨百姓的坟。整个洛阳城变成了人间地狱。一路上，无辜百姓死伤无数。从这个角度来说，董卓造的孽太大了，他失去了民心，所以他成功不了。“天子有德，守在四夷”，皇上守天下在德、不在险。做皇上的品德要摆在这儿守住四夷，“四夷”指的是东、西、南、北四个边界。像董卓一样烧杀抢掠，江山是坐不住的。

到了长安，什么都没有，大谋士李儒给他出主意，首先就得修建皇城。李儒的话有的能听，有的不能听。但凡李儒说得对的，董卓都没听过；反而是李儒说得不对的，他都接受了。最后，董卓连累着李儒也死了。

修建一座城谈何容易，李儒说让董卓抓民夫。《三国演义》原文记载：“征集民夫二十五万。”皇亲国戚、文武群臣的房子、宫殿、官衙，据原文说三四个月就盖起来了。怎么这么快？盖不起来就杀，工期就是这么紧出来的。也就是说，皇城盖好了之后，又有多少条人命搭在了里边。

皇城盖好了，董卓开心了，他给自己上了一个称号：“尚父。”皇上没辙，“尚父”总比“上铺”强……从这儿起，董卓用上了龙车凤辇。上朝下朝都乘坐车辇。车辇跟普通车的区别就在轮子上，车辇是四个轮子，车是两个轮子。汉朝的时候，上下朝能乘坐四个轮子那还了得？那是彰显身份的，可谓权倾朝野。对董卓，有四个字的评语：“刑禄在口”。“刑”是指刑法，“禄”是指爵禄。不管是刑法还是爵禄，全凭董卓。“这人怎么长这样呢？杀了吧。”这人就得被杀。看看法律他为什么被杀吧，没有，找不到依据，董卓说的就是法律。说杀就杀。“这个好看，这个是二品的官员。”好，这人就是二品的官员了。不管是荣华富贵还是杀头取命，都是他一张嘴说出来的，这叫“刑禄在口”。其实天下就是他的，他比“尚父”还“尚父”。

不光如此，离着长安城二百五十里，他自己还修了一座城，叫“郿坞”，在今陕西省郿坞市附近，过去叫郿坞县。京剧有一出《法门寺》，里边老生赵廉的官职，就是郿坞县的县太爷。《三国演义》原文说郿坞城郭高低厚薄一如长安。意思是这城的高低、大小、厚薄都跟皇宫一样。从长安出来，这条道修得很平，他每半个月上一回朝见见皇上。长安城的西北角，单有一个城门是给他开的，叫“横门”。从郿坞到长安，每隔十里地有一个行宫，走十里累了就在这儿歇着。这行宫里也是应有尽有、雕梁画栋、金碧辉煌，简直比皇上还皇上。

郿坞城的周围是护城河，中间是他的城，里边金银财宝不计其数，存的粮食够吃二十年。《后汉书》中说是够吃三十年，我们不必纠结，总之人家关上门，在屋里待二三十年都够吃的。董卓搜集了天下美女八百人，充实其中，他天天在这儿过日子，弹唱歌舞、吃香喝辣。但是从这个角度你也看得出来，他成不了大事。皇上跟朝廷官员都在长安，他一个人在郿坞吃喝玩乐，注定只是个财主，没有考虑天下大事儿。那护城河挖得再宽，说明是他害怕，存那么多粮食管什么用？这是他基本素质的问题，成不了大事儿得不了天下，也是他命所该然。

总的来说，董卓这些日子坏事干了不少，比如上文我们提到，吕布端着张温的人头到了大殿之上。

张温本是朝里的大司空，这是够品级的官员。国家有关水利、建筑等事都归这个官管。《三国演义》中有两个张温，后文到了江东，还有一个张温。今天这位张温的人头，已经被吕布砍了下来。

董卓很淡定、很坦然地说：“诸公请饮啊！”

大伙儿就看着，也不敢多说话，谁知道他爱听不爱听！

董卓乐了：“适方才所斩者张温老贼。”

大伙儿心想，是，我们知道，刚才还一块儿喝酒呢。这会儿他老人家自己，盛一个盘子。

“这一老狗私通袁术，谁料想袁术的回文，错下在吾儿奉先那里，故此斩他首级。”

是真的吗？是真的。

董卓这样的作为，但凡有点正义感的文武群臣都看不下去，张温就想着怎么能除掉董卓，除了他之后还天下一片太平。单凭自己肯定是不行，得依靠外援，于是他想到了袁术，给袁术写了封信。说您看朝里边现在是如此这般，希望借助您的力量进京勤王，把董卓杀了还百姓们平安。袁术一瞧，挺高兴，就写了一封回信，但阴差阳错，这信寄到了吕布那里。

可见有一个靠谱的快递多重要！这信如果真寄到张温那儿，就是另一个故事了。

这回寄错了，得，张温自己得到了一个盘子。

文武群臣你看我我看你，心里边儿明白，但是脸上连微表情都不敢有。稍微嘬了一下牙花子让董卓看见，就会被觉得是心疼了。心疼的就也得给他个盘子，那就完了。

就这会儿工夫，吕布又进来了。吕布要是当个儿子，那真是尽职尽责，比亲儿子还儿子，真是拿董卓当自己的亲生父亲。吕布进来又禀报一件事情，说边境来了三百多投降的人。不管是哪家诸侯的兵，还是一些散兵游勇无处投奔，都愿意投奔董太师。这三百人已经来了，正在外面候着。董卓很开心，文武群臣们也点点头，心想这事儿能让他心情好一点。有人来投降毕竟是好事。

董卓稍微沉吟了一下问："三百多人啊？"

"是，三百多人。"

"好，传我的吩咐，就在殿角以下，三放一杀。"

董卓净说术语，江湖行话、春典黑话，一般人谁懂啊？翻律条也没有。

什么叫"三放一杀"？这都是董卓自己设计的，群臣们也不明白，没听说过。吩咐完了，吕布点点头，转身就下去安排。他首先安排人站在殿角以下，架上几口大锅，这大锅比之前的锅还大，底下架上柴火，里边装上水，把水烧开了。之后，就把这些投降的人缕缕行行地带到殿上来。

带上来一位往这儿一站，一瞧是中等身材，胳膊不是很粗，看状态也没什么用，站在这儿也不知道该干吗，就有些慌乱了。董卓看看说："好，来吧，三放一杀。这是第一放。"马上就有人过来把他摁住了。怎么要"放"还被摁住了呢？"放"并不是单纯地放了，而是看这样子上战场也没什么用，不会有所成就，所以留一条命，把手脚砍掉，搭到外边去放了。那还走得了吗？这放完了，又扽进来一个，得让董卓看看模样。这位大眼珠子滴溜乱转，董卓点点头说："去吧，这也放。"这怎么办呢？把眼珠子挖出来。过去，是把两个小铁砣搁在眼睛上，拿锤子往下砸，这一砸，眼睛就瘪了，双目失明后拉出去放了，这位是第二"放"。第三位进来之后，一掐腮帮子把嘴打开了，拿小钩子把舌头钩出来，一刀下去，再轰出去，这算是第三"放"。再进来这位，一米八五大高个儿，前胸宽、背膀厚，胳膊四棱子起筋线，一瞧这小子有劲儿。那好，这个不能放他走，放他走就有问题："来呀，搁在锅里，把他煮了。"这个叫"杀"。

就这样，"三放一杀"，三百多个人片刻之间处理得干干净净，满朝文武冷汗都下来了，心想，这就是人间地狱啊。

在群臣里边坐了一个人，恨得咬牙切齿的，心想董卓啊董卓，我一定要你一死。

人头会董卓造孽，几百条生命加上大司空张温，说死就死了。

群臣之中有一个人心里恨得咬牙切齿的，但是面如止水。成大事者就是这样，喜怒不会形于色。这人是谁？他是朝里的一个官员，他的官职是“司徒”，叫王允，王司徒。这个人在传统曲艺里出现的次数很多，一般都以聪明睿智、忠厚长者的形象出现。他的身份在朝里来说也是数得着的，所以今天在“人头会”上瞧了又瞧，心想是时候了，不能再容忍了，照这样下去，董卓得把朝里人杀干净了。

酒席散去，大臣们都回了家，王允也回来了。家人献上茶来，他摆了摆手让人出去，在自己的书房一坐就愣神儿了。王允是很爱国的，当然，后边他说错了一句话，导致大汉天下灭亡，那是另一回事。我们不能因为那件事情说王允怎样，他的出发点是好的。之前让曹操献刀，不也是他商量的吗？当然那没成功，还丢了七宝刀。董卓的行为令人发指，天怒人怨，不能再容忍下去了。但是该怎么办，一时之间也想不到办法。找一个像曹操那样的勇士再去献宝兵刃、献机关枪，不现实啊！当然，那年头也没有机关枪。现在，董卓权倾朝野，其实江山就是人家的，皇上又小，什么事都听董卓的。

“唉——”王允喝了口水把杯推开了，在书房里坐得是闷闷不乐的，站起身来往外走，想去后花园散散心。转过了月亮门往这儿一走，耳边听见有人一声叹息：“唉——”是女孩的声音。

本部《三国演义》的女一号出现了，怎么还“本部”呢？您要看我讲的“三国”故事，不是说《郭德纲品三国》就是一整套“三国”。我们分阶段，从“三结义”到“连环计”这算是第一部，之后是第二部、第三部……我这个“三国”也快，有三千部就结束了……

这人是谁呢？歌伎貂蝉。“伎”指的是才能技术，“歌伎”就是指会唱歌跳舞的这么一个人，这是一个工作。王允家里养着歌伎？是，秦朝汉朝的时候，老百姓不允许开饭店。要是想自己弄一个幌子卖炸酱面，开一家小饭馆，法律上不允许。饭店都是朝廷开的，服务态度也一般、饭菜也一般。所以像这些有身份的王公大臣，请客吃饭就得上家里吃。来家里吃它不能光吃饭，尤其尽是大臣，怎么办呢？一定要有歌舞演唱。

所以几乎够身份的人家里边都会养一些歌伎，貂蝉就是王允家的歌伎之一。

其实，我们跳出《三国演义》，当时历史上是没有貂蝉这个人的，她是故事中虚构的人物。最早在明朝的时候有了貂蝉，明朝之前没有貂蝉这个人。因为后来有了传奇、有了书、有了演义，才创造出了貂蝉这个人物形象。《三国演义》的作者，也是看见民间故事觉得这个大 IP 好，才把貂蝉写在《三国演义》里的。

民间流传的故事中有貂蝉，说她是山西的一个村姑，还给她起了个名字叫任红昌，怎么听怎么像个大爷的名字。还有的故事中说，吕布手下有一个将军姓秦，叫秦宜禄，说貂蝉是秦将军的前妻。民间传说还有很多，但我们要知道，明朝之前历史上是没有貂蝉这个人的，但在《三国演义》中，一定要有。

不光有，百姓一提这个貂蝉可厉害了，四大美人之一，“沉鱼落雁，闭月羞花”，美丽至极。

“沉鱼”是指西施。有人说她浣纱，大概意思就是去洗衣服手绢之类的东西。不管是洗什么，她常去河边，河里有鱼、虾之类的，抬头一看，这个女子很美丽，鱼一高兴就忘了怎么游泳了，竟沉到河底了，所以人们都说西施“沉鱼”。

“落雁”是指王昭君。昭君和北番，从宫里出来往北边走，走到沙漠实在没什么娱乐活动了，就把琵琶拿来要弹琵琶。沙漠也没什么人，只有她身边带的人是观众。琵琶一弹，天上有大雁飞过，一会儿飞成一个“人”字，一会儿飞成一个“S”，一会儿飞成一个“W”，一会儿飞成一个“Q”……飞着飞着大雁一瞧下面，有美女在弹琴唱《照花台》呢，太好看了，好看到大雁的翅膀都不会动了，所以从空中掉落下来，人们就用“落雁”来形容昭君的美。

“闭月”说的就是貂蝉。她在花园里赏月，月亮看见她都害羞了，于是来了片云彩把月亮挡上了，这就有点牵强。卖炸糕的王老五那时候也站在那儿，月亮也躲起来了……

“羞花”是指杨贵妃。杨贵妃在御花园里玩，这朵花闻闻那朵花也闻闻，闻来闻去闻到含羞草了，一动含羞草，含羞草就合上了。唐明皇说了，花儿见她都害羞，这就有了“羞花”之貌一说。

这四大美女的说法也是从明朝开始的，明朝之前没有貂蝉，貂蝉的位置原属赵飞燕。她是汉朝一个皇上的妃子，擅舞蹈，但是因为心肠太毒辣，在皇宫里坏事做绝，后来百姓觉得她人品不行，不能入选“四大美女”，就把她除名，将貂蝉列入其中了。

还有一种说法，说“四大美人”指“狠妲己、病西施、醉杨妃、笑褒姒”。“病西施”就是我们提到过的西施；“醉杨妃”就是杨贵妃；“狠妲己”是封神演义中的人物，美艳绝伦，但是心狠手辣，纣王挺喜欢；“笑褒姒”大家也都知道，烽火台一笑失江山的女主角褒姒娘娘。

褒姒其实不姓褒，因为她是褒国的人，“姒”才是她的姓。褒姒是褒国的姓姒的女子，所以叫褒姒。因为周幽王打褒国，褒姒是褒国献给周幽王求和解的礼物。周幽王很喜欢她，接过来之后，褒姒成为他第二个皇后，第一个皇后是申皇后，是申国国君的女儿。褒姒来了他很爱，但是褒姒不爱笑，一天到晚绷着脸，周幽王说我娶你都娶了，这不笑该怎么办呢？于是想出了在烽火台上放火的主意。烽火台一放火，各路诸侯着急了，赶紧去救大王，来了一看周幽王和褒姒正坐在烽火台上乐得前仰后合。看到这些人上当了，褒姒觉得可乐、高兴，就笑了。褒姒一笑，更是迷倒了周幽王，所以就常常放火戏诸侯。开始诸侯还来，后来说别搭理他们了，那两口子可能又烧烤呢。一日，由申国国君带头，敛了一帮人带着各路诸侯来攻打周幽王，这时再放火，就没人来救他了。因为这个江山都没了，所以说“周幽王一笑失江山”。

回到王允的后花园，他一进门，正好看见貂蝉在园子里。貂蝉当时多大了？一种说法是约十六岁，也没多大。但在那个年代也不算小孩子了。貂蝉站在后花园唉声叹气，花园拜月。王允站在这儿，心想这是要干吗？十六岁，青春期的孩子，是得严加管教，这保不齐就是恋爱不顺心呢。王允咳嗽了一声，貂蝉一回头，赶紧走到跟前儿来，飘飘下拜万福施礼。那时候的礼节跟现在不一样，京剧舞台上就有很多都是简化了古代的礼节。

貂蝉一施礼道："参见老爷。"

"起来，起来。夜半更深在此何为呀？"

貂蝉干吗来了呢？四个字——"忧国忧民"。

她知道具体事儿吗？她不知道。那个年代不像现在，姑娘坐在屋里一刷手机，就什么事都知道了。她只是感觉王允不对劲儿，因为在家吃饭的时候，有时他也叫歌舞伎弹唱歌舞，但是看这人这几天的状态，心思不在这儿，总是唉声叹气的。虽然自己不知道是怎么回事，但是又想替老爷解忧愁，所以今天晚上才到花园拜月。

王允这一问，孩子眼圈儿都红了。貂蝉说："老爷，我们出身卑贱，蒙大人不弃收在府中以为歌伎。这几日见您下朝回来愁眉不展，我们也不敢多问。但愿大人早日解忧，如若有用上我们的地方，也请大人说话。"

孩子很会说话，这就很厉害了。一起跳舞的有十几二十个姑娘，其他人就未必琢磨这个，这也就是她会成为貂蝉的原因。

王允听罢呆住了，想不到啊！就好像暗夜中突然来了一束光，心想这个孩子很厉害，她不是浑浑噩噩、一天到晚抽烟喝酒烫头的那种人。

"你说的都是你的真心话吗？"

"大人，句句肺腑之言。"

"好，你起来跟我走。"

"是。"

王允和貂蝉一前一后来到书房。

"你进来。"

"是。"

王允拿手一指凳子说："你坐那儿。"

"哎呀，贱妾不敢。"

"让坐就坐，坐下来好讲话。"

貂蝉的身份在老爷面前没有资格坐，王允是朝廷的一品大员，貂蝉是人家家里的服务员。王允还没坐，她吓死也不敢先坐。但今天王允说了让坐就得坐。

她坐在王允对面，王司徒一撩自己的衣裳，"咕咚"就跪下了。

这个画面如果用电影表现那就热闹了，我得铺上轨道，机器往前推，得推到貂蝉脸上去，为什么呢？这个举动太可怕了，貂蝉反应也快，一撩衣裳"咕咚"也跪下了。

跪得太对了，大人都跪下了，貂蝉不可能还坐着，那也就不是貂蝉了。貂蝉吓坏了，不知道王司徒要干吗。

"老爷您这是怎么了，贱妾我可不敢担。"

王允眼泪下来了："没有什么不敢担的，我这一拜可不是拜的你。"

"老爷您拜的是谁？"

"我拜的是大汉朝锦绣山河呀！"

"老爷您起来，起来。"貂蝉扶着王允赶紧起来，貂蝉眼泪也下来了，有害怕、有激动、有不解，"老爷您有话还请明示。"

"貂蝉，现如今朝中之事你可曾晓得？"

"贱妾每日在深闺，不晓得天下大事。"

王允这就开始掏心窝子说话："朝中有一佞臣名唤董卓。"这句话如果是在街上说的，王允就算完了，但是今天顾不了了。"这个董卓，上欺天子、下压群臣，夜宿皇宫、无恶不作，而且舍弃了洛阳之后转奔长安，他的所作所为天怒人怨。现如今不除他江山恐怕不安泰。"

这话说得很重。

“现如今到了这个状态，你明白吗？”

貂蝉肯定不明白，她一个十六岁的孩子，能明白什么呀？到这会儿就剩点头了：“大人您吩咐，您说我能做什么。”

“好，我见你姿容秀丽，我打算使一个连环计。”

“老爷，计将安出？”

“好，我准备把你先许给吕布，吕布一定会很爱你。然后我再把你许给董卓，让他父子二人离心。父子二人因为你，一定会起杀心。这两个人，现在是令国家最不安全的因素，他俩谁把谁杀了都行。我准备让你干这件事情，这连环计必须要利用你貂蝉，这件事儿可做吗？”

这事儿不能命令，如果貂蝉不愿意，到那儿就跟人说实话了。

貂蝉点了点头说：“老爷，只要您吩咐，为国为民万死不辞。”

在这个状态下，说句良心话，就得配一点合适的音乐。

有关连环计定计的过程，其实在戏剧和曲艺里都表现得淋漓尽致，每种形式的切入手段不一样。我印象很深的就是京韵大鼓，最后那两句唱得特别好：

王允闻听如梦醒，暗想到，大汉的江山尽在这个貂蝉。搀扶着貂蝉，牡丹亭上王允在头前走，貂蝉跟后边来在亭前落下坐，王允撩袍跪在了地平川。貂蝉一见吓了一跳，尊老爷快请起贱妾不敢担。王司徒站起身来把话讲，眼望着貂蝉把话言。此一拜非拜的貂蝉你，拜的是大汉锦绣江山。我想你明许吕布为婚配，暗许董卓结凤鸾。舌剑唇枪全在你，叫他们父子结仇怨，他父子中了这个连环计，吕布刺董卓这有何难。王允巧定连环计，到下回谢官小宴，吕布戏貂蝉。

吕布欲做赘婿 董卓迷上貂蝉

左转红尘，右转佛门。

逢人不说人间事，便是人间无事人。

“老爷，只要您吩咐，为国为民万死不辞。”这一句话，貂蝉就是王允黑暗中的光源，点亮了王允的智慧之灯，“叮”的一声，大汉江山开启了一个新的画面。

事儿是定好了，扣儿也做得了，但这个事得慢慢来。连环计，是一环扣着一环。这头一环从哪儿来？王允坐屋里想，我得先让吕布来我家，他来了见着貂蝉，这是我的第一计。怎么让人来呢？平时也没有特别大的交情，没什么事就叫张三来家里吃饭。张三就得琢磨，他是不是要向我借钱？

无事献殷勤，非奸即盗。我们平时交朋友，比如跟谁做生意，过去从来没有来往，有一次吃饭时认识了山东的王老板、贵州的赵先生，吃完饭就结束了。五年之后，贵州这位突然来信，说你来趟贵州我有事找你，你敢去吗？办事最讲究的就是“圆”，周到。

我在家给徒弟上课的时候也是，我说：“你来一遍吧，你会哪段啊？”

“师父，我要说那段相声。”

“来一遍我听听。”

他说完了，我说：“你看你觉得怎么样？”

“我不知道，请教您。”

“你这是假的。”

“为什么？”

“不圆。我们说话好比是梯子，一级一级它是挨着的，从这儿到房子上去，你这梯子中间短了好几块木头。虽然也能把腿抬高点儿上去，但是，这中间是短东西的。观众是随着你的话，在一个虚无缥缈的画面里，去享受你讲的故事。但你说的这个不挨着，从这儿突然‘噌’一下奔那儿去了，观众会觉得‘格愣’一下。为什么你的相声不好听？你那玩意儿是假的。很简单，每一句话跟每一句话得挨着，不能有废话。你说一段相声四十五分钟，录下来把词整理下来自己看。如果这两句话拿掉了，你这个节目还存在，这两句话就叫废话。你择去吧，择完之后这个节目才能好，这是说相声最基本的东西，它得圆润。”

在王允这儿，把事办“圆”，把话说“圆”就更加重要了。怎么能让吕布上我家来？万事得有一个开头。王允想到了四个字——“投其所好”。

你要说找谦哥，你得预备点烟酒、来点儿烫头的卷，就是要投其所好。那么吕布这个人好什么呢？第一，好宝马。大将，骑的马要好，但宝马他有，人家有赤兔马；第二，好金银财宝；第三，好美女。美女家里预备了，貂蝉，已经开始化妆了。金银财宝这怎么给他？说愣准备一个大麻袋，金子、银子、铜子，连存折给他送去，他也不能要，得吓他一跳。所以要换个形式——做一顶金冠。吕布喜欢这个，小伙子也精神，戴着冠搂着颌带。三英战吕布的时候，张三爷用丈八蛇矛枪挑紫金冠，就把这个给他挑了。所以，王允用上等的黄金打造了一顶金冠送给吕布，上面镶满了各种宝石，总之花钱不少。以什么理由送冠？没有理由，敬重将军，所以送个小礼物。

吕布是真爱，托在手里赞不绝口道："你瞧，我也有大大小小的冠，没有做得这么精致的，而且上边还有各种奇珍异宝，要什么有什么。"于是打发人跟王司徒说看看哪天合适要过府谢一谢。

这个理由就充分了，我赞赏你送一小礼物。你也觉得，我应该上人家去客气客气，这个事就"圆"了。

吕布哪知道人家都安顿好了。

吕布一来，王司徒降阶相迎。按身份来说不至于，王允身份很高，跟吕布之间差着好几级，王允本可以不接。但是，他在台阶下等着吕布，一看他来了，高高兴兴走上前说："奉先，你来了！"

话是拦路的虎，衣服是瘆人的毛，澡堂子里边都光着谁也不怕谁，一会儿穿好了你瞧着就不一样了，穿上衣服就能看出来身份了，说话也是如此。吕布"死"就"死"在这话上了。

吕布长得精神，坐在马上拿着方天画戟，一般人到不了身前，但他最大的特点是有勇无谋。他觉得王允身份这么高，在朝里边这么有地位，这么尊重自己，高兴极了。

"来，快请，快请！"

"哎呀，司徒大人，怎劳您迎接我！"

让到里屋坐下，双方先得客气。

"前日接到司徒大人赠的金冠一顶，太奢华了，小可何德何能啊！"

"奉先啊奉先，有道是宝剑赠英雄。非为别个，只因为奉先是天下一等一的大英雄！”

这话说的，这天下英雄搁一块儿，把吕布排头一个。吕布信了吗？信。

别说不是他，就算真是他也不能承认啊！但吕布就信，听完很高兴、很受用，觉得王允说得对。

酒宴摆下，二人喝酒聊天，说说家长里短和朝中大事。吕布愿意来王允这儿，因为他们是老乡。按现在的地域划分，吕布是内蒙古包头人，王允属于太原郡下边的山西省祁县，从大方向来说他们是老乡。如果说一个在包头一个在洛杉矶，那就差远了，但一说是山西、内蒙古这一块儿，就会觉着近，风土人情也多有类似。

酒过三巡，菜过五味，王允切入正题：“奉先，今天咱们能坐在一起饮酒，寒舍真是蓬荜生辉呀！”

“哎哟，司徒大人，不敢当不敢当。”

“家里边人也都知道，奉先是天下一等一的大英雄，小女要出来拜见。”

意思是我闺女想看看你，她是你的粉丝，找您签字照相，人之常情，这很正常。所以，不会让对方觉得别扭，这都是顺理成章的事情。

“好好好。”

这时候吕布还没往心里去，觉得很正常。王允这一吩咐，片刻之间，四个丫鬟簇拥着一个姑娘走进来了。正当中这位姑娘穿着一身紫色的衣服。

有点常识您就会晓得，穿紫色代表的是身份，因为紫色的染料最难得。一直到了隋朝和唐朝的时候，法律上有规定，不够三品官不许穿紫色。这也就是为什么传统戏曲舞台上，紫色又叫“官中色”，意思是这种颜色什么都能替代。例如，唱包公应该穿黑色的蟒袍，唱王金龙应该穿红色的蟒袍，唱寇准、王延龄得穿白色的蟒袍。但是如果买不起这么多颜色的蟒袍，就可以置办一件紫色的。这一件紫色的蟒袍演老包能穿，王金龙也行，只要是穿蟒袍的活儿，这一件紫的全可以代替，这叫“一身紫蟒走天下”，说明了紫色的尊贵。

今天这位姑娘穿了一身紫色的衣服，吕布开始还没注意，心想打个招呼就得了，所以没往心里去。他把酒杯放下，无意中一抬头，就不一样了，貂蝉长得漂亮啊！要多好看有多好看！

每个人对好看的理解不一样，有的人觉着这姑娘得白，白得像病态一样才好。有的人就觉得不行，白得有点显病态，身体也弱，我就爱那个黑灿灿的。有的人喜欢健硕的，一米八的大高个儿，大肚子跟程咬金似的才行。也有的人喜欢瘦的，个儿别太高，别到一米六，有个七十来斤就够了，扛起来就走了。每个人的口味不一样，有爱双眼皮的，有爱单眼皮的……

所以说这貂蝉长什么样？臆想之美。读到这儿闭上眼睛想，你认为天下女孩什么样好看，貂蝉就什么样，这样的好处是省了抬杠。

这时候，最重要的一点是这个貂蝉的表情太值钱了，大方、庄重。按现在的话说这就是戏精附体。出来之前，貂蝉自己还揣摩人物，我是王司徒的女儿。虽说之前我是歌伎，家里艺术团的负责人，但现在不一样了，我是大家闺秀，举止、动作、表情、眼神都得到位。她很厉害，不然明朝时“四大美人”也不会用她来替换赵飞燕。而且她怎么就能进《三国演义》呢？她是大 IP 啊！

貂蝉由丫鬟搀着往前一来，就走这几步，袅袅婷婷，两旁边搀着的丫鬟往旁边一闪，姑娘出现在当中，吕布当时就站起来了。按着吕布的心理，那就是该一拜天地，二拜高堂了，实在是等不了了。

还没等吕布说话，王允先把话铺到了：“奉先，这就是小女貂蝉。姑娘啊，见见大英雄吧。”

“是。”貂蝉往前来飘飘下拜，深深地万福：“参见将军。”

吕布赶紧起身，一躬到地。王允气坏了，跟我都没这么客气，我上门口接他，他也就是“好好好”“辛苦了”。

吕布很高兴，不错眼珠地看着貂蝉问：“贤妹芳龄几许？”

貂蝉都没正眼看他。为什么呢？大家闺秀，不能看。“一十六岁。”

“坐坐坐。”

“小姐请坐。”

有人可能觉得十六岁太小，但看看《红楼梦》，里面的姑娘一般都是十五六岁。那个年代，十六岁，已经算是大龄未婚女青年了。和现在不同，像陈圆圆、柳如是，成大事的时候都十三四岁。

吕布开心了，给自己立了一个誓，今天得见貂蝉，我要做他王门的赘婿。

吕布是酒色之徒，不能见美女，见美女就把持不住，得亏是穿着靴子，要是光着脚，搁地上能抠出两个字来——“爱你”。他这不是尴尬，是真爱。我们读《三国演义》的时候可能没注意，原文上介绍吕布，其实这时的吕布是有媳妇儿的，姓严。

有一路人是这样，如果是两个男人喝酒，有的一会儿抠牙，一会儿掏掏耳朵，连说带骂街的，还有的喝酒的时候也没什么话。但是，假如这桌有两个姑娘，他们整个人的状态就不一样了。

吕布坐在这儿就是，眉飞色舞的。

王允看了看他，心想，你也就如此了。

为什么呢？因为要“观人于忽略，观人于临财、临色、酒后”，这四点很重要。想要看这人怎么样，看见钱了他变没变，喝点儿酒变没变，见了美女他的情绪变不变。因为这个时候是他真实的表现，其他时候他可以撑着、绷着。今天酒席宴前，貂蝉坐在那儿了，吕布都已经没人样儿了，好几次都快要起来给王允磕头叫爸爸了，因为没节骨眼儿自己又回来了。

刚才吕布也说了，“小姐请坐”，他指的是自己身边。小姐请坐，貂蝉深施一礼，转身就坐到王允身边了。

这就是细节，坐在吕布旁边，怕他会多想，他们家这闺女怎么这样，我再是英雄，你也得矜持一下呀！人家想得周到，貂蝉没坐那儿，先谢谢，然后坐到自己的爸爸旁边了。当然了，吕布不知道那不是她爸爸。继续聊天，这时候吕奉先的调门已经比刚才涨了，声音也越发地充满了激情。但是这就很尴尬了，为什么呢？吕布想的没有别的，我喜欢她，我很想得到她。但是怎么说呀？说话得有个由头，好几次说来说去话到嘴边了，“你见过大老虎吗？”他净往外支。到最后，王允乐了，王允心想我得说话，要不然他得死在这儿。

“奉先，来，请。”

“好。”

两人把酒喝了，把酒杯放下，王允这儿捋着胡子说：“奉先啊！”

“司徒大人。”

“小女貂蝉，仰慕你许久，老朽有句不知进退的话，说出口来将军休怪。”

吕布心想，怎么能怪呢，你这会儿过来啐我，我都认。

“司徒大人有话请讲。”

“我有意将貂蝉许配给将军”，还有后半句话，“不知道您愿意不愿意。”

这后半句没说完，吕布撩衣裳打桌子这儿出来，“扑通”就跪下了：“参拜岳父。”吕布很高兴，“长者赐不可辞也。”

这句话说得就没羞没臊，是有这么一句话，“长者赐不可辞”。比如说我，我说相声得收徒弟，然后我师父说了，那个孩子不错，以后算你徒弟了，这我就必须要答应，这叫“长者赐不可辞也”，这是规矩。但吕布这事情不是啊！

他往这儿一跪，貂蝉和王允差点乐出声来，成功了。

王允赶紧站起来搀扶吕布，说："岂敢，岂敢啊！哎呀奉先，奉先，快快请起，快快请起！"这儿一挥手，是告诉貂蝉，意思是你去后边，因为今天不可能让你们结婚。

貂蝉的戏足啊！满面娇羞，临走还回头看了吕布一眼。就这一眼，吕布差点就瘫在那里。貂蝉的眼睛里有钩，"啪"的一下子钩在吕布的心缝上了。姑娘走了，吕布站起来一躬到地，就这躬鞠得跟要系鞋带似的。

王允赶紧搀住吕布："何必多礼呢？"

"司徒大人，岳父大人，天高地厚之恩。"吕布不知道该说什么了，太高兴了。

"哎呀多谢奉先，咱们择良辰选吉日，我就将小女送过府去。"

"多谢岳父，多谢岳父！"

酒也喝完了，事也办妥了，连环计的头一环勾上了。

吕布回家，屋子里边就剩王允了，他把这个事情，又从头到尾地反复想了几遍。做大事的人就得如此，脑子要清楚，这个事情接下来该怎样，哪儿容易有疏漏，一定得想周到。把事都想明白了，这才回屋睡觉，转过天早上起来还要去上朝。

官员上朝得在朝房里等着，我们去故宫就能看见朝房，这朝房装修得没有这么复杂，也不豪华，就是文武大臣在上金殿之前待着的地方。过去说东西两朝房，文东武西，文官在东边，武将在西边。像清朝朝房，有砌的炕，有几把凳子，大小官员来了之后按身份坐，在这里聊会天儿喝点茶，等时间差不多了就上朝。朝房就是这个作用。

所以王允来了就在朝房等着。等谁呢？等董卓。要实施第二环。

大臣们陆续来了，一会儿的工夫，听得外边人喊马叫，大臣们赶紧起来往外迎接。出来一看，果不其然，好几百位勇士，簇拥着董卓的车辇，董卓坐到门口，就有人过来搀。别看董卓很胖，但身子很灵活，原文上介绍董卓是文武双全。董卓一下来，包括王允在内的文武群臣赶紧过来接。董卓也挺客气：“各位大人早啊！”进了朝房董卓坐在这儿，别的官就不敢坐了，在旁边站着，王允就站在董卓身边。董卓对王允还挺好，说：“司徒，来，坐下，坐下。”

“谢太师。”王允应声坐下，“老太师身体康健得很呐！”没话找话，这也没有别的正事。

董卓挺高兴地说：“你们就盼着我身体好吧，你们还能多跟着我些年。”

“是是是，仰仗太师的洪福。”

为什么董卓跟王允这么客气？因为王允是朝里边大臣当中数得上的人物，董卓要谋朝篡位，他是早晚要当皇上的，到时候这些人都是有用处的。董卓想的是，不能为我所用我会杀掉你，如果这些人能听我的话，我就留着你。我当皇上也得需要文武群臣，金殿上只有我跟吕布，没法过日子，所以不能都杀了，愿意的能够笼络一个是一个。他潜意识里觉得，王允是可用的，所以跟他聊天还挺客气，说会儿闲话王允又捧了会儿他，都夸完了，王允说：“改天有机会在舍下整办酒宴，恭请太师光临寒舍。”

董卓答应得很痛快。他想的是我要跟他走得近一点，以后登基了对我有用，心里还挺高兴。说明我的手腕，我的所作所为已经征服了他们，不管从哪个角度出发，他很愿意跟我好，这样的人我得拉拢过来。

“好，好，明天就去！”

董卓是从郿坞来的，每半个月来一次，来了之后就是见见皇上，跟献帝聊聊天，一般来说待个两三天，他就回去了，有的时候当天完事儿当天走。今天一说这事儿，明天晚上正好去王允家吃饭。

“好好好！恭候太师！”

回去之后，王允吩咐人安排一切，整顿酒宴，家里人也开始打扮貂蝉。紫的不能再穿了，要换红的。为什么？身份变了。这回，貂蝉是府里的歌伎。见吕布为什么说是王允的闺女呢？这叫政治联姻，吕布回去怎么想，也不会认为这里边有问题，顶多想的就是自己很厉害，觉得王允是为了巴结他才把闺女嫁给他，咱们两家好，以后互相照顾。但要是同样的方法对董卓则不合适，所以今天再出现，貂蝉就是府里的歌伎。歌伎也得穿最好的衣服，簪环首饰都收拾好了，就等着转天晚上董卓来。

董卓从家里一出来，王允就知道了，他赶紧安排一切，在门口这儿等着迎接。简短截说，董卓到了，身边跟着很多人。

"哎呀，恭迎您许久了，老太师贵足踏贱地，真是令寒舍蓬荜生辉啊！"

"司徒过谦了。"

来到屋里，得把人家董卓让到正当中的主位，哪怕王允是主人，来的人有身份也要让人家坐主位。董卓坐下，一回头拿手一指王允说："你也坐下吧。"

王允这才坐下。

上的都是顶级的菜，酒菜都摆齐了，王允陪着，恭请道："太师请。"

"司徒请。"

吃着喝着，撂下酒杯，王允就夸："老太师，经天纬地之才，安邦定国之志。"这两句话搁谁身上都行，但先得夸。

"岂敢，岂敢。"

"这是我的肺腑之言，那伊尹、周公旦也不过如此。"

伊尹是商朝时候的第一等大忠臣，史料传说他活了一百年。商汤的年代能活一百年，欢实得跟神仙一样。

周公旦，就是周公，解梦的周公。

这两位都是历史上扶保着君王，有大建树的人，相当于是圣人。拿这两位比董卓，哪能比得上啊！但是董卓觉得很妥帖，他觉得自己就是这样的人。

客气之后，王允又把酒杯撂下了，说："太师，下官自幼学会了观天象。"

过去人都爱信这个，一看天象如何，哪颗星星下来了，这是哪个大臣要死，哪颗星星有变化了，天下就会怎样。你要是跟家门口卖菜的人说，他才不在乎。你说夜观天象，他得问你明天下不下雨。但是像董卓这种人就不一样，一听这话就把酒杯放下了。

"噢？说来听听吧！"

"是。下官夜观星象，老太师，不是我奉承，以您的能力以您的德行，理应做得一朝人王地主。"

说话就要挑别人爱听的说，你要跟别人说他不信。坐六个说相声的，我夜观天象，你要攒底，知道吗？那不是夜观天象，你就是看见水牌子了，你就是看见网上节目单了。所以说每个人都有弱点也罢、缺陷也罢，你只要抓准了，一定会起作用。

王允说完，董卓很高兴地说："换大杯来！刚才这杯小喝着不痛快！你这句话说得我太受用了！"

旁边就有人给换了大杯，满满地斟上，董卓端起来一饮而尽。当然，那时候酒的度数没有现在高，当年的酒没有多少度，但是喝得很解渴。喝完撂下酒杯说："哎呀，司徒啊！倘若天意如此，你就是我开国的元勋！"

今天董卓来到王允家，这就是他的目的。董卓不差这顿饭，上这儿来就是要笼络你王允。你是我的人，没等我说你就主动说了，你说我要当皇上我很开心。我还得告诉你，要是我当皇上了，开国的功臣就有你。

"哎呀，微臣谢恩！"王允会来事儿，往前来撩衣裳磕了一个头。

“快起，快起！坐坐坐！”

“是是是。”

“司徒来，请饮，请饮。”

喝到这时候，王允觉得差不多了，就说：“太师，府下有一些歌伎，可以弹唱歌舞，太师若不嫌聒噪，叫她们歌舞上来吧？”

“好啊！快快歌舞！”

董卓的好色比吕布还厉害，人家吃早点还得带唱歌的，吃大饼油条豆腐脑，旁边还要有一群人跳舞呢，今天这一晚上净说国家大事了。

“好好好，哎呀，没想到。”

“快快快！”

王允一挥手，人家头天晚上就准备好了，来了十多位姑娘。音乐一响，姑娘们载歌载舞，董卓还挺高兴，但听了听也就那么回事儿。因为以董卓的身份来说，美女见多了，天下最好的歌舞伎都得围着他转，所以董卓没往心里去。

一看他这个状态，王允乐了，忙说：“太师，您看，又来了。”

刚才只是铺垫，为貂蝉铺垫，以她们的平庸，来衬托貂蝉的美貌，音乐也逐渐上去，整体协调得非常到位。

过去我们在剧场里看京剧也是如此，主演要上场时灯光会特意猛地调亮一下，让观众有主角出场的隆重感，这不是现在才有的技术，是从二十世纪二三十年代就有的老规矩，会让人觉得眼前一亮。

王允家，音乐往上去，貂蝉来了，穿着一身红衣，美艳无双，跟着音乐翩翩起舞，跳得很好看。开始的时候董卓没往心里去，心想差不多吃完了，也就这样了，我该走了，好歹来了就应应景，跟着跳两下、唱两句吧。但是突然又觉得这状态不对，就把自己的酒杯放下来仔细观瞧。

“嚯呀！”

怎么了？天姿国色！

董卓心想，王司徒家中还有如此绝色的佳人吗？

董卓正不错眼珠地看貂蝉，王允在旁边看着董卓，心想，成功了。

看了半天，董卓才回过神来问："会唱吗？"

"会。"

"别跳了，来来来！给太师爷唱两句吧！"

貂蝉不唱还则罢了，这两句唱更是打动了董卓。关键是歌词好。唱的什么？

"社会很单纯，复杂的是人……"

貂蝉眉眼勾心　父子身陷连环

黄河远上，白云一片。

孤城万仞山，羌笛何须怨。

杨柳春风，不度玉门关。

董卓来到王允家喝酒，其实这是连环计的第二环。

在王允的设计里，必须让董卓和吕布父子反目，否则这事儿成不了。王司徒聪明啊，酒席宴前该说的都说了，该捧的也捧了："您太棒了，董太师哪儿都好。我觉得这个古代多少圣贤，都比不了您。另外，我夜观天象，我觉得你要当皇上。"

人就是这样，你只要捧他，哪怕是说谎，他也会很受用；你要说点实话，很难听，他接受不了。

这都说完了之后，才让貂蝉出场，在酒席宴前弹唱歌舞。上文咱们也说了，貂蝉给老太师唱了个歌：“社会很单纯……”唱的什么不重要，反正是唱得很好。好到什么程度呢？这歌都没听完，董卓就告诉她：“来，快坐这儿来！快来快来！上我跟前儿来，过来呗！”貂蝉就坐在这儿了，董卓很开心。

“这是我府中的歌伎，叫貂蝉。”

再看貂蝉这状态，跟之前见吕布就不能一样了。见吕布的时候，她的身份是王家的小姐，那就是大户人家的姑娘了，说话也慢慢儿的，得有一股子娇羞之态。今天的身份不一样，是家里边的歌伎，所以就得比之前冲。

董卓很开心：“好得很！”我估计，他在长安这儿待着，得学几句陕西话。“属什么的啊？什么星座呀？”

貂蝉说：“天蝎。”

这是一说一乐的事儿。

董卓把酒拿过来说：“来吧来吧，旋一个，旋一个给我看看。”有的酒鬼净说“我给你旋一个”。

貂蝉接过杯就喝。

王允坐在旁边看着，就觉得董卓这是爱上她了。为什么呢？表情、状态这个瞒不了人，而且喝了酒了。王司徒高兴，这会儿再说别的没有意义了，因为该说的也说完了，于是面带微笑道：“老太师，此乃我府中的歌伎，虽然年幼，倒也伶俐可人。如果太师喜爱，就将她献与老太师。”

有人说，那年头这样允许吗？很正常。这是我买来的，家里有这么一个歌舞艺术团，养了这么多歌伎，她们的身份比家里扫地的、做饭的档次高一点，不用干力气活，每天就是唱歌、跳舞，所以说主人是有权这么说的。又何况是送给这么高身份的人，很正常。

“择日与您送到府上。”

“欸！”董卓一挥手说，“干吗择日？今天就把她带走。”

“好好好，来呀，让她收拾一下随太师还府。”

后边就有人给收拾、归置东西。临出门的时候，貂蝉跟王司徒爷俩对了下眼神，王司徒很开心。为什么呢？很顺利啊！王司徒跟出来把貂蝉送走，上了轿子。后边给准备的东西也没有多少，毕竟是跟着董卓走了，什么都不用预备，人家什么都有，没有的，出去抢就行了。送到太师府，都安顿好了，王司徒又回到了自己的府门口。刚打轿子里一出来，旁边有人过来了。“呔！”就这一声，声音很大，听得出来，有一股子杀气。王允一回头，心想你可来了！谁呀？吕奉先。

他听见信儿了，说是老太师上王司徒那儿喝酒去了，还带回人来了，是他那里一个叫貂蝉的，给了老太师。老太师乐得都不行了，太开心了，乐得都说普通话了，就带回去了。别人听就听了，吕布不行。他心想，那是我的呀，我都磕了头，叫了岳父了，我是人家老王家的赘婿，凭什么给他？！不行，我得找王司徒算账去。他早就来了，来半天了，打马上下来之后，有人跟着，地上搁一大马扎儿，跟那儿坐着。很生气，方天画戟在这儿立着，自个儿坐着，摸摸脑门看绿不绿。一瞧王允回来了，这才迎上前去。心里边百感交集，有生气、有吃醋、有委屈，各种心情杂糅在一块儿，就这个状态可难拿了。就跟这儿，“呔！”那意思是你这个老同志，你这个王允，你在朝里边德高望重，满嘴的仁义道德，你怎么干这事儿？

王允是干什么的？做扣儿的呀！这个事儿是人家设计的，回头看到是吕布，表情状态拿捏得非常到位，那意思是你怎么来了呢？其实心里边挺高兴，这不是“绿布”吗？王允是有口音的，问吕布：“怎么了？”

还怎么了，难道王允心中不知道吗？！

“来来来，府中叙话，上屋里聊去。别在门口，这么些人看着呢。”

吕布这儿气哼哼的，拧着眉、瞪着眼，嘴撇得跟八万似的。爷俩进屋了，来到书房，吕布气坏了：“你因何食言？明明将貂蝉许配于我，为何又献与那董太师？”开门见山，没废话，吕布那个脑子，拐弯抹角他不会。王司徒看他跟看小孩似的：“哎呀，你为此事儿而来吗？”“可不嘛！你，你，你，你给我说说这是怎么回事儿！”

王允叹了口气说：“唉，您这一问，真是问住我了。朝堂之上我见到了董太师，董太师说了，要到舍下来，使我备得酒宴一同畅饮。席间偶见小女，谈起来与奉先的婚事，老太师说非常好，说要替你将吾女接进府去。”意思是我不知道啊，你爸爸上我这儿来了，我们现在是亲家。他说这是他儿媳妇，他接走了，我错哪儿了？我哪儿不对了？王允这直眉瞪眼地问吕布。这个王司徒啊，睁眼说瞎话，这个糟老头子坏得很！

吕布说：“哎呀，小婿失礼了！”一躬到地，这通赔礼啊！

王司徒说：“免礼，免礼！”

“哦！是这么回事儿！”吕布打这儿就告辞回去了。

他走了，王允都快乐出声了，这事儿成了一多半了，剩下的就是爷俩反目了。等消息呗。

这时候谁难受？吕布难受。回去敢问吗？不敢。董卓那是什么身份？首先说他是自己的义父，干爹；其次江山就相当于人家的。我是跟人吃饭的，我推门就进，“听说您把貂蝉带回来……”敢问吗？不敢问。就这一晚上，吕布是翻过来掉过去，睡不着觉。好不容易等到转过天来，天光大亮，赶紧洗漱完毕，到太师府面见董卓。往常他也是去，去请安。他得上班呀，得保护着董卓。董卓上朝他也跟着，去郿坞他也跟着，朝里有事没事他在旁边老站着，他是这么一个身份。但今天来，他是奔着貂蝉来的。他得问问，万一真是当儿媳妇接回来的，不就没事儿了吗？吕布净往好处想了。

一进府，吕布就先问丫鬟、侍女：“老太师呢？”“老太师与新人还未起床呢。”

新人，没有别人了，最新的就是昨晚上带回来的这个了。下午带回来都好一点，昨天是半夜带回来的，也不可能头天亮再送来一个。吕布的眼泪都快下来了，委屈得就不行了，就这个劲头，酸不叽、苦不叽的，自个儿搁院里面来回地走绺儿。家里这些个，连管家带兵将这儿看着，今天他的步数可够了。老这么走也不是事儿，走一会儿他也觉着累了。进屋吧，得到后边去，先得拜见老太师。

这可是董卓的卧室，也就是吕布，像董卓的儿子一样，别人进不来。卧室这儿有一张架子床、有桌子、有椅子，屋里应用之物都有，董卓在这屋睡觉。貂蝉也起了，靠窗户那儿有一个台子，镜子、雪花粉、化妆品什么的在上面摆着。貂蝉正坐在这儿化妆呢。床头有一个八仙桌子，两边有椅子，董卓刚起，跟这儿坐着。正高兴呐，昨天跟貂蝉休息得不错，吕布一推门进来了。

这个状态很尴尬，什么滋味，吕布说不出来，但只得先过来给董卓请安。

“参见义父。”

“罢了。”

“是。”

一转身，吕布就站在这儿了，一直看着貂蝉。貂蝉正化着妆，也仰头瞧他。这个状态很微妙，这场戏成不成就在貂蝉了。

试想，回来之后董卓是很满意，那貂蝉是万种风情。董卓怎么看怎么好，怎么瞧怎么爱。但是今天吕布这一步进来了，貂蝉这个表情就得告诉吕布，我不是心甘情愿的，是他强行地霸占我。现如今我怎么办？就把所有的话都藏在眼神里边儿，告诉吕布了。吕布看着貂蝉的眼神，就都明白了。你看吕布平时没脑子，逢这个他琢磨得快着呢。这个时候他就忘了生死了，光顾着跟她交流了。

董卓这桌子上放着茶，刚才还喝着：“奉先呐，今天来得晚了，待会儿啊……”说着说着感觉不对劲。怎么呢？我跟你聊天，我是爸爸，你是儿子，我问你吃饭了没有啊，下午你跟我出去一趟啊……那儿子不得是，噢，行，我去……不得有来言有去语吗？但董卓这都说半天了，没人搭茬儿。他一抬头，啊！董卓可不是傻子，吕布是傻子，董卓可不傻。他率领二十万人，打西凉进了京，江山儿乎都攥在他手里边，那是傻子干的事儿吗？那是眉梢眼角都有故事的人。

董卓把茶往桌上一放，喊道："奉先！"

吕布的心思都在貂蝉这儿了。

董卓连喊了第二声，吕布这才回过神儿来："义父！"

处在这个状态下，表情是骗不了人的。

董卓上下打量着他："出去。"

从来没有过，董卓谁也不信，就信吕布，拿他当亲儿子看待。但是今天不行，今天你跟我的爱妾，眉来眼去的。而且关键这时候的貂蝉太聪明了，脸呱嗒就掉下来了。什么意思？就是说太师你看看，这人怎么这样儿呢？她一句话没说，但在脸上都表现出来了。

董卓是先看了一眼吕布，又马上看的貂蝉。为什么要看貂蝉？看你们俩的眼神、表情是什么状态。再一瞧貂蝉没问题，为什么呢？满脸的厌恶。说明她不喜欢这样，毛病就出在吕布这儿了。你是什么身份？你是我儿子。你怎么能这样呢？你这个做法不对。你这叫"觊觎"，就是惦记着不是你的东西。别人戴块大手表，你这儿喜欢；别人有个大戒指，你憋着想拿走，这叫觊觎。觊觎你妈啊，这是！这里不是骂人，因为从董卓的角度出发没错，貂蝉是他后妈呀！真真是岂有此理。

"出去！"董卓从来没对吕布这样说过话。

吕奉先一咬牙就往外走，他怒从心头起，恶向胆边生，打屋里往外一走，"啪"！撞着一个人。

连环计，环环相套，到这儿已经搭上了。

吕布到董卓那屋里，看见貂蝉了。吕布委屈得都不行了，其实人家貂蝉倒不往心里去，那是貂蝉和王司徒两人一块儿做的扣儿啊！她只不过是一个演员就位了的状态，什么时候该我上场了，我就表演。董卓也无所谓，昨天当新郎了，正是欢欣愉悦的时候。唯独吕布这傻哥哥，一宿也没怎么睡觉，早晨来了院子里边，走了一万三千步，走完进了卧室满脸跑眉毛，跟人比画。刚说完，他爸爸告诉他，出去。

吕布都快委屈死了，但不能不出去呀。他从屋里出来，往院子里一走，凉风往脑门上一拍，这股子邪火就上来了。他没脑子，又是个浑人，“怒从心头起，恶向胆边生”这句话用来形容此时的吕布十分准确。咬着牙往外走，他一拐这弯儿，打墙角这边来一位，他劲儿也大点儿，“咣”的一下子给这位撞一跟头。这再看，赶紧把人扶起来说：“哎呀，先生，我没看见你！”

这人三十来岁，绾着牛心发髻，戴着冠，穿着宽袍大袖，这儿三绺胡子。他是谁呀？李儒，也有人管他叫李多才。这名儿起得太好了，很有智慧。

吕布把李儒给撞倒了，赶紧把他扶起来说：“先生，我没留神撞着您了。”

“哎哟嗬，没事没事。哎呀，奉先呐，何故来去匆匆啊？”意思是说，你干吗这么着急呀，给我撞一跟头啊？

“嗨……”吕布就把事情说了，但这个得分跟谁说。要换了别人，会说你看这事儿，王司徒，他有一闺女许给我了，我都磕头叫爸爸了。结果我这个爸爸去把人给接回来了，接回来人家现在是两口子了，我媳妇儿改我妈了。刚才我去他那里，他把我轰出来了……他只要这么一说，按照李儒的能力，这计策就到头了，他一定会明白这是连环计。然而，倒霉就倒霉在这儿，吕布语言表达能力不强。他说是怎么回事呢？貂蝉，好看、白净、很美，我挺爱，但董卓把我轰出来了，为这个事儿不值当的。他的表述让李儒一听，就是董卓身边有一个歌伎很美，吕布喜欢上了，但是董卓舍不得，就把他轰出来了。

“奉先，这都不叫事儿，凭我三寸不烂之舌，这事情好办，静候佳音。”

李儒来到了董卓的卧室，除了李儒跟吕布，这里一般人来不了。

李儒这儿一进来，貂蝉就站起身来往后边走。吕布在的时候，我是故意地跟你眉目传情。但是来外人了，你们要谈军国大事，我不能听，所以就奔后屋了。董卓坐在这儿正运气呢，很生气。

“太师。”

“多才呀。”

“太师，因何闷闷不乐呀？”

“嗨，小畜生实在无礼。”

“哪一个呀？”

“奉先。”

“怎么了？”

“怎么了？偷看我的爱妾，真真是岂有此理！我刚才把他轰出去了！”

董卓说的也是半截话，说得对吗？对。从董卓的角度出发，他偷看我的爱妾，这也没错，他可没说前半句。董卓吕布这两人，都没说出来王司徒，但凡有一个说出来王允，就破案了。

“欸，太师，这就是您的不是了。”

“怎么是我的不是呢？”

“您想一想，您打西凉到洛阳，打洛阳到长安，为的是什么？为的是天下呀！有吕奉先可得天下呀！您怎么能为了区区一个姬妾，自损一员大将呢？”

“啊——”

“太师息怒。依我之见，您把这个爱妾送给他就是了呗。”

从李儒的角度考虑，这也真不叫事儿。不用说别的，光郿坞那儿，天下美女八百都是董卓的；夜宿皇宫，皇上的哪个妃子他想睡就睡，哪屋都能歇着，还在乎这么一个吗？

由于这句话，我们很多民间演艺，包括地方戏曲，都把李儒的身份给改了。不知道是谁编的，说李儒是董卓的大女婿。所以每次他们唱到“你给他就得了呗”，董卓都得说“你怎么不把你媳妇儿给他呢”？李儒再说“老丈人”。他们是为要这么一个包袱，但其实历史上李儒不是董卓的女婿。

今天这一说，董卓是真舍不得：“容吾思之。”

“唉，好！老太师，适才看见奉先走的时候，他满面怒气，有恐对家国不利。”

“依你之见呢？”

“明天您把他叫来，哄一哄他也就是了。”

李儒告辞出去了，董卓这一天还得忙。天傍黑的时候见着吕布了，爷俩谁也没提这茬儿，这事儿就算过去了。等吃完了晚饭，董卓还特意把吕布叫过来，说这些日子辛苦了，给他拿过来了十斤黄金。

十斤黄金对董卓来说不叫事儿，吕布虽然是喜欢钱的人，但这会儿这点钱打动不了他。不过要是肯定还得要，给我我就拿着，凭什么不要。但是心里边还惦记着貂蝉。

一晃，三五天过去了，董卓一天到晚没什么正事，喝酒、聊天、弹唱歌舞、睡觉。不然就是上朝，每半个月上一次朝，朔望之期时上朝，也没什么事，就是走个形式。皇上小，跟他坐在一块儿，都是他出主意，小皇上也就落一个“听着”。所以说董卓一天没什么正经事儿。

一天晚上，董卓在花园里喝酒，起了夜风就有点着凉，觉得不舒服，有点流鼻涕。现在我们知道，就是感冒了，感冒这两三天，貂蝉表现得真好，衣不解带。这个衣裳扣都系着，就坐在床头看着董卓。

“老太师好点了没？喝点热水吧？擦擦鼻涕吧？吃点东西吧？”细心地照顾着。你想，像董卓这种人，什么都不缺，缺的就是人情。谁敢上他跟前儿来跟他那么亲近呀？他瞪眼就杀人，躲还躲不及呢。唯独貂蝉，是带着任务来的，故意地在跟前儿，那个温存呐，给这董卓感动得都不行了，差点认干妈呀！除了他妈，还没人这么疼过他。

董卓的母亲还活着呢，九十三岁。住在哪儿？住在郿坞。后文咱还能提到这老太太。简短截说，就这两三天，貂蝉伺候董卓，无微不至。这让董卓发自肺腑地爱上了貂蝉。之前是因为貂蝉长得好看，让人喜欢，之后连着好几天一起过日子，就更爱了，再加上这回一得病，这是真爱。

这天，董卓稍微好了一点，侧着身子在床上躺着，貂蝉在旁边给他喂水、递口吃的，完事貂蝉就去别处收拾东西了。其实董卓已经好得差不多了，只是个小感冒，按理说是能下地了，什么都能干了。但是他很喜欢貂蝉照顾自己这劲头，很高兴。

貂蝉正转到窗户那边收拾自己桌上的东西，吕布进来问安了：“爹爹病体如何呀？”

“哦，奉先来啦，儿啊，好多了！”

“哦，太好了，您这个病好了是万民之幸啊！”

到了董卓这个身份，感冒了也是老百姓的罪孽，只有他好了，才是万民之幸。客气话，都这么说。

“是啊，我得赶紧好起来呀，还有这么多国家大事，等着我料理呢……”董卓这儿说着，突然想起来，赶紧回头看看。怎么着？吕布有前科啊！好，这一看了不得了。因为刚才吕布进来的时候隔着床，董卓在床上躺着，吕布就站在床头，透过床纱，正看到对面的貂蝉。貂蝉在窗根儿底下的桌子那儿，本来是背冲着吕布，听见他进来了，慢慢地转过身来，就拿着这床纱映着自己，好像出了个剪影似的。

人就是这样。比如吕布跟貂蝉，越得不到她，越是怎么看都是好的。因为床纱挡着，吕布稍微侧过点儿脸去，就能瞧得见貂蝉。那貂蝉多善解人意啊，也稍微地蹭过来点儿，拿纱幔挡着半边脸。貂蝉的戏太足了，眼圈儿说红不红，眼泪说掉不掉，那个委屈呀！意思是你怎么能这样呢，你把我搁在这儿，你也不管我。她手里边刚才拿着花儿，这会儿悄悄地指，指董卓，又指自己，再翻过腕子来，指吕布。那意思就是，你没良心。就这三下，要按照吕布的心情，就得把董卓拨拉开了，一步过去就把貂蝉搂在怀里边。傻小子中了人家连环计了。

董卓那正念叨呢，"国家大事还很需要我……"然后，一抬头，正看见吕布哈喇子都快下来了，就在他眼前。这回，董卓真急了，说一声："来人呐。"打外边进来一群人。谁呢？现在来说就是警卫队，保护他安全的，负责人是董卓的侄子，叫董恒。

董卓有好几个侄子，董恒、董璜……自己的安全都交给家里人保护，外人他不放心。这儿一喊，小董进来了。董卓拿手一指吕布说："打了出去。"

之前是"出去"，这回不一样，"打了出去"。进来的这些人都是带着棍棒的，只要是有命令，让打谁都得打。大英雄吕奉先，让人生生拿棍子给打出去了。

吕布往外一走，董卓再回头看貂蝉，这貂蝉呐，眼泪哗哗的，委屈呀！董卓一瞧，你看，这是真心爱我，这是让人耍流氓了，所以她委屈，赶紧把貂蝉搂在怀里。

吕布出去之后，眼珠子都瞪出火来了。为什么？这个侮辱性太强了。挨这儿下不重要，我这个身份，让你们这些人拿棍子打出来。一出屋，他这一挥手，这帮人也很识趣就退了。

剩他一个人，转身就走，拐过墙角，"砰"的一下，又撞倒了一人。不记道儿，每次一拐弯，准得撞一人。又是李儒，李儒的出现就是让人家撞。

"啊，先生！"

“怎么，你可着我一人撞啊？”

“怎么我一走到这儿就遇见你呢？”

“怎么了，奉先？”

“我问病……我，我又看见……然后我，被乱棍打出来了……”

“唉……”李儒叹了口气，心里埋怨董卓。您这犯不上，我不劝你了吗？给他得了，你犯得上吗？你这不光不给他，还拿棍儿把他打出去了，这个事儿是怨老太师了。

“奉先，你别着急，我去劝劝。”

“你得了吧！那天你说劝，今儿都拿棍儿打上我了。你再劝劝，该拿刀直接攮我了啊。”吕布一转身，气冲冲地走了。

李儒这儿撩衣裳赶紧进屋，他这一进门，貂蝉赶紧一转身，擦擦眼泪出去了。

董卓这会儿脸上都已经有笑模样了，刚才那会儿是心中有火，貂蝉往怀里一扑就没事了。董卓一个劲儿地哄她：“哟，不生气哟，我打他了，你就看我了！”所以这会儿董卓是没气了。

貂蝉走了，李儒往跟前来：“太师。”

“多才呀，坐坐坐。”

“是，我在门前又看见奉先了。”

“是啊，这个奴才真真是大胆，竟然调戏我的美人，我岂能容他？”

“我怎么跟您说的呀，你给他就完了嘛！”

“唉，先生此言差矣，此事莫再提起。好啦，你去忙吧！”董卓把李儒也轰出去了。

李儒打屋里往外走，一抖手，完了，心想这爷俩有问题，早晚会因为此女反目。

其实这会儿，有一个能说明白的，只要说出来王司徒，就没事，以李儒这个聪明劲儿，你一说，他一分析，就能把这主意猜透了，不会父子反目，而且王司徒这一串人都活不了。但是，这爷俩谁都没说清楚，情绪之下，董卓把李儒请出去了，你别掺和我们家事儿了。

李儒出来心想，拉倒吧，唉。

回来之后，吕布心里可不是滋味。吕布这个人，咱详细地介绍过，他有勇无谋，都管他叫“三姓家奴”。原来是丁原的干儿子，为了荣华富贵把丁原杀了，又拜了董卓当干爹，所以说他这个人反复无常。你对他好怎么都行，对他不好，他会觉得凭什么你是我爹，我还是你爸爸呢！他混账啊！他是这么一个人，酒色之徒。所以说回到家，虽然说心里还没敢这么想，但是对董卓非常不满、不服，心想我得找机会。

这天，董卓入朝，朝见汉献帝，吕布得跟着。上了金殿之后，文武朝臣的头一把椅子是董卓的。他往这儿一坐，大模大样，也没把皇上往心里放。十几岁的小皇上跟这儿揣着手，没有权力，什么都没有，都是人家说了算。

“老太师，尚父啊！您说吧，讲吧。”

董卓滔滔不绝地讲国家大事，旁边站着吕布。开始跟这儿站着的时候，吕布看看董卓，瞧瞧皇上，心想这皇上当的，跟我一样委屈，自个儿说了不算。我为什么委屈呢？貂蝉在哪儿呢？董卓在这儿上班呢，我翘班吧。欸，对呀，他跟皇上说话呢，一时半会儿走不了，吕布就悄悄地往外挪，一步一步地挪，就挪下了金殿。下了金殿，来到午门，一望两望没有人，拉过自己的马来，飞身上马。这马这一辈子没跑这么快过，直奔太师府。怎么呢？兴奋，要去偷人了。来到这儿翻身下马，有人接过马去，吕布拿着自己的方天画戟，直奔后宅。

他是走了，董卓还没注意呢，还在跟皇上这儿聊国家大事。聊着聊着，小皇上说了：“尚父，您脑门儿绿了。”董卓拿手一摸脑门：“哎哟喂，不好，我得走！”这才引出来要大闹凤仪亭。

凤仪亭中反目 董卓带走貂蝉

心中有事天地窄，心中无事一床宽。

红尘闹市争热饭，何惧闲人语二三。

凤仪亭这个环节很重要。为什么呢？有这么两句话，说是“三战虎牢白费劲，凯歌奏响凤仪亭”。虎牢关三英战吕布，刘、关、张哥仨打一个吕布，费那么大劲儿都没赢。但是在凤仪亭这儿，吕布被貂蝉大姐姐打败了。我这么说，您就能理解这一节的主要意义了。王司徒巧定连环计，它是一环扣一环，其实他很容易被人识破，只不过赶上了董卓是这个状态，吕布是这个品性，这也是故事发展到这里了不得不如此。这个情节是老天爷设计的，所以说它必须是这么一个走向。

吕布奔到后宅，一挑帘子，貂蝉从屋里往外就迎出来了。是听见了吗？早听见了。貂蝉心想，他终于来了，他不来，我们两个人不能私会，这个事儿挑不起来，非得让董卓知道知道，他上这儿调戏我，我们两个人有私情，才好进一步往下发展。听见声音打外边由远而近，貂蝉想，我不能让他进屋，他一进屋，对我们来说，这个事儿行动起来麻烦：第一，要拖延时间；第二，要让董卓看见他。董卓一回来，带着那么多人，走在院里哗啦哗啦的，他听见了就容易跑，所以我得把他从这屋支出去，找一个很开阔的地方，适合观众跟这儿看。得让董卓能瞧见，这事儿才行呢，要不然没有意义。

所以，刚才一听见声音，貂蝉就拿起粉扑来，先沾了沾脸，简单地补一下妆，将粉扑撂下，一转身就奔门口走。一打开这帘子，他正进来。貂蝉拿手一推他前胸，没让吕布进来，只说“将军，此处耳目甚多”。

聪明啊！你不让他进，你得有一个说辞，还得让他相信。“耳目甚多”，这话讲究了，有丫鬟、有老妈子、有扫地的、有擦桌子的，这说得合适。你说别的不行，将军别来，这儿有仨说相声的，那吕布更得进去了啊，我看看是哪个团的。

“你我凤仪亭一会。”

它这园子到最后一层啊，有一座花园，花园里有一个凤仪亭，貂蝉让吕布去那儿等她。

吕布实际上是一个很单纯的人，怎么说怎么好。答应着就转身往外走，直奔凤仪亭。穿过两层院子就到了，很大的一个花园。花园里边有一座八角的凉亭，上面还挂着匾，写着“凤仪亭”。下面有五磴台阶，五磴台阶大概三尺五高，因为每块砖是七寸多一点，到不了八寸。上去之后，亭子里边有一张石头桌子，有俩瓷礅，逛花园累了可以在这里歇会儿。就在这座亭子边上，有一个荷花池，里边的荷花开得很茂盛。

进了花园之后，吕布先把自己这方天画戟，找面墙立住。回头看了看貂蝉还没来，自己迈步就奔着凤仪亭来了，来到这儿，坐好了等着。不能来回溜达，让人觉着多没有城府似的，但是他心情很愉悦、很兴奋，也非常紧张。为什么？他是翘班出来的，保护着董卓见皇上，董卓那边跟皇上正谈着国家大事，他跑出来泡妞来了，当然是很兴奋、很开心的事情。但是吕布也着急，想说貂蝉你快点来啊，一会儿他找我怎么办啊？

等了老半天，这貂蝉才来。为什么呢？故意的。不能去太早，去太早话也说不明白，没等董卓回来，吕布先跑了，白染这水。非得把他拖住了，把董卓等回来，这事儿才热闹。所以貂蝉又稍微捯饬捯饬，把花又弄了弄，觉得差不多了，不能再抻着了，再抻着他真走了，才分花拂柳，来到凤仪亭。

貂蝉一来，哎呀，吕布爱得都不行了，太好看了。肤白貌美的，你看人家那个眉毛，那个眼睛……貂蝉撩着衣裳，上这儿磴台阶，走到他跟前，拿手“啪”的一下就把吕布这俩胳膊攥住了。就这么一抬头，一看吕布，吕布骨头节儿都酥了，愣在原地，连话都不会说了。

貂蝉看着他说：“将军呐，将军，我可看见你了。有两句话我要跟你说清楚，说不明白，我死都不值。”

“哎呀，妻呀！”他管她叫妻。也对啊，你看王司徒那儿，他都磕头叫老丈人了，是可以的啊。

“唉，现如今我已然是不洁之身，没有资格再做你的妻子，但愿得来生，我能够跟你共效于飞。我这辈子没有资格了，没有脸再跟您在一块儿了，等下辈子吧！”

这是个客气话，得先把这话说在前边，吕布感动得都不行了。

“不不不，哎呀，何出此言呢？我今生，我……我誓要娶你！”我发誓！我一定！我会娶你的！这之前，你跟我爸爸怎么好，那都不重要！

其实人家貂蝉，是拿这两句话问问你，看看你心里是怎么想的。他这么一说，貂蝉就踏实了。

“唉，将军呐，将军，我父王司徒，敬重将军的人品，才将我许配于您。万没想到，老太师如此行事，真真叫人……”说到这儿，貂蝉眼泪就下来了。这是影后附体啊，她跟他有什么感情啊？！满盘也没见过几回。但是，貂蝉说哭就哭，泣不成声，后边的话都没说出来。

吕布感动得都不行了，眼圈也红了："唉，别，别哭，我也没想到事情变成了这个样儿。我，我真是很爱你，我也不管天塌地陷，我一定要跟你在一起！"吕布语无伦次，说的净是这没用的话。

"好，将军，你何日娶我呀？"

这话说得太狠了。人家刚跟你表态，我要娶你，我爱你。"哪天"，这就是挤对人啊，往根儿上挤对。你别说那没用的话，你起誓、你诅咒都没用，哪天？这一句话，就把吕布给问住了。哪天呢？他也不知道哪天。

吕布这个人，我们不止一次地"赞美"过他，有勇无谋。对不起这一米八五的大高个儿，一身的能耐。小伙子长得又精神、又俊拔，不管用。他跟貂蝉斗，是斗不过的。貂蝉的戏，方方面面，从表情到情绪，控制得非常好。今天人家就问你了，你不说要娶我吗？好，我愿意，你说个日子吧。那能说得了日子吗？

这会儿，吕布心里边已经是各种滋味都在一块儿了：第一，我很爱貂蝉，到这会儿是色胆包天，要不然不能来；第二，我又担心，担心金殿上董卓一回头，人呢，我怎么交代。其实他心里想的是，我又得跟貂蝉好，这份工作我还不能丢了，我还不能出事儿。所以我们说他单纯。

但人家貂蝉可跟他不同，人家是要他的命来的。所以，貂蝉一问这句话，局面就僵在这儿了。

"此事需从长计议。"吕布的意思就是别催我，会有办法的，你再等一等。

貂蝉一翻腕子，把吕布轻轻地一推，推开了，吕布就往后挪了一步，心想怎么了。貂蝉叹了口气："唉。"擦擦眼泪说，"闻听得将军您是盖世的英雄，万没想到，您受制于人。"

貂蝉可真不好惹，句句扎心。因为像吕布这种勇将，很在乎自己的名誉，老子我是天下第一，谁也不如我，我更厉害才行。貂蝉正戳中要害，你是天下第一，那你受制于人，人家管着你，控制着你。是吗？“是。”吕布自己也得承认。

其实这话得分谁说，要是董卓说，我得管着你，他很开心。是，你是我爸爸，这行。但在心爱的，并且没有得到的女人面前听到这句话，他接受不了，脸都红了，觉得有点儿臊得慌了。

就这会儿工夫，貂蝉站起身来说：“好吧，将军，我不难为你，也是你我二人缘分太薄了，咱们来世再见。”一转身，拿手一扶凤仪亭的柱子，抬腿踩着踏板，整个人，就往外蹿，要往这荷花池里跳。

真跳吗？真跳，百分之一万地跳。这个不能让人看出假来，而且准知道死不了。我跳，你肯定得拦着我呀，貂蝉都算计好了的。你说吕布有什么意思，人家都设计完了，都抢在前边了，连他的词带他的动作都想好了，他还严格地按照剧本去完成呢。

他是武将，貂蝉那儿一往上蹿要跳，他过去一把就搂在怀里边，接到地上来。貂蝉泪如雨下，就靠在吕布胸口，委屈啊。吕布赶紧劝：“你别，别死，千万别死啊！我，我一定，我一定会娶你的，这个朝里的事情，我能处理得好……”虽然语无伦次，但是到这会儿，吕布还是很清醒的。为什么呢？出来的时间可是不短了，马上就要出事了。

吕布赶紧给貂蝉擦擦眼泪说：“妻啊，你容我一容，我马上就把这事情处理好，处理好了之后，我一定要娶你，我一定娶你！”其实这话是敷衍，就是你先别哭，我先上班去，有什么事儿回来再说，他是这么想的。

吕布转身要走，下了这个凤仪亭的台阶。刚下去，还没走，貂蝉这儿长叹一声：“唉，再若相逢，不知何年何月。”这话就如同套马的那杆，拿着绳子，“啪”的一声套在脖子上，马上就回来。一听这个，吕布是钻心地痛。说这话多让人感动啊，转身就回来了。回来拿手一抱貂蝉，貂蝉一推他，那意思是你说的都没用，你去忙你的吧。

就是这个节骨眼儿，一个要往怀里边抱，一个要往外边推的时候，花园门那儿，有人大喊一声："狗子，大胆！"

谁啊？董卓回来了。

该回来了，董卓在金殿上跟皇上正聊天呢，小皇上反正也说不过他，听着他高谈阔论，治国如何，安邦怎样，老百姓如何……说着说着，小皇上看看他说："太师，您脑门儿绿了。"董卓一回头，吕布没了，可能要绿。辞别了圣驾，打金殿上就下来了。下来就问吕布呢，说是骑马走了。"快快快，回府，回府！"他太了解吕布了，知道得赶紧走，再回去晚了就了不得了，所以赶紧上了他的车辇往府里跑。

到了门口，往常有三百斤重的董卓，再加上身份高贵，会有很多人过来搀扶着下车。但今天没有，今天这车到门口，还没停稳，老太师"噌"的一下就下去了。大伙儿还没反应过来，一道风，他就进去了。下人们心想要这样，以后咱不用抬他呀，他跑得比咱还快呐！

打前厅进来，一边走一边喊："貂蝉！吕布！"怎么喊这俩名字？他知道这不可能有别人的事儿。他不可能进来喊高峰和孙越。祸就起在貂蝉身上，一定是他俩的事儿。

打前边一直到后边去，直奔自己的后宅，一问丫鬟，净是些不敢说话的，有一老妈子说了："您上凤仪亭瞧瞧去吧。"

"好嘞！"

董卓打前院出去，直奔凤仪亭，打开花园门，一眼就瞧见这两人了：一个要抱，一个要推。董卓真急了："狗子，你好大的胆！"

按理说，董卓不至于大闹凤仪亭。他在郿坞修的城池里边金银财宝不计其数，粮食够吃二三十年，而且选天下美女八百只供他一个人享用。看来他对貂蝉是真爱。所以今天才急火火地从金殿上下来回家捉奸，要捉吕布，看他到底要干吗。

所以这一进花园，董卓就瞧见了，在凤仪亭上，两人在一块儿搂搂抱抱。虽然看不清楚，但这会儿也顾不过来了，就觉得两人在一块儿抱着，有点推推搡搡的状态。

董卓真急了："狗子，大胆！"他也糊涂，从遗传学来说，这对家长不利呀。人一急了就这样，顾不了许多了。董卓说着话就往前冲，三百斤的大胖子，但是我们得说，董卓不臃肿，而且很灵活，他是一个异常灵活的胖子。

前文咱们讲过，董卓文武双全，这是历史上真实记载的。您要看电视剧或是京剧，董卓的形象是一个大白脸，是个挺大的奸臣，是个大肚子的胖子。但在真实生活中，董卓是甘肃人，长在西羌部落的边上，打小就天天跟少数民族的哥们儿兄弟一块儿骑马、打猎，武艺超群。他为什么后来能从西凉带着二十万大军进了京，夺了大汉的江山，是因为他文武双全，并不是一个很蠢的胖子。尤其是到了这会儿，真急了眼了，你动了我最心爱的蝉蝉，这可不行。所以往前就冲，憋着火去打吕布。

要是按能耐、武艺来说，吕布要想打董卓能打三百个。但关键是：第一，你理亏啊，你偷人去了，被本家看见了；第二，感情上也差着，你管人家叫爸爸呀，虽然说没有血缘关系，但这么长时间了，又很疼你、在乎你，所以说愧得慌。因此，吕布赶紧把貂蝉一推，转身就跑。

董卓气坏了，这可不行，一回头，墙边立着方天画戟。吕布跑的时候没顾得上拿，董卓抄起来"啪"的一下就扔出去了。看过标枪吗？就是这么来的。戟的两边有月牙，前面是尖，真被扎上可真受不了，关键董卓有劲儿。要不是吕布，换作别人，一下就被攮死了。吕布听得身后有风，赶紧一闪身，拿胳膊肘朝外一搪，把方天画戟搪出去了。没顾得上捡，"噌"的一下子就跑出去了。这个章节您记住了，这个名词叫"掷戟"，这俩字，后文咱用得上。

吕布跑了？跑了也不行，跑了也得追。董卓这儿一追出去，一拐弯，门这边来了个人。“啪！”这位“咣当”一下就躺下了……每当这个府里边发生点什么事的时候，一定是一拐墙角撞到了一个人，而且一定是撞到了同一个人。对，又是李儒。前两回是吕布撞的，吕布好歹还瘦一点，董卓这是三百斤的大胖子啊，一下子给李儒撞出去好远，躺地上半天才坐起来，还岔了气了。董卓也没搀他，因为看不见吕布了，让吕布跑了。董卓正叉着腰，生了半天气，这才慢慢反应过来撞到人了。

“哎哟，快撞死我了！”

“唉，先生，你什么时候来的？”

“您出门那会儿我来的。”

“我没看见你呀！”

“你要一低头就看见我了，给我搾到那边去了啊！”

“好，来来来，有话到屋里说。”

两人互相搀着，李儒也得搀着董卓，因为刚才看见吕布跑了，就知道这当中肯定有问题。到了前厅坐下，有人给沏了茶来，李儒捧过来说：“您喝杯茶，消消气。怎么动这么大的肝火呢？”

“吕奉先，小畜生，竟然调戏我的爱妾。”

“哎呀……”李儒叹了口气，心想我都不爱搭理你，我跟你说六万多回了，让你给他，给他就完了呗。您就差这一个女人吗？天下都是你的呀！

“太师，咱们是为了江山呐。你打西凉到这儿来，你为的是什么呀？你带着二十万大军进京，先到的洛阳，现如今坐在了长安，为什么来？你为了肉夹馍？是为了得天下啊！得天下必须得有吕布帮着，你跟他犯得上吗？父子反目，叫外人耻笑事小，关键是影响了您的江山大计，是江山重要还是别的重要？”李儒之前已经这么掰开了揉碎了跟董卓说，如今再多说，李儒都觉得没劲了。

董卓叹了口气说："唉……爱江山更爱美人。"董卓的气还没消，较劲的劲头还没过去。

要说李儒作为谋士来说，真是尽心尽责。"太师，您记不记得古人曾经说过，秦穆饮盗马，楚客报绝缨。"

这两句话给董卓问住了。

春秋时期，秦国国君秦穆公的马丢了。后来有人说："您这马找着了，跑到山坡下面去了。那边不光是农民，还有附近的野人一共三百多位，他们把您的马吃了。现如今人都逮来了，您看怎么发落吧！"

秦穆公乐了："我听人说吃马肉得喝好酒，要不然的话，对肠胃不好。把绳子都解开，每个人都给点好酒喝，完事儿让人回家吧。"

这个消息一传开，没有人不佩服的，这才是国君该有的样子，尤其是这三百来位，很惭愧地就把酒喝了。三年之后，战争爆发，秦穆公被晋国围住，险些要死，来了三百人把他救出来了，就是吃马肉的这些位，感恩戴德。君王拿我们当自己人，我们要舍身救主。这是"秦穆饮盗马"的典故。

也是春秋时期，楚庄王打仗大获全胜，和文武群臣在渐台庆祝。楚庄王说："今天让我的两个爱妃给大家敬酒。"

两位娘娘一个姓许，一个姓麦，原文上说是许姬和麦姬。两位敬来敬去，敬到蜡烛都灭了，正好敬到一位，他拿手拉着娘娘说："来，抱一抱！"娘娘心想这不像话呀！

京剧中有这出戏，名字是《摘缨会》。"摘""绝"，道理是一样的。为什么我们唱戏的念成"择缨"呢？因为"摘"字按照古音来说不能念 zhāi，要念 zé。京剧里有很多这样的念法，"大街之上"，我们叫大 zhāi 之上，"脸面"叫 jiǎn 面。所以，有人常说的"择缨会"的"择"，实际写出来应该是"摘"字。

"缨"也需要解释一下，有人说娘娘一把把这人帽子上边那个红缨摘下来了，这不对。什么是“缨”？“缨”是帽子下面的带子，从帽子上下来，在下巴处系一扣，这根带子叫“缨”。娘娘是一伸手捞着这个了。

娘娘生气了，这是谁啊，敢调戏我，耍流氓啊？所以一伸手拉住带子一拽。因为在京剧舞台上不好表现，所以就说是帽子上有个绒球被摘下来，就如同把缨子摘下来了。

摘完之后呢，娘娘过去跟楚庄王说有人耍流氓，您让大伙儿点亮了灯烛，看看谁脑袋上没这个，就是他，得重办。楚庄王说这不合适，今天大家一起喝酒，高高兴兴的。如果这么做会冷落了功臣之心，岂能为了妇人之节，而有损士气呢？楚庄王说：“得了，今天咱们喝酒很高兴，咱们不醉不休。各位，连帽子带缨全摘了，都摘了之后咱们再点灯。”大伙儿都摘了，这才开始点灯，自然就不知道那人是谁了。

晚上回了后宫，娘娘说：“你这是怎么回事呢？”楚庄王又开导了娘娘一通。

七年之后，又一次打仗，楚庄王和先蔑打起来了，打着打着，楚庄王让人拿枪给挑下来了。京剧里边这个楚庄王就有唱词：“孤被先蔑挑下马，阵前闪出小娃娃，满营将官全认得，单单不认得哪个是他。”意思是来了一员小将救驾。救了之后，楚庄王问他的姓名，他说叫唐狡。

历史上这人是俩名字，还有的书记载说他叫蒋雄，所以在《摘缨会》中，说这人是蒋雄也对，因为版本不一样。有的是传奇，有的是小说，有的是演义，不是叫唐狡就是叫蒋雄，这俩是一个人。

回来之后论功行赏。谁功劳大？唐狡功劳大，两军阵前救驾。唐狡说我不能要您的这个奖赏，七年前那个流氓是我。这个故事就叫《摘缨会》也叫《绝缨会》。

当然，咱们跳出故事来说，这个故事也是当年人家编的。为什么这样说呢？第一，在春秋那会儿没有蜡烛，不可能点蜡烛，是一直到了汉朝，番邦外国在进贡的东西里边才有蜡烛。说明那是好东西呀，给皇上进贡才有两根蜡烛，让慢慢点吧，所以说那时候不可能有。当年点的东西叫“庭燎”，就是竹竿、木棍绑上东西之后，蘸上油，搁那儿点着照明，会点很多。比如吃饭的时候，屋里、外边庭院里都是，还专门有人负责跟那儿盯着等着，所以不可能是一阵风，宫殿里边的全灭了，这不现实。何况还有人等着随时灭了，随时得点呢；第二，春秋的时候吃饭是分餐制，每个大臣自个儿一摊，比如说走到这儿了，这位拽娘娘胳膊，娘娘一把捞住了，那就不用再点蜡烛，就知道是谁，不用费劲。点灯看看是谁没有意义。但这个故事编出来也有上千年了，姑妄言之，姑妄听之，只不过是在告诉大家，做人做事，心胸要宽广，就是这个意思。

今天，李儒拿这个典故跟董卓说，意思是劝董卓应该向那些人学习，为了一个区区的貂蝉，犯不上。

董卓点了点头说：“好吧，容吾思之。”这就是个客气话，从心里来说是不愿意的。

李儒出来站在门口叹了口气，心想完了，我们的事业、我们的性命，都毁在貂蝉手里边了。

这打发完了李儒之后，董卓得见见貂蝉，说：“你怎么能跟他在后花园私会呢？你知不知道我的心在滴血？你为什么这么做呀？”

貂蝉影后的劲头又上来了，眼泪哗哗的。貂蝉说：“我没想到他来呀！我在书房待着觉得有点累了，就想去花园透透气，没想到走到那儿，他来了，他说是你的干儿子，想跟我见礼，说两句家常话。我觉得这也没什么不可呀，我万没想到聊了两句，这小子起了歹心了。他一把就搂住了我，他一搂我，我就赶紧推他。我心想再推不开，我宁可跳荷花池，我就死了呀！你怎么还能这么委屈我呢？”

董卓就想，我一进花园，他俩在那儿，好像是貂蝉正推着，吕布那儿正往怀里搂，貂蝉没有骗我。对，说得对。“你也不必难过，我想了又想，吕布青春年少，他跟你年纪相仿，倒不如把你许配给他，你意下如何？”

这是试探，他哪能舍得呢？就是要这劲儿，看看你貂蝉愿意不愿意。

貂蝉这眼泪哗哗的，也没说话，一转身奔墙那儿走，墙上挂着宝剑呢，呛啷啷，宝剑出鞘，担在肩膀这儿了。

“太师何出此言？我只有以死明志！”意思是你冤枉我啊，我也不跟你解释了，我就死了吧！

有一说一，这不好来。有时候我看电影、电视剧，里边净有些大臣这么做，要切别人还行，切自个儿哪有那么容易啊？人到一死真想活，不是那么容易的，何况她这是做戏呢？相儿使得挺足，范儿起得挺好。

董卓马上就过来了，一把把貂蝉搂在怀里边。貂蝉没自刎，差点被憋死。“啪嗒”一声，貂蝉把手里的宝剑扔地下了，老半天董卓才撒手。貂蝉心想：“再搂会儿啊，我就算完了。”

“你可不能这样啊，我那是试探你啊！哎呀，千不对，万不对，都是我的不对，以后我再也不说这个话了啊，唉！”董卓觉着怪对不起人家的，五十来岁，三百来斤的大胖老头，做出娇羞之态，要多恶心有多恶心。

貂蝉点了点头说：“唉，太师呀，看起来这都是李儒之过尔。”

厉害啊！办事要周到，前前后后这点事儿，貂蝉最明白。怎么回事呢？董卓和吕布这爷俩没脑子，怕就怕李儒，就这一个明白人，他现在是没把事儿说透，他要说透了的话，我们这连环计就完了，所以说得先把李儒择出来。貂蝉的意思是，都是李儒在当中恶言相劝，挑拨咱们的关系。

您看，如果说是文武群臣坐一块儿开会，谁说什么董卓还得琢磨琢磨他为什么这么说，但是枕边风的厉害就在这儿了。貂蝉这一说，直接就说到董卓心缝儿里边了。

“对啊，这李儒说的话我都不爱听，还是我家蝉蝉说得对。”那怎么办呢？“这样吧，咱们去郿坞吧。”郿坞城离长安城有二百五十里地，城里应有尽有。董卓说去那里过二人世界，躲开他们这些个坏人。貂蝉说：“好啊，那太棒了，那咱们几时动身啊？”

“明早登程！”

转过天来，安顿好一切，二人直奔郿坞城。文武群臣站成两排恭送，上车的上车，上轿的上轿，几百名甲士跟着走。大臣们都说：“董太师一路平安，早去早回，到了发微信……”

这儿说着，群臣的队伍里边就有吕布。爷俩这扣还没解开，但是也没再撕破脸，再闹没有意义了，互相躲着点儿就完了。吕布站在队伍里，也一块儿该鼓掌鼓掌。但他那个眼睛就一直盯着那轿子，轿子里边坐的是貂蝉。貂蝉呢，也一直等着看他，就把这轿帘打开拿眼找，一眼就看见吕布了。貂蝉指了指自己，又指了指吕布，又指了指前边的董卓，眼泪就下来了。也不知道貂蝉怎么那么会哭，说哭就哭。她这儿一哭，队伍就动了，大队人马往前缓缓而行。

文武群臣在两边也挥挥手，吕布站在当中，眼珠子通红，牙咬得“咯吱”作响。就这会儿工夫，身后有人“啪”的一下拍了拍吕布的肩膀。

“奉先，有话说。”

王允诱骗董卓 李肃神解异象

隔河看见一锭金，山又高来水又深。

有心过河把金捡，又恐怕王八咬了脚后跟。

舍了罢来舍了罢，外财不富命穷人。

闹完凤仪亭，董卓带着貂蝉去郿坞城过二人世界了。有人说考古学家发现了董卓的郿坞城，就在今天的郿坞市旁边。

在欢送的队伍中，吕布百感交集，又恨、又恼，又委屈、又吃醋，这点东西杂糅在一块儿，这人“死”的心都有了。尤其是这轿子打跟前一过，吕布跟貂蝉四目相对，这个眼神是可以杀人的。为什么呢？如果说出来的话是有限的，但她拿眼神跟你交流、沟通，她的话是你自个儿琢磨出来的，这个杀伤力就大了。

比如我告诉你“我准备拿小棍打你一下，把你打死”，这是一回事。

但如果是我拿眼神告诉你，你自个儿就得琢磨，是迫击炮吧？是机关枪啊？你想得会很丰富，因为你比我了解你自己。

人家都走了，就剩傻小子吕布站在这儿了。正委屈着，身后有人冲他肩膀拍了一下，一回头，是王允。

该他出场了，因为这整个故事、计策是王大人设计的，而且非常圆满，一切跟他想象的一样。但是这会儿，他也不能乐出声来，那就容易破了案了，所以王允的表情还是很沉重的。

“将军，你怎么不去啊？”

多损呐。

吕布心想，那让去早去了呀，不让我去呗！

“寒舍一聚吧！”王允的意思是，咱们喝两杯，聊聊天。我要害你了。这句话不能说出来，但就是这意思。“跟我走。”

吕布最大特点就是听话：“好的。”

到了王允家，两人面对面坐着，那会儿吃饭都是一人一摊儿，吃的喝的，全摆齐了。两人喝了两杯，吃了几串。

请原谅我，才疏学浅，那个饭局我也没赶上，谁知道他们吃的什么啊，也就花生毛豆，烤个腰子呗。吃饭不重要，是为了说话。

王允把杯子撂下，长叹了一声：“唉……”这一声的意思就是，开始表演了，要开始害人了。

吕布还问人家呢：“为何叹息？”

我救不了他了。但凡换另一个人，也不可能发生这个故事，必须是吕布，还问人家怎么了。

王允戏很足，眼瞅着眼圈都快红了，擦了擦眼睛说：“想不到，老太师竟能做出此事来，夺吾之女，淫汝之妻。”

这八个字一出口，吕布这脸红不红绿不绿的。红是因为刚才喝了点酒，绿是因为心情。吕布说不出话来了，他端起酒杯来，又饮了一杯，撂下了。

王允都不带看他的，口中言道："唉，这一来惹得天下人耻笑。"吕布就坐在对脸，王允的眼睛就看着房顶，并不搭理吕布。

"笑也不是笑旁人呐，笑的是允与将军尔。允老而无能，何足道哉！"

王允的意思是这让人笑话，但人没笑话别人，就是笑话咱俩。我不重要，都这岁数了，还能怎么着？笑话我，我活该，我认了。可惜的是将军，盖世英雄，受此奇耻大辱啊！

这还不如过去给吕布来俩嘴巴呢，那个还好受点儿。这话说得拐弯抹角的，是在往吕布心缝儿里扎。

"呔！"吕布真急了，他一拍桌子，这桌上的饭啊、碗啊，"哗啦啦"洒了一地。

看到吕布这个状态，王允心里边又惊又喜：喜的是傻小子上套了，看来他恨上董卓了；惊的是你砸我的东西干吗？那盘子、碗，刚烤的串、大腰子、花生、毛豆……吃得太全乎了，当然，我这么说是缓和一下紧张的气氛。

总之，王允很高兴。怎么呢？我那话没白说呀，他能在我家里边拍桌子，说明他同意我说的话。但是王允坐在这儿很踏实："唉，此事，忍了吧。"意思是你就认了吧，甭管是翠绿还是墨绿，就这样吧，以后你就是"绿布"了，这是王允给他起的外号。打送完貂蝉回来，不就喊他"绿布"嘛！当然，这也不是王允给他起的，是我给他起的。

吕布腾地站起来说："我忍不了，忍不了，我一定要杀了老贼，方解我心中之恨！我得杀了他，要不然这口气我出不来！"

王允站起来说道："将军，切勿高声，累及老夫！"其实他心里都快乐出声来了，但嘴上仍然劝着吕布。

吕布是羞刀难入鞘啊，僵在这儿了。"你别管，我一定要杀了他，我要杀了董卓！但是……”自个儿说了一个但是，慢慢地又坐下了。

王允瞧着他问：“将军，顾虑何存呢？”怎么就“但是”了呀？你想说什么呀？

“他与我有父子之情啊，恐后人议论。”

“父子之情”这几个字是《三国演义》的原文。他是我干爹，我是他儿子，出来进去的爸爸儿子这么叫着，天下人都知道。如果我把他杀了，杀了简单，那后代儿孙或者老百姓，一传说这事儿，不好听。

王允差点过来啐他。怎么呢？你前面那个干爹是怎么死的？你杀丁原的时候怎么没考虑过这些呢？那时候杀得多脆生。把那个爸爸杀了，管这个叫爸爸，这不是你干的事儿吗？王允心想，这个人品质恶劣。

要不然怎么说王允聪明呢，要是换成别人，这茬儿就撂下了，也只能说“哎哟，还真是的啊，人家是爷俩，得了，以后找机会再说吧”。但是这样一来，这事儿就过去了。还得是王司徒，他站起来说：“将军，掷戟之时，父子之情何存？”这句话缺德缺大了。

看过前文的您可记着，大闹凤仪亭的时候，吕布跟貂蝉正我爱你、你爱我的时候，董卓来了。两人一翻脸，墙角那儿立着方天画戟，拿这个追着吕布，要扎死他，把这戟扔出去，叫“掷戟”。

王允的意思是，他拿方天画戟憋着要扎死你的时候，你们那父子之情在哪儿呢？这话说得恰到好处。因为吕布在找一个理由，我不是不能杀他，我需要一个理由：一是要说服我；二是得说服外人。王允这句话给的太是时候了。

吕布高兴了：“好，既然如此，司徒大人，我的岳父，计将安出啊？”吕布还没忘了岳父这茬儿，出主意吧，我认了，我要去把董卓杀死。

王允乐了：“欸，将军，不要一时冲动，此事还要再思再想。”

为什么这么说呢？这不是“拉抽屉”吗？对，得教瓷实了你，万一你自个儿一会儿说了不算怎么办呢？我得先替你说“算了吧，回去再说吧”。

吕布一伸手，打肋下“呛啷啷”把宝剑抽出来了，吓王允一跳。怎么了？心想翻脸了、破案了？看出我要干吗了吗？一愣神儿，吕布拿着宝剑，在自个儿肩膀这儿，“扑哧”一下，血就流下来了。

“岳父，我以此为誓。”

你说他傻不傻，犯得上吗？吕布起誓，怕王允不信。你看，划一大口子，这回相信了吧？

王允差点都乐了，心想我太信了。

“好啊！哎呀，将军呐，若扶汉室，青史名标；若扶董贼，遗臭万年呐！”王允这一句话，一下就把这件事上升到国家的高度了。吕布这会儿正需要这么一句安慰呀！这样一来，这就不是单纯的争风吃醋了，而是为了国家。

这两句话一说完，吕布都觉得这事儿做得对。这不是因为爱情啊，这是为了国家、为了社稷、为了百姓、为了天下的苍生！吕布自己感动得眼泪都快下来了。

您看，天下的事儿成功不成功，就看你怎么运作。同样一件事，也看你怎么说。一种说法就是，吕布为了天下百姓、为了苍生，决定杀董卓。换个说法就是吃醋，为了一位女子，两人打起来了。

吕布这边定完了之后，王司徒心里就踏实了。今天先送走了吕布，回过头来，王允坐在屋里想这个事儿，这不是小事！第一，董卓现在权倾朝野，其实江山是他的，人家又有兵、又有权，二十万西凉大军勇猛善战，那是人家的。哪儿那么容易就能把他杀了？第二，他现在在郿坞，不在长安，当务之急得让他回来，即便是派人去到郿坞找董卓回来，谁去？这个人他得心甘情愿去，他去就是为了骗董卓回来。谁能干这事儿？他到了那里，得保证他不会反吧，不管什么原因，他一害怕了把事儿全说了就完了；或者到了那儿他不敢说，这事儿也完了。就得找着这么一个人，他得去，去完之后，他说了董卓还得信，信了之后还得回来，回来了之后还得诓他进到圈套里来，我们才能杀他。所以这事情不是那么简单的。说着容易，真做起来这是大事儿。

所以王允又安排了一顿饭，把朝里这些个文臣武将，择品级高的，择能说到一块儿去的坐在一块儿。没别的，各位来吧，打开通讯录，翻翻朋友圈，看谁能去趟郿坞，诓他回来。翻来翻去，大伙儿择出了一个人来。谁呀？这个人叫李肃。

在我讲的《三国演义》里，李肃已经休息很久了，他上一次出场的时候，是去顺说吕布的。他跟吕布是老乡，吕布还跟着之前的干爹老丁的时候李肃去的。李肃说吕布，你在这儿受委屈了，你把你这个爹杀了，我带你认一新爸爸去。李肃到了那儿，这事儿就成功了，吕布拿出宝剑来，就把他干爹杀了，然后李肃带着他投奔了董卓。董卓爱吕布爱得不行，赏这个赏那个的，但是对李肃没怎么赏。只给了朵小红花，给他一个奖状，给他一面锦旗，所以李肃心里边一直就不痛快。我这么大功劳，我要不去，吕布来不了，没有吕布，你能有今天这个天下？你能有这么大权力吗？论功行赏，我也得升官发财呀！但是，李肃什么都没有得到，他心里难受，所以他有可能办成这件事。

大伙儿就分析这个人，方方面面都想周到了，想到最后，大伙儿说行，约他来吧，于是派人去请。

李肃那是多聪明的人呢，胆大心细，当初他就敢上兵营里劝吕布投降，那是一般人吗？到王允这儿来一进屋，一看这状态，就知道有事儿，都是够身份的官员。你要说是一进门，看见八个说相声的、俩唱快板的，李肃就应该掏点零钱给了得了。但王允这意思就不一样。所以一进门，李肃也没说话，往这儿一坐，那意思，我都来了，什么事儿呢？

王司徒得主持这个会议，他得先说话。当然他得先说董卓干过什么坏事儿，无外乎还是那点事儿，上欺天子，下压群臣，夜宿皇宫，无恶不作，火烧洛阳，这一路上百姓们受多大委屈……全讲了一遍。其实他说的这些个呢，大家也都知道，但是说话得有头，他不能一上来就是“咱们杀人吧”，这不行，它要有一个步骤。王允这儿说着，李肃就听着，一边听一边乐，点头听到最后，人家把话挑明了：“所以，相约肃公。”

这是句客气话，就是请您来了。一说到这儿，李肃就往前坐了坐，这个态度的意思就是，来吧，我盯哪摊，要我干什么啊？一看他这样，大伙儿就知道他的意思了，人的表情是可以出卖内心的。

“没别的，现如今为了匡扶社稷，我们准备诛灭董贼。他人在郿坞，我们打算派您去，假传圣旨诓他回来，共灭国贼。”

说完之后，大伙儿就看着他。

李肃的态度很温和：“好。”就点头答应了。

要不然怎么说后来董卓吃亏呢，也是由于他办事不周到。当年李肃那么认真地给你打工干活儿，干了那么大一件事情，立了功劳，把吕布劝来了，你觉得无所谓，实际有所谓。你不知道谁就会恨上你。很多仇人，都是你自己亲手培养出来的，到时候你就清楚了。

所以当下，李肃欣然允诺，很开心，我终于盼到这天了。要去，那就准备一切，大家要把事情全说明白，都分析了一下，分析好了之后，安排李肃赶奔郿坞。

一晃，董卓也在郿坞住一段时间了，最近老觉得不舒服，不知道什么原因，老觉得心里头有事儿。我不知您哪位是科学家，其实有的时候，人的第六感觉还是挺准的。人的身体对外界的感知，有时候虽说无法解释，但它是存在的。

这天晚上，董卓做了个梦。梦见什么了呢？他在屋里边睡着觉，一会儿工夫，阴云密布，紧跟着打天上来了一条金龙，这龙在屋里边飞来飞去，就奔他来了。大尾巴一甩，把董卓整个儿卷在身子里边了，越收越紧，董卓觉得喘不上气来，叫了一声，醒了，一身的冷汗。董卓坐起来，心想这是怎么了，怎么会无缘无故地做这么一个梦呢？再躺下就睡不踏实了，直到天亮。起来后洗脸漱口，吃点心，喝了点水，稍微稳定了一下心神。

外边有兵丁进来："报，李肃求见。"

"叫他进来吧。"

看见了吗？董卓说的是"叫他进来吧"。李肃在朝里官位不低，却连个"请"字都没有，就不拿人当人。

一会儿的工夫，李肃进来了，满脸喜气洋洋。这"三国"里呀，个个是表演艺术家。

"恭喜太师，贺喜太师！"

"喜从何来呀？"

"太师请看，现有天子圣旨在此。"

"讲说什么呀？"董卓就没拿皇上当回事，圣旨来了，得摆个香案或者得有一个香炉，得先磕头。见圣旨如同见皇上，这是封建社会臣子的礼仪，董卓没有，还跟这儿歪着，就跟有人给他送晚报来似的，没往心里去。

"请您回长安，请您登基为帝，让您当皇上。"

"我有个事儿想跟你说。"

"太师，什么事儿？"

"都说你聪明，而且他们传说你会解梦。我昨天夜梦金龙，你给我解释解释。"

李肃仰天长笑道："您这个呀，大吉大利！"

听说圣旨下来了，天子要把江山让给他，董卓还是挺开心的。他心心念念的就是这件事儿，但没有机会。虽然说他可以过去扒拉皇上，让他躲开，这座儿归他了，但是到这个身份的时候，又不能如此，还是需要一个光明正大、名正言顺的说法，才能当皇上。这也是为什么，之前王允说请他去家里吃饭，董卓一叫就来了，他很在乎朝里的群臣。当皇上不能一个人当，那么大的金殿就他一人，门口台阶坐着吕布，爷俩就像博物馆看夜的一样可不行。朝中需要文武群臣，不能都杀了，所以董卓很在乎王允的态度。

“王允怎么说呀？”

李肃乐了：“王司徒给您筑造受禅台。”

“禅”是多音字，念 chán，也念 shàn。“受禅”是个名词，上古唐尧虞舜、三皇五帝的时候有的。简单来说，就是部落里边选首领。比如我们是德云部落，大伙儿一直在一块儿愉快地玩耍，我带着大家去打猎、逮鱼、蹦迪、歌厅里唱地方戏……玩得很开心，但是慢慢地我岁数大了，不能再当这个部落首领了，我得找一个人替我，大家选吧。选来选去，我说咱们得公允，一定不能徇私舞弊。最后经过大伙儿的选举，选定了王胖子，我也认可王胖子。我得问问他，会逮鱼、打猎吗？地方戏会不会？他们蹦迪你睡得着觉吗？符合这些条件，那么就可以挑一个好日子，别下雨，同着大伙儿，把首领的位置让给他，这就叫“禅让”。

上古时期，这个还合适。后来中国历史上也有十几次禅让，但是真实的禅让，是有争议的。为什么呢？因为几乎没有真正意义上的禅，没有人心甘情愿地让。都是皇上岁数小，身体不好，或者能力不行，身边有一个大臣。这大臣已经等不及了，龙袍都做完了，最后说，你禅让给我吧，个个如此。“禅让”是一个好听的名义，最后都是小皇上没辙了，哭哭啼啼地说，我心甘情愿地把这个皇位禅让给他了。没有不哭的，都是哭着让，因为舍不得呀！

所谓“禅让”，在后世其实就是抢夺皇位，但是有一个非常好听的名义，还得让百姓看，我不要这个，玩了命地非让我当皇上。所以禅让一般都得让好几次，得屡次三番，皇上求着他，“您来吧。”“我不要啊。”“来吧来吧来吧。”“不要不要不要……”我用一种通俗的方法表达，是为了让大家明白。总之，您回顾后来的历史，只要是“禅让”，一定有一个哭哭啼啼的皇上，虽然不愿意，但是不得不如此。

李肃这说的，是叫“受禅”，意思是“接受禅让”。说现如今王允给您建了一个受禅台。它得有个仪式，找个合适的地方，不管是用土还是水泥、洋灰，给您建一座台子，摆上桌子，弄上香炉。到时候您得来，皇上也得来，文武群臣、保驾的、帮闲的、烧锅炉的、保安……都站这儿看着。您二位跟这儿一客气，把这皇家玉玺给您，两人亲切一握手，一照相，这就是正式交接了。

因为李肃说是王允在给董卓忙活这个受禅台的工作，所以董卓很高兴，发自肺腑地痛快，并且真真切切地相信。为什么呢？从董卓的角度想，这应该，王允跟我好啊，我的能力已经折服了他，而且之前在家聊天我说了，我要是当皇上，你是开国元勋，他还给我磕了一个头呢。所以现如今皇上一说把皇位让给我了，他给我准备受禅台，安排一切，水到渠成，这些东西都是真的，没有问题。

所以董卓很高兴，就跟李肃提起了昨晚的梦。

“我昨天做了个梦，梦见有金龙破窗而入，盘旋在屋子里边，最后把我卷在身上了，我这儿一惊，就醒了。都说你聪明盖世，你给我解解这个梦吧。”

李肃乐了：“恭喜主公，贺喜主公！”连称呼都变了。“主公，给您道喜！”

“喜从何来啊？”

“现如今您可不单纯是尚父了。您面南背北，登基坐殿，九五至尊。您是一朝人王地主，这个金龙进来把您盘上了，说明您跟这个龙合二为一了，您就是那条龙，所以说天下是您的了。”

话是开心的钥匙，要是换一个角度说，你完了，你老想当皇上，人家真龙皇上来了，缠你身上把你勒死了……同样一件事儿，就看你怎么解释。

董卓高兴地说：“好好好！那咱们准备准备吧，明日登程。”

当天晚上，董卓去看望自己的母亲。老太太还活着，《三国演义》原文上说董卓的母亲这一年九十三岁。要说汉末的时候，一个人能活九十三岁，很了不得。现在谁能活九十来岁也可以了。不管这个董卓有多么作恶多端、杀人如麻，干的事儿天怒人怨，但见着老太太，依然是儿子的状态。三百来斤一个大胖小子，来见自己的母亲，行礼问安，坐在母亲的床头。老太太一手拉着自己的儿子说：“儿啊，为娘做了一个梦。”

这不是倒霉催的吗？不好好睡觉，娘俩做梦玩儿。

“娘啊，梦见什么了？”

“我就梦见在咱们老家，有一天呐，我跟家里的几个人在村口站着。野地里跑来一个东西，这个东西很奇怪，大小、状态像一头猪，大耳朵，鼻子也很大，前脸就是个猪，可后边那个尾巴呀，是老鼠的尾巴，看那个样得有好儿百斤，就跑过来了。跑来之后，跟前所有人都害怕，就抄家伙打它，把它打死了，血流遍地的。哎哟，我一担心，就吓醒了。昨儿夜里醒了，到现在我都还在琢磨这个事儿，你说这个梦是什么意思呢？”

“唉，娘啊，不叫事儿，这可能是你想吃猪肉了。”

他这个解梦水平不如李肃。

“这猪怎么还长个老鼠的尾巴呢？是什么意思呢？”

“您想吃老鼠肉了。”

“不对，孩子，你说得不对。哎呀，反正做梦也是经常的事儿，这个倒不重要。为娘我这几天老是心惊肉跳的，这个胳膊呀，肩膀啊，我老觉着我的肉霍霍地跳，儿子你说这是怎么回事儿呢？”

“娘啊，给您道喜！”

“哪儿我就喜呀？”

“圣旨下来了，天子要把江山禅让于我，我明天就要进长安，接受皇位去。您心惊肉跳就对了，因为咱们家身份不一样了。这就说明，天下大势嘛，它有个变化，它可能会有些个……表现。”

“但是孩子，我不想让你走啊！”

“哎呀，娘啊，江山大事，我得去呀！”

“娘怕的是你一去，就回不来了呀！”

“欸，娘啊，那怎么能回不来呢？您好好看看，哪怕是最后看我一次了呢。”这董卓也是不会说话，他是为了安慰老太太。

这儿都安慰完了，还得回房间跟貂蝉再说说。貂蝉一听说怎么着，要回长安，皇上要把江山让给你？貂蝉乐坏了，心想行了，连环计该收科了，成功了！此一去，有去无回呀！但是董卓还挺高兴。貂蝉得做戏呀：“给您道喜，此一番禅让成功，您执掌大地山河，万民之幸也！”得说点儿这个话。

董卓高兴地说：“我进京接受禅让，做了帝王之后，你就是我的正宫娘娘。”

貂蝉又赶紧跪下，磕头谢恩。

转天早上，董卓身边的几百个甲士、随身带着的兵将，还有李肃，所有人都准备齐了，簇拥着董卓要奔长安。

董卓出门得坐他的车辇，前文咱们说了，四个大轱辘，上面有一大躺椅。那个年头它快不了，好在这条路修得好。打郿坞出来，这条路一直到长安城西北角，是一条笔直的大道。董卓跟家里人告别之后，甲士们就催起人马，直奔长安。

走了大概十几里地，董卓的车辇“咔嚓”一声，有一个轱辘掉了，切了轴了。大伙儿吓坏了，赶紧护驾，怕他掉下来。三百来斤摔地上得把地疼坏了。赶紧把他搀扶起来。

“罪该万死，罪该万死。”

看看怎么回事儿，检查一下吧。人家那年头也有专业的司机，像这个身份，他不得把车都保养得特别好嘛，所以觉得不应该有问题呀。看了半天，确实是有问题，要再装可就装不上了。这怎么办，还要赶路呢。那骑马吧。像董卓这样的人物出来，不能光是一辆车。

宝马良驹牵过来，大蹄子跟海碗似的，心儿都是空的，踩在地上“呱嘚呱嘚”地响，好听至极。董卓骑马是好手，他拽着丝缰，扶着马鞍子，左脚点镫，飞身上了马，坐住了，用手一拽这缰绳，走，赶路要紧。

大伙儿也都该上车的上车，该上马的上马，继续往前走。

走了三四里，他骑着马得拽着缰绳，他这么一拽缰绳，也不知怎么着，“啪”的一下，缰绳就断了。就这一愣神的工夫，马也吓了一跳，“哟”一下子，马爆叫，前蹄抬起来了，这大胖子打马身上“咕噜”一下就掉到了地上。所有人都吓坏了，赶紧又保驾，给董卓搀起来了。

董卓站在那儿就愣了。不对啊，一出门车就坏，一上马，马缰绳折了，断了之后把我摔下来了，他站这儿不说话，李肃就过来了。

“主公。”

“李肃，是不是有什么不祥之兆？”董卓的第六感来了。

“恭喜主公，贺喜主公！”

董卓心想，差点没摔死我。“我喜从何来呀？”

“以旧换新，您注定要换龙驹凤辇，金鞍玉辔。”

您看，灵就灵在这儿了。李肃老笑着说话，多坏的事儿到他这儿一解释，都好着呢。那破车不能再坐了，你是皇上了，该坐龙驹凤辇了；这马不行，得是金鞍玉辔，普通的马能让您骑吗？所以说是大吉利。

“哦，好好好，那来吧。”

众人把马又牵回来，把缰绳又重新弄了弄，两边有人扶着，上了马，还往前走。

路上一共是二百五十里地，走到将近一百里的时候，突然就刮起了风，风刮得跟猪八戒要来似的，怎么这么可怕。一会儿，风突然停了，再往前走，下起雾来了。这可都不挨着，怎么就又有了雾呢？董卓把马勒住了，就坐在马上发愣，还在想这个事儿。

李肃骑着马过来了，口中喊道："主公。"

"李肃，这个……这，这是何意呀？"意思是怎么天变成这样了，是不是不好啊？

李肃坐在马上说道："恭喜主公，贺喜主公！"

"李先生，我又喜从何来呀？"

"哎呀，要换天下，这是金风紫雾，老天爷在迎接您呐！"

"好好好。"董卓是一点自己的判断都没有，人家说什么还真听劝。

所以说这次的事儿，其实大功劳是李肃的，如果李肃不来，还真搞不定董卓。这一路上，董卓几次起了疑心，但凡琢磨着不对劲儿，说要回去，那他真完不了。长安城内外，董卓趁二十万大兵，他是想怎么样就怎么样，没人能扳倒他。何况吕布还是他的人，现在还没翻脸，一定是他说了算。上天给了他八百个机会，但是他一意孤行要去死，故事就是这么设计的。

终于，一行人来到了长安，董卓先回自己的太师府，收拾好一切，转过天来再进宫接受禅让。夜里，自己在屋里高兴，哎呀，这是做臣子的最后一夜了。其实这不光是他做臣子的最后一夜，也是做人的最后一夜了。但人有的时候就是这样，不愿往坏处想，凡事都只想好的，这就是人总吃亏的原因。

明天我就是一朝人王地主了，要说起来，我也不容易，打西凉带着二十万大军进了京。到了洛阳之后，杀杀砍砍。这一路之上，经历了多少风风雨雨呀！尤其是从洛阳出来，迁都到了长安，这一步一步的，也得亏了我自己的聪明才智。现如今天子禅让于我，这也是顺应天意民心……

董卓净往好处想，越想越开心，躺下了也睡不着，翻过来覆过去，自己还想，可能是太兴奋了，又坐起来喝了点水。想着明天我站在那儿，我的表情，我的状态，我跟文武群臣要怎么说话，跟皇上我还不能不客气，终归是人家让给我的，我得怎样怎样……琢磨吧，琢磨得差不多，快天亮了，算是眯瞪了一会儿。

天光大亮，董卓赶紧起来，说好了得进宫。他洗洗脸，喝了点茶，吃了块儿点心，收拾好了，出来还得上他的车辇。后边跟着他这四百多甲士，拿着兵刃在后边保护着，在车辇的旁边站着李肃。

李肃这儿挎着宝剑，往常李肃不挎宝剑，他一个文官挎什么剑呢。何况今天进宫，他挎剑干吗？但今天他挎着个剑，就站在这辇旁边，保护着老太师。

“陪您进宫。”

“好。”

走着走着，突然，董卓往旁边一看，路边有一个老道。这道士手里拿着一根竹竿，竹竿上挑着一块布，这块布得有一丈多长。整个这块布，上下写了两个口字。

董卓看了看，问李肃：“这是什么意思呀？”

李肃说：“恭喜主公，贺喜主公！”

董卓一命呜呼 四寇大闹长安

闲来没事下南壕，新坟倒比旧坟高。

新坟埋着糖油饼，旧坟埋着油炸糕。

香油果子来吊孝，哭了声丈夫，枣切糕。

董卓当不当皇上，其实是个天命问题。凭什么轮着他坐江山呢？它必有道理。但董卓不考虑这些个，他认为是应该的。这就没有办法了，这就导致好多事情董卓考虑得不周到。

例如，董卓这一次打郿坞到长安来，他竟然没发现，有一个特别重要的人，他没看见——李儒。一提董卓，必须得说李儒，那是他的头号军师、大谋士。多少事情、主意，都是李儒给出的，但是这次自打回来到了长安，文武群臣都接他，却没看见李儒。按理说董卓就得琢磨琢磨，他人呢？要说是做饭的孙师傅，看病的贾大夫，没来就没来吧，怎么李儒没来呢？但他没问，当天晚上跟家里睡觉，也没想起来这茬儿。

那么为什么李儒没露面呢？李儒知道，露不露面，已经没有意义了。他在家里给董卓下了四个字的评语：“慷慨赴死。”你就是送死来的，你之前要听我的，好多事情不会这样。但现在，来不及了，十个贾大夫也救不了你，真大夫也救不了你，死就死了吧。所以说李儒没露面，他这儿还挺开心的。

主要是李肃来接的他。李肃这次充当的工作是快递员，得把他送到了。李肃去郿坞把他诓来，任务就是把他领到受禅台那儿。这时的董卓，连李肃腰中挂着的宝剑都不在乎了，一门心思想着自己接下来要发言的表情和状态。直到遇见一个道士，董卓才觉得奇怪，问李肃那布上的字是什么意思。

“恭喜主公，贺喜主公。”这一道上，李肃净拿这句话糊弄他了。

“喜从何来啊？”

“也没什么事儿，此乃心恙之人。”

“心恙”，意思是这人心里有病。车辇往前走，董卓也没再往心里去。《三国演义》的原文上，也没再说这个人是干吗的。其实大伙儿都知道，上边一口下边一个口，这字念吕，也许就是一种暗示。这人是哪儿来的也没提，原文上没说，咱也别给人瞎解释，只能说这可能是上天安排下来的，提醒他赶紧跑。或者是朝廷要求口腔卫生的……咱别瞎猜了。总之就是发生了种种奇怪的事情，但是，董卓没往心里去。

车辇一直往前走，眼前就来到了皇城。走到北掖门，有太监传万岁的口旨，请董太师带二十人入内。

“二十人”，什么意思？你不带了好几百人吗，拿着刀、带着枪的，各式各样的，不能进。董卓倒是犹豫了一下，但没太往心里去。因为往常他进宫的时候，有时也不让带这么些人。抄起来五六百人，一气儿进宫也不像话。所以他自己有时候就是带五十人、带二百人，这都没准儿。

但像今天说得这么准确，说就带二十人来，还是头一回。可到这会儿呢，他还是没往心里去。他这车还往前走呢，他这车辇到了这儿从来不停下来等着放行，永远是直接进。所以，一错神的工夫，车已经进去了。里边大内的兵丁出来一拦着，这儿百人就留在外头了，只剩二十来人跟着他。

进了北掖门往左拐，离着很远就看见前边的未央殿了。说未央殿，您可能不熟。但有个未央宫是您熟悉的，想当初斩韩信就在未央宫，就是这个地方。现如今一瞧，这未央殿门口的台阶上站满了文武群臣。董卓还挺开心，文武群臣这是接我来了。往常没有这样，往常都在殿里边待着，今天出来在外边等着，可见我的身份。董卓很高兴，心想我要当皇上了。这会儿就得贾大夫给他来一针。

车辇越走越近，离着近了也就看清楚了殿前面台阶上站的这些人，正当中站着王允，两旁边大官小官都排好了。董卓坐在车上挺开心，腰杆挺得很直，那意思是一到跟前儿，车停下来，你们得下来接我。车辇要停没停呢，王司徒说话了。

“奉圣旨，征讨逆贼。”

这几个字一出来，董卓就一机灵。“奉圣旨”，这说的肯定不是我的旨意啊，我工作还没有交接呢，还没传旨意呢。“征讨逆贼”，谁是逆贼呀？看看这状态，他们不像啊，那这活儿就是我的了。

就这么一愣神儿的工夫，王允就喊上了：“黄琬何在？”

旁边有一个司隶校尉叫黄琬，高声应道：“在。”

“速去讨此逆贼！”

话音刚落，黄琬打台阶上边下来，手里拿着一杆枪。他这一下来，他身背后呼啦一下过来了好几十个校尉兵丁。黄琬都到了跟前，董卓还纳闷呢，就没错过神儿来。这个黄琬连话都没有，一抖掌中这枪，“啪”的一下，枪就下来了。这会儿工夫，董卓才心想，不好。仗着他身体灵活，就往外蹿，要下车辇。枪来了，往前一扎，“啪”的一下，正顶在这留人结上。

什么叫“留人结”？拿枪来说，上面是枪尖，底下是枪缨子，枪尖底下有个圆疙瘩，这疙瘩叫留人结。为什么要有这个东西呢？这枪往里一扎，要没这疙瘩，这枪就过去了，万一枪劲儿大点，扎过去了，你往回再拉，就有可能拽不回来。从枪尖扎进去，扎到这疙瘩这儿，比如往心脏上扎，也就死了，没有必要让整个枪连杆儿一块儿过去。

还差一点到“留人节”这儿，还死不了，但是真疼，疙瘩堵在这儿，黄琬这儿赶紧一使劲，往后拽这枪。董卓一伸手打腰里边抽出一样宝贝来。是什么东西呢？自卫锤。

大臣的腰里边会带一个防身的武器。没有说带刀、攮子的，那不像话。这个武器有一尺长的一个把，头里边是一个铁疙瘩，一个小锤，这叫自卫锤。总在身上别着，就是有点什么事儿，抽出来，无论跟谁，往脑袋上一砸，它能防身。

有人说我没听说过，其实看看《三国演义》，有一人见天带着这个，那人叫曹操，曹操身上老有这个。后文说到，他常常抽出来敲死几个。所以董卓也有这么一个玩意儿，因为他这会儿没有别的了，手里边有点抓挠就是好的。他把那小锤抽出来，一翻身站在地上，身上有一处窟窿，血就冒出来了。疼是真疼，但是比起逃命来，这就不叫事儿了，而且它不是扎到内脏上。

“哎呀，吾儿奉先何在？”

话音刚落，就在这个官员的后头，有人喊了一声：“呔，老贼，你哪里走？”

完了，称呼变了，往常喊老爹，现在喊老贼，虽说只差一个字，但差一个字也不行啊！董卓一瞧这下坏了，说话的工夫，吕布就到了跟前，手里边拿着方天画戟。说时迟那时快，吕布到了跟前，举起方天画戟来往前一送，董卓诧异了一下，他还没明白怎么会这样，这方天画戟的尖儿就已经到了喉咙了。“扑哧”一下攮进去，紧跟着一挑，一踢，三百来斤的董卓，“咣当”一下就躺在地上了。

要死还没死呢，李肃过来了，人家腰里挎着宝剑呢，抽出来，就这一下，把董卓这人头就切下来了。李肃心里话，今天方解我心头之恨。为什么恨呢？当初他去把吕布说过来投降，董卓对他都没有什么奖励，所以他今天要砍掉董卓的人头。没有这出，没有人会知道李肃这么恨他。董卓到死都不知道李肃恨他，这个仇人都是他自己慢慢培养出来的。所以说人做事，好多时候，要有前后的眼，你要想得周到一些。

董卓人头落地，台阶下边、两侧，欢声雷动。太开心了，怎么呢？这事儿成功了。这时就看出来王司徒这个人的睿智了，马上就说：“万岁有旨意传下来，单问董卓一人之罪，随行的人员无罪。”

一下子，这话传开了，宫门以外好几百人全跪下了。

“吾皇万岁万万岁！”

要是别人的话，跟着来的谁也活不了，都得抓起来。这样是对的，因为法不责众嘛，你怎么管得了那么些人？不要添这些个没有必要的麻烦。

这儿说完了之后，就有人把董卓的尸体抬出去。整个长安城里，老百姓高兴坏了。

“听说了吗？董卓死了！”

“好，该死！”

为什么呢？因为大批老百姓是从洛阳来的。想当初董卓要迁都，打洛阳迁到长安，走的时候，把皇陵都刨了，把所有有钱人全杀了，金银财宝都是他的了。带着剩下的老百姓一块儿，打洛阳走到长安。一路上死了三分之二的老百姓，活着的人到了长安，没有地方吃没有地方住，再想想家里人都让董卓给祸害死了，能不恨吗？所以今天一听说董卓死了，哎呀，太高兴了，都上街来看这死尸。有踢的，有骂的，有拿砖头跟这儿楔的，各式各样的，大伙儿要多解恨有多解恨。

到了晚上，看守死尸的兵丁说，咱们做一个小游戏吧。什么小游戏？这大胖子三百来斤，都是油啊，咱们给他点了吧。他们就在董卓肚脐眼儿这儿，拿这个棉花呀，搓好了之后攮进去，点着。你还别说，他那个油是真经烧，这叫“人油蜡”。

过去有这个，整个死尸就跟这儿点灯，老百姓都上这儿来看，这也是他作恶多端的下场，他害死太多人了，这么死都是便宜了他。

这点事儿是忙完了，朝廷里边还有正事儿。文武百官都上了金殿了，谁开心呢？皇上开心，汉献帝开心。哎呀，朝堂上终于有我说话的机会了，这么长时间以来啊，我就是，嗯，啊，这，是。总之是之前没有话语权，都是董卓一个人说了算。现在行了，皇上坐在皇位上，开心地说：“此皆是众卿之功也！”意思是这都是你们大家受累了啊，你们很辛苦。这是实话，因为在这件事情上，皇上没干什么。连圣旨都是大伙儿编的，也没法跟他商量，万一走漏消息呢，再连累皇上了，所以假传圣旨到郿坞，骗董卓回来，这些事儿都是后来才通知他的。皇上反正无所谓，怎么都行，他听大伙儿的。

这回行了，文武群臣真拿自个儿当皇上，小皇上很激动、很开心，抑制不住内心的喜悦，那么接下来得干点正事，什么正事呢？论功行赏。谁的功劳大呢？王允。但是王允说了，为臣匡扶社稷，这是我应该做的，不能再赏我了，要赏先赏吕奉先。他这一枪这一戟，把董卓扎死了，先奖他。因为王允知道，他好这个，爱功名、爱富贵，爱金银财宝、爱宝马、爱美人，所以先赏他。皇上也挺够意思，好，赏吕布，赏一个小红花、给个奖状、给个锦旗，行了，这是很大的荣誉。

赏完了，吕布都傻了，怎么就给我这个玩意儿？这跟我想象的不一样啊！这个什么意思呢？这是不是毛病出在王司徒身上？噢，明白了。

“司徒大人。”

“奉先。”

“哎呀，这件事情，多亏了您老人家运筹帷幄。我见您办事果敢，而且很多东西是我们想不到的，太周到了，像您这样的人堪称是我的长辈。我想拜在您的膝下。”

“别别别。”王允吓了一跳。

怎么着？吕布要拜王允为干爹。王允心想，这个主儿，离开干爹活不了啊！这都杀俩了……

“别别别，陛下，快快加封！”

意思是皇上您赶紧封，您不封，我要倒霉。那好吧，皇上封：第一，封你个奋威将军。什么叫奋威将军呢？我们不细致研究他多大的官，就告诉您翻译过来就是天下第二。这就可以了，说你是天下第二大将军；第二，封你为温侯。咱都说吕布是吕温侯，记住了，从今天起才叫吕温侯，之前不叫温侯；第三，赐给你假节。“假节”，是一个竹竿，上面挂着三串牦牛的尾巴。有人会问这有什么用？这用处大了。走一对脸，如果对方的官职不到二品，你可以随便把他处死，就这么厉害。

这下行了，吕布厉害了，这手方天画戟，这手假节，别的甭说，最起码信号足了。

除了吕布，群臣也都有所嘉奖，都嘉奖完了。还涉及一个巨大的问题，就是董卓这些个兵怎么办。二十万西凉大兵怎么办？

皇上是没有主意呀，听王允王大爷的。这孩子就这点好，有上岁数的，就听人家的。之前是董大爷说了算，现在是王大爷，王大爷您看呢？王司徒想了又想。

我很希望他能多想一会儿，但是他没有想得很多，咬着牙说：“就地遣散。”

就这四个字，断送了大汉江山。所以好多事发生之后，要回头看才能知道这个事情失败在什么地方。“就地遣散”，就是国家不养着你们了，不管你过去如何，现在都结束了。

但这些人是有能力的，是董卓从西凉带来的，都是经过训练的，跟特种兵似的。到了洛阳，是从死人堆里闯出来的，这一趟得打了多少仗。包括到最后火烧洛阳城的也是他们。董卓很爱惜自己这些兵，没有什么军纪，就是他们开心就好。所以这二十万人，烧杀抢掠，无所不为，手里边有的是人命。临走之前，董卓把皇陵刨了，他们就把老百姓的坟都刨了，没有人性。

王允想的是这帮人品行不端，留着他们是个问题，国家还得花钱养着，不能要。但是他没想到，后患无穷。这些人一路打甘肃到洛阳，打洛阳到长安，先学了一段时间河南话，讲得挺好。这又学了陕西话，已经掌握了两种方言了，见了多少美丽的大姐姐，刨了多少坟，得了多少金银财宝了。现在你告诉他们脱下军装，放下武器，掏出金银，回家种地，他能愿意吗？三个人五个人不同意不要紧，不同意杀了就完了。可那有二十万人呢，那可了不得。

但是这会儿，朝里边王允说了算，皇上也听，皇上哪有什么主意啊？皇上就是这一日三餐能保证就行了，到时候有人给洗衣裳，晚上睡觉有人给掖被子，就可以了。至于其他的，你们开心就好。

所以这二十万兵就地遣散，为以后埋下了无穷的后患。

这儿刚处理完，有人来给王允送信，说您看看这个吧。

王司徒接到手里看了看，看完乐了。谁写来的信呢？是四个人联名写来的信。李傕、郭汜、张济、樊稠，这四个人。他们是谁？是董卓的四大金刚。之前指挥西凉二十万大兵，他们四个人跟着一块儿，进京是他们，去洛阳的也是他们，到长安也是他们。除了吕布之外，这四个人就是董卓的心腹。这四个人联名写了一封信。什么信呢？求饶信。董太师死了，我们四个人现在一心向善，以前不管是不是我们错了，我们改了，求朝廷给我们一条活路，求王司徒饶过我们，就这么简单。

王允这看完了给皇上，皇上看完了，又交给王司徒说："您看着办。"

王司徒看看，说："天下皆可赦，此四人，不赦。"意思就是天下谁犯了错误都行，就你们四个人不行，求饶也不行，怎么求都不行。这就是个问题，这只能说明王允在政治上还是有些薄弱，考虑得不周到。他是觉得这四个人，原来带着兵将净干坏事了，就不能饶他们。但你得有办法处置他们啊，你就告诉他们，不行，你们必须得去死，这哪行啊？万事留一线，江湖好相见啊。你把道儿堵死了，不给人留活路，步步相逼，这不行。

比如说吃饭，您吃好的，我们凑合喝口粥。你非得过来，往我这粥锅里扔把沙子，你也端不走，我这儿也喝不了，我能不恨你吗？我这儿倒了重新弄，又熬一锅粥，你给我"咣"地来了一脚，把锅踹碎了。那我就别熬粥了，我买着吃吧。你追过来，把我钱抢走全撕了。那我要饭去吧，然后你出来，谁敢给我饭就打谁。你要这么逼我，那我就得弄死你啊！你不给我活路走，你也别有活路了。

所以今天王司徒就犯了一个致命的错误，这四个人绝不可赦，不光不可赦，逮着之后还得杀。人家四个都准备好了，我们洗白白、擦香香，一叫我们去我们进门就磕头，我有罪，我忏悔，我流泪，我改了。我们词都准备好了，结果那边来信儿了，别费那劲儿了，快起来吧，等着死吧。哎呀，不给道走啊！他这么挤对咱们，咱们怎么办呢？这四位坐在这儿，直嘬牙花子。

"你有主意吗？"

"我有什么主意啊。"

"你说咱们怎么办？"

"咱跑吧。"

“跑了咱能干什么？”

“咱找地儿说相声去。”

“别闹了！你啊？上哪儿说相声去？你连大褂都没有啊！”

“我有布鞋……”

布鞋管什么用啊！我是形容一下，改善一下紧张的气氛。

总之，四个人很气愤，商量来商量去，说得了，别费劲了，也别等他来人了，人家说了不饶咱们，不饶咱们，咱就跑吧。归置归置，这些年连夺带抢的，咱们也有不少钱了，收拾收拾，咱们化化装吧。我装个老太太，你装个老大爷，咱们老两口子。你们俩是一对，我们俩一对……四个人跟这儿瞎出主意，到最后也是没有办法，必须要跑，不跑就活不了。

这时，来了一个人，刚才这哥儿四个开会，他一直跟那儿坐着，乐得都不行了。一看这四个人商量完了，真要跑了，这主儿站起来了。在这么紧急的情况下，还能笑得这么潇洒，这不是个一般人。

“诸位，要是此时逃跑的话，则一亭长可缚君尔。”

什么意思呢？意思是你们四个人把军队扔下，打算跑，这会儿来一村长，就给你们捆上了。这是他的原话。这个人的出现，改变了大汉江山的走向。

我们看看《三国演义》，这么多人物，不管是刘、关、张，还是曹操、孙权，从我们的角度来看，都有各种各样的毛病。很多时候，我们都替他们惋惜，要不是这样，他们得该有多好。哪怕是诸葛亮，我们也能说出来他这招儿出得哪里不好。但是唯独这位，从我的角度出发，我挑不出他的毛病来，我把《三国演义》翻烂了也挑不出他的毛病来。他是《三国演义》里最聪明的人，反正我是这么认为的。

他跟过好多人，现在，他跟着这四大金刚，后来他也跟过张绣，他也保过曹操，他后来跟着曹操的儿子曹丕，他们没有一个人拿他当外人，谁都拿他当亲人、当心腹、当手足。而且整部《三国演义》里，他出的主意没有不赢的时候。他说什么都对，他给你出一主意，无论多大多小，你只要听他的，准赢。没有这么聪明的。曹操多奸诈啊，连曹操都夸他。曹操曾经说过一句话："我有这么好的名誉，都是由于你在外边夸的我。"那么大的曹操都信服他。整个三国战乱纷纷，没有谁说家里边不出事的，父母老家、街坊邻居、亲戚孩子，死的伤的那很正常，战争年代嘛。唯独他，他家里，连亲戚带朋友，一个受伤的都没有，更别说是死了。而且他都是托付仇人替他照顾。他就算准了人家不敢把他怎么样，所以托付仇人、对手照顾他一家老小，从头到尾，没有毛病。不得了啊！包括到他死了之后，跟魏文帝配享，魏文帝就是曹丕。曹丕死了之后，得有一个太庙，供着皇上。什么叫"配享"？皇上的牌位在这儿，大臣死了，大臣的牌位能跟皇上挨在一块儿，这叫"配享"。那得是功高盖世的人，得是皇家极其信任的人才能做到这一点。诸葛亮这么厉害、那么聪明，到最后人家蜀汉高层对他是有忌惮的，是觉得他有问题的。这位没有，一生光辉，聪明至极。

这人姓贾，叫贾诩。

看到这个名字，很多人会愣一下。这人这么聪明、这么大能耐，怎么知名度不够呢？这是因为他不是传统意义上的忠臣，他要一直保着一个人下去，人们会觉得这人挺好。但他是逮谁跟谁，所以人们觉得这人怎么能这样呢？但是在那个战乱的时代，凭什么保谁就准对呀？

我们得跳出"三国"看"三国"呀！

贾诩打刚才就看这哥四个，又要说相声、又要化装成老太太的，他站起来说："四位，坐下歇会儿。不是我劝你们啊，你们要跑是吧？军队扔下，你们就跑了？好啊，你们要一走，来一村长就能给你们捆上，一根绳子给你们四个捆好了，跟一辫子蒜似的。"这句话是我说的啊，贾诩哪有这个思维。

贾诩的意思是，你们跑了，就等于给你们交出去了，必死无疑。

“先生，计将安出啊？”哥四个的意思是，您别光数落我们呀，把我们四个骂得跟蠢猪似的，您得出主意呀！怎么办呢？

贾诩乐了：“咱们都是凉州人。吕布、王允是并州人。明白了吗？”

“什么意思？”这四个废物点心。

贾先生说：“行了，甭费那劲了，这个活儿还得我干。”

转天，贾诩就开始操作。首先，散布谣言。这风一传就传出去了，说你们都听说了吗？王允要把西凉人刀刀斩尽、个个杀绝。要是说别的，他们可能未必爱听，过马路要走人行横道、不要随地吐痰……你说这没用，但你说他这种闲话，哪怕是瞎话，大伙儿也能听得进去。不算那些走了的，长安城连城里带城外，有十几万西凉人。王允要动手了，要对我们西凉人动手，怎么办？人都是自私的，先得考虑自己，得活下来。这些年，他们刨坟掘墓，抢老百姓的钱，存这么些钱了，不能白扔了呀。所以大伙儿都很着急。

这个风传得差不多了，四大金刚来消息了。李傕、郭汜说：“已经这样了，有人愿意跟着我反吗？”就等你这句话呐，做事得有个领头的呀！如果是队伍里边炒菜的王大爷说了，谁跟我反，没人搭理你。但这四位说，管用。因为原来这些人就是他们的兵，只不过他们上面有董太师，现在董太师死了，那他们也是这些人原来的带头人，跟着他们是没问题的呀。何况这些人现在上天无路，入地无门，有家难奔，有国难投。朝里边要杀这些人，那别等别人杀了，先反了吧。就这一下，十几万大兵就聚起来了。

您看，这就是王司徒没有考虑周到的地方。十几万人聚齐了，人家四大金刚一研究这事儿，把这十几万人分成四路人马，一家带着点儿，兵分四路，打长安城。那有什么不行的呀，我们打西凉过来，打洛阳也是我们，迁到这儿也是我们，让我们走，门儿也没有啊！

四路人马兵发长安城，要说起来这四路人马里边，李傕运气差点，他在长安城以外碰见吕布了。老朋友啊！老李不敢打老吕。为什么呢？打不过，跑吧。他带着自己的队伍，先退五十里。这事儿怎么办？哥几个坐一块儿一商量，没事，就派几个人去诱惑一下，把他引到别处去。

这法儿特别灵，派一小股部队出去，跟吕布一碰面就喊："哎呀，救命啊！"人跑了，吕布就追，就这么听话。他走了，四路人马就可以攻打长安城了。长安城四门紧闭，皇上还问了王大爷该怎么办。王大爷说踏踏实实的，别理他，关着门，只要不开门，他进不来，你我不会给他开门。可是，王允忘了，长安城里还有大批的西凉兵呢。你跟他是外人，人家跟城外边是亲人呐！

城内的西凉兵一看，自己的人来了，开门吧！城门大开，四路人马，"呼啦"一下子冲进了长安城。四大金刚传下将令，咱们在洛阳怎么着，咱们在长安就怎么着。紧接着，就是十万大军血洗长安城。

四寇掌握朝政 李傕剑杀樊稠

一寸光阴一寸金，寸金难买寸光阴。

汉朝有个诸葛亮，明朝有个刘伯温。

河南相州文王墓，山东曲阜圣人坟。

也能写也能算，打下了花花世界锦绣乾坤。

三川六水依然在，怎不见争名夺利那些人。

李傕、郭汜、樊稠、张济原来是董卓手下的四个大将，董卓一死，大伙儿投降。现如今朝中的大权其实是落在王允手里边的，天下人都能赦免，唯独这四个人，王允说不能赦免。这就是王允做事太绝了。人们都说董卓进京把汉朝闹没了，其实，如果王允不这么斩草除根，后来也不至于出这么大的麻烦。

这话一传出来这哥四个说，完了，天下人啊都能饶，就咱们四个不能饶，怎么办？到这会儿，那就没别的辙了，不是你弄死我，就是我弄死你。何况这四个人手下还有一个出类拔萃的谋士贾诩。

整个《三国演义》里边，你要问我：“郭德纲，你说说谁最聪明？”我认为贾诩的智力是在诸葛亮之上的。但是，《三国演义》和《三国志》不一样，《三国志》多少跟历史更近，演义就已经是小说了。小说里边势必要分出来谁是男一号、谁是反一号。《三国演义》有作者，故事是人为创作的，所以作者就把刘备摆在了正方男一号的位置上。如果从这个角度出发，贾诩是没有得到应有的赞扬的。但要是仔细琢磨故事本身，贾诩太灵了。我没有佩服过别人，但我真的很佩服贾诩，那么纷纷乱乱的年代中，他和他的家人能够太平无事。你要说没有感冒过，这咱不敢说，但其他家动辄死了三百口，他们家一点问题都没有，而且最后又得了善终、做了大官，不服行吗？这是人才啊！只不过就是他出的好多主意太损、有的计策太毒，所以导致人们对他的评价不高，才抹杀了他的聪明才智。战争时期，智慧的力量比单纯的武力要强之万倍。

四寇听了贾诩的建议，破了长安。战争年代，最委屈的就是老百姓，百姓什么都没有啊。人家又有枪、又有马，而且杀红了眼，什么都顾不过来。破了长安之后，双方又在长安城里展开了巷战。文武群臣、有样的大臣，在这场战争中，死了十多位。

有人说吕布不是在城里边吗？对，吕布是在城里边，但是吕布准备跑了。有人说吕布打不过李、郭吗？打不过。为什么呢？第一，吕布手下的兵也是西凉人；第二，没有钱。打仗打的是钱，您上网看看国际上的战争，一打仗就要追加军费多少个亿。那不是盒饭钱啊，拼的是武器，有钱才好办。一边趁着八千兵、趁着一万兵；另一边十个人有一把菜刀，五个人有一个铁锹，那就别打了，好好种地去吧……而这时的朝廷没有钱。钱呢？王允不给。为什么不给呀？怕吕布闹事。给了吕布钱，他的兵更壮了，我们管不了他怎么办呢？所以不能给钱；第三，分散了兵权。

王允不给吕布集中兵权，怕的就是他与敌人兵合一处。所以，朝廷到了该用兵的时候，叫天天不应，喊地地无言。

为什么说大汉江山毁在大忠臣王允的手里边了？就是这个原因。他想得不周到。他是一个清白的能臣，打到天边也得这么说。王允是为了汉家江山，但是他的技术不过关，他的想法有问题。说到根儿上，在政治方面他还是糊涂的。就这么简单。所以，即使吕布有再大的能耐也没用。

吕布准备跑，走之前找王允来了。他还是很尊重王允的，觉得王允就是他的“王四爹”。为什么叫“王四爹”呢？吕布自己的亲爹、再加上丁爹、董爹，他想的第四个应该就是王允。也对，为什么呢？从貂蝉的角度出发他是老丈人呀，岳父也是爹嘛！

“司徒大人，城里边守不住，咱们得走啊！我带着您，有我吕布保着您，料也无妨。”

王允知道当前的情况吗？知道，没有比他更知道的了。但是到这会儿说什么都没用了，到最后他要坚持自己的根基，不能走。

“江山现在这个样子，皇上年幼，我要走了，会留下万古的骂名，不能走。倘若祖宗显圣，社稷有灵，紧要关头，要是能拨转乾坤，保住天下，则万民之幸也。”王允说这些冠冕堂皇的话，意思就是我不走，要走你走吧。

吕布一听，那我就走呗，是吧。有机会再给您当儿子吧，回见吧。吕布带着自己的兵，杀出城去，他走了。

他走了城里就乱套了，王允得保护皇上。这皇上可倒了霉了，正是上学的岁数，今天董卓说了算，明天王允说了算，孩子一点准主意没有，怎么办呢？乱了。知道乱了，但王允保着他，躲在宣平门，外边有一道墙，这墙也很高，有七丈。

按现在的算法，汉朝的一丈大概是两米。七丈高，也合个五六层楼差不多。人站在上边，眼看着城下乱套了。一会儿的工夫，李、郭、樊、张四将到了，其实这个局面就很清楚了，皇上跑不了。

四寇坐在马上拧着眉瞪着眼，已经杀红了眼，旁边有贾诩、贾文。贾军师用低低的声音告诉四位："下马参驾。"

有脑子的人他就是不一样。下马参驾，说明我是臣子，我是见驾，您是皇上。如果这四位还跟这儿耀武扬威，那就是反叛、国贼，这个东西很重要。哥四个这才下马，撩衣衫跪倒往上观瞧。

皇上在上边眼泪都快下来了，这过的叫什么日子？这四人跪底下说："罪臣参驾，吾皇万岁。"说完，磕了个头。

皇上这个是懂的："四位爱卿，平身。"皇上这一句话，就是定了性了，怎么呢？承认他们是自己的臣子了。如果皇上一翻脸，喊的是"四个大胆的奸臣"，那就该上迫击炮了。当然，那时候没有迫击炮，也不至于那样。

四个人站起来谢主隆恩，站这儿得说话，但这会儿就很尴尬。说什么呢？"皇上您吃了吗？""今儿天气可不错呀！""待会儿咱们出去玩去？"这不行，得说你为什么来的。

"陛下，董太师乃是干国的忠臣，为何被王允诛杀？"

这个话得说明白了。

董卓早死了，都被点了天灯了，骨头都烂了，为什么还要提他？因为要师出有名。即使实际上是我们要憋着害谁，但一定要有一个非常正义的说法，这样让所有人看来，我们做的是对的。我们现在打出的旗号就是，董太师是忠臣，王允是个大坏蛋，我们是给董太师报仇来的。这个话的含义就是我们不是造反，不是为了你的大汉江山，我们不是谋逆。这话说得可厉害了。

一说这个话，皇上傻了，皇上心想这个跟我有什么关系呀？是你们天天打仗，都骂对方是奸臣，谁杀谁都行啊，保我这一天三顿饭呗。皇上回头看看王允，意思是："上，该你了。"

王允点点头说："陛下，不要理睬这些乱臣贼子。您多多保重，老臣我下得城去，我与他们几个人面对。"

"王司徒你不能去呀！"皇上虽然小，这个还是懂的，"你一出去不就死了吗？"

"陛下，不可惜臣以误国家。"意思是你不要爱惜我，他们杀进来，连你都完了，就把国家耽误了。王允撩衣服跪在地上，给皇上磕了三个头，站起身来往外就走。

小皇上这儿喊着、拉着，已经拉不住了。这点咱们得说，王允担得起这份忠义，他要把忠臣做到底。

王允一直来到外边，面前都是军队。那四位站好了，拧着眉、瞪着眼。王允往这儿一站："呔！尔等逆贼，兴兵到此，是要谋篡山河吗？"

双方的出发点不一样。

那四个人来了就解释，我们是要给董太师报仇的，我们不是要造反。王允这边出来就先问，你们就是造反。你提的是董太师，我根本都不搭理你，我就说你们是造反。

王允这么说，这四个人得搭茬儿，不能回避。

"王允老贼呀，董卓有罪，我四人何罪？天下人皆可赦，独不赦我等？"你说董卓有罪，好，董卓有罪。我们呢？我们有什么罪呀？天下人都能赦，就我们不能赦，我们招你惹你了？但是，到这会儿再说别的都没有意义了。

王允仰天长笑道："尔等四贼，假借替董卓复仇，兵困长安，天人共愤。"意思是你们少来这套吧！你们来就是造反来了，老天爷不会饶你们，老百姓也不会饶你们。

一般说到这儿就差不多了。怎么呢？再怎么解释也没用了。再瞧这个李傕，抽出宝剑来，往前"扑哧"一剑，好可叹王司徒倒在地上，一命身亡。

王允，杀青。人不错，是个忠臣。唯一的缺点，就是最后这个事儿做得太绝了。他对政治问题的理解还是过于片面，由于他这个片面，导致后来国家乱套了。否则，安抚住西凉的兵，把这四个人控制住，慢慢调养生息，大汉江山再恢复，应该是没有问题的。所以，江山有时候也可能毁在忠臣手里。天下的事儿，难说得很。

这王允都死了，那就没别的事儿了，冲进来呗。见到皇上，小皇上吓坏了，也不知道说什么好了。这四个人高兴了，去皇宫内外看看，哦，是这个样子的呀！哇，好棒，这都是我们的了。旁边的贾诩看着，心想这四个人呀……意思是也不干点正事。

四个人对贾诩还是很尊重的，问他："先生，我们是不是要杀了皇上坐金殿呢？"

把贾诩气的："此乃儿童之见也！"意思是你们就跟小孩一样，哪能这样？这不行！参驾，见皇上，讨官。得让皇上嘴里说出来，你是什么什么官，才能奠定你们正统的身份。

"那我们……我们做什么官？"

"找皇上要官，要四卿。四卿是朝里的顶级官员，太保啊、太傅啊，要这个。"

"好，好。"

哥四个跪下来见驾。

"我要做太师，我要做太保，我要做太傅，我要做太后……"

皇上想了想，这仨可以，太后那个不行……

所谓"封官"，其实就是变相地把持朝政。皇上能怎么着啊，你们四个说了算吧。好，这四个人打这儿起，是二号的皇上。天下乱套了，但是他们哥四个很开心。你看多危险啊，前些日子还说归置归置东西，带着拖拉机回家种地去了，现在皇上归我控制了，高兴。

但是天下事，它不可能一成不变。

这天，来了大队的人马来串门。打哪儿来的？打西凉来的。谁呢？领头的叫马腾。

马腾这个人您可能不太了解，但马腾有一个好儿子您肯定熟悉，叫马超。马超很厉害，但现在不是他的重头戏，还轮不着他，现在出场的是他的父亲。为什么马腾要带着兵上这儿来呢？

想当初，十八家诸侯弄了一个联盟讨伐董卓，董卓不能守着屋里等着挨打，也得找张三、李四、王五、赵六带兵来给他帮忙。对方有十八家，咱们也凑点吧，其中有一家找的就是马腾。马腾在哪儿呢？在西凉。早先董卓在西凉没出来的时候，两人是“仇人”。

两人在一个曲艺团都是说相声的，那肯定是“仇人”……后来这位调到歌舞团去了，这就好点了。就这么一个状态。

等于董卓带着兵打西凉进京之后，马腾就宣布了，这地儿都是我的了，那个胖子走掉了，现在我说了算。他把西凉控制住了。

董卓进京之后，身份、权力已经很大了，他根本就不在乎了，不就是西凉吗？拿走。我还特意正式封你为西凉太守，那块地是你的了。你好好看着吧，我不要了。所以董卓高兴，马腾也高兴。但是，这一要打架了，十八家诸侯要来了，董卓就给马腾写了一封信，找他去帮忙。信来了之后，马腾根本没往心里去，活该呀，打死你才好呢。董卓说这不行，你得来，来了我给钱。两人还讨价还价上了。一说给钱，马腾很开心，愿意愿意。这么着，就开始准备出兵。当然，也不是特别发自肺腑地愿意，是为了挣点钱去。准备了大概一年，其实他出兵的时候董卓都凉了。那也得去，咱们就当是连旅游带玩一趟，到那儿得把钱拿回来。所以，这天，他带着大队人马到这儿来了。

马腾一行人来了，要找董太师。有人说董太师没有了，不光是你们，还有人也在找董太师。

“那我这个钱怎么办？”

“谁答应你的呀？”

“董太师答应的。”

“董太师没了，没告诉你们吗？人都碎了，上哪儿找去。”

所以他这个兵也围在这儿，就等着怎么处理。

那么，真有人还在找董太师吗？是的。李傕、郭汜为了找董太师剩下的骨头，费了大劲了。人都死了、都碎了，找他干吗？不能不找，《三国演义》里边有介绍，在这个地方，有一个灵异现象。

马腾率兵兵困长安城这些日子，李傕和郭汜还很忙。

忙什么呢？忙着找董卓。

有人说董卓不是碎了吗？是碎了。那为什么要找有限的几块骨头和碎肉呢？这是贾先生给出的主意。名不正言不顺，你是为了董卓进的京，你们现在当了官了，但你们是为太师来的，你得为他做点什么。做什么呢？第一件事，死尸得找着，找到之后得下葬，入土为安。这样，你们做的事情和进京的目的就一致了。

哥四个一听，对呀，找吧。上哪儿找去？早没了，之前他的脑袋大伙儿都当球踢了，身子骨也乱套了。那也得找，发动所有的人去找。也有送来的，送来就拼呗，拼也拼不上，拼不上怎么办呢？李傕和郭汜正啃羊蝎子呢，就说这几块也拼上吧……

到后来，真是牛骨头、马骨头等各类骨头，大概凑了个人形，也就行了。因为他们心里知道，自己并不是真这么孝顺董太师的，这是做给别人看的。

身子差不多拼上了，脑袋没有怎么办呢。问贾先生怎么办，贾先生说，那就雕一个呗。

过去有这个，找木头或其他什么材料雕一个。说雕一个可以，那得找一个好手艺人，得像。

找来一位。“雕这人脑袋会吗？”

“跟大人您回，我们家祖传的手艺，好几辈都雕这个，活灵活现。您放心，只要我见过，就能雕得好。”

“董太师见过吗？”

“没见过。”

“那我说啊，是个胖子……”

“大人，这不行。这光说是个胖子哪儿行呢，你哪怕找人给我画一下。”

好，找画画的画师，画董太师，画得四方大脸，剑眉虎目。

“您看看吧！”

“画得挺好看、挺细致，眼睛也很有神，但是不像董太师。你见过董太师吗？”

“我也没见过，愣画。”

“愣画不行。来吧，咱们出主意吧。这里稍微塌下点儿，这眉毛还得粗，这鼻头不行，太小了。董太师那鼻子是蒜头的，像一个独头蒜一样。”

郭汜说：“不不不，不是独头的，有瓣儿。鼻子翅儿还挺大……”

大伙儿你一句我一句，一边画一边修改，到最后了，画师说：“您看看吧。”

像，活灵活现。再去拿给雕脑袋这位。

“你看，这行吗？”

“这行了，有这个就可以了。我可以雕刻得跟它一模一样。”

“好好好，几天完活？”

“那得十天。”

“抓紧吧，越快越好。”

十天之后，拿来了，托盘上边盖着一块红布。这四位连贯先生一起，打开这块红布盘子，正当间儿是一个脑袋，活灵活现的，跟那画一样。就是太小了。

“这个……你们家三辈干这个？”

“对，我们家三辈都是雕这橄榄核的。”

“行啊，这算是你给我们弄一小样儿。要大的！给董太师下葬用知道吗？你想啊，底下都是腔子、骨头架子，中间搁一这个，好看吗？要大的！”

“跟大人您回，没有这么大的橄榄核。”

“用檀香木，檀香木！”

“您早说呀，那比这个简单多了，这有两天就得。”

这回，再找檀香木给他雕。

“这回这可太棒了。”

“像不像？”

“像！”

之后给董太师准备一切铺的、盖的、穿的，那就简单了。脑袋搁好，都弄完了，装在棺材里边，外面套上椁。

什么叫“椁”？我们老说“棺椁”，棺是棺，椁是椁。棺材是两层，里边这层叫“棺”，装死人的。棺外面还有一层，也是一个木头盒子，叫“椁”。要是皇上驾崩了，得有好几层。几层棺、几层椁，那就要按不同的身份单独说。一般的随葬品就放在棺跟椁之间的地方，这人生前喜欢的金银财宝、鼻烟壶、心爱的玩意儿，再给放边上。

当然，董卓这个达不到帝王的标准，但也得比普通老百姓强。尤其那个年头，不像现在殡葬改革了，丧葬从简。过去，说一个人从咽气到下葬，得有十八九道程序。从咽气开始，首先要进行一道程序，叫“复”，其实就是招魂。得有人一只手叉着腰，一只手拿着死者的衣服，面向北方晃着衣服，喊死者的名字，招他的魂。这是一个最重要的仪式。这完事之后，要拿一个叫“角柶”的东西，它是两头翘起来的，类似汤勺。用它把嘴撬开，搁在嘴里，卡在上下牙之间。这之后再塞什么珍珠、夜明珠、玉之类的，有的人家也会塞米。嘴不能一直合着，得有这么一个东西搁在这儿。之后，要在院子里边挖一个坑，找一个方向坐水。坐完水之后给死者洗，剪指甲、梳头发，剪下来的指甲、梳下来的头发都扔在刚才那个坑里边，擦完这个水也得倒在那坑里头。然后挑幡儿、给亲戚朋友送信儿，大伙儿来了一哭，家里人穿什么样的服装，到最后再怎么入殓……这都是过去的一套，很麻烦。

如果是皇上驾崩，就要比这麻烦得多。

一般来说，皇陵分地上跟地下。地上就是“封土”，与百姓的坟头不同，从明朝之后，皇上的要做得像塔之类的。地下就是“地宫”。有时候我们看电视上演，一挖出来，说这厉害了，是“黄肠题凑”，说明埋的是大人物。整个墓室里砌一个木框，里边装着皇上的棺椁。“黄肠题凑”就是用一万多根柏木，去了皮之后在空隙里一层一层地堆起来，上边还有盖儿。这里不能用榫卯，不能用钉子，全是凭技术。

虽然董卓不能按帝王的规格下葬，但是也得按诸侯那么来。这一切弄好了，把他埋哪儿去呢？商量来商量去，有人说给他送到郿坞吧。他活着的时候，其实想要在郿坞那儿养老，但是没想到，打那儿出来就没再回去。

挑了一个好日子，文臣武将，护送他的死尸到郿坞。负责干活儿的那些个专业人士给找地儿，刨坑、下穴吊线。“吊线”就是棺木下去要平整，据说如果不平整他的后辈儿孙会腿不方便；如果棺椁前面不好的话，后辈儿孙眼神儿不好……只是有这么一个说法。董卓哪有后辈儿孙，全家都死了。但这规矩也要守。弄好了、盖得了，把坟头也盖起来，点香，文臣武将跪在这儿该磕头的磕头。

李傕、郭汜、樊稠、张济站在坟前边都得讲话。太师是一个多么好的人，为老百姓做了什么什么贡献……今天我们把他老人家送回来入土为安，因为老话说得好，死了的才是完人呢……不管怎么说，得说点好话。

这话说完了，大伙儿磕完头站起来正准备走，天上就来了乌云盖顶、雨如倾盆。“咔啦啦”电闪雷鸣，没见过这么大的雷。“啪啪啪”儿声雷，把坟劈开了，紧跟着，“咔啦啦”棺材盖给劈开了，打里边死尸蹿出来了。董太师这死尸哪儿都有，他本来就是拼的嘛。一会儿工夫，太阳出来了，大伙儿刚才都避雨呢，避完雨说趁天气好，捡吧。这儿的踢过来，那儿的也踢过来，重新盖好，干活儿的赶快过来拿铁锹来往外铲铲水。棺材下去吊线，这还吊什么线呢？吊不吊也无所谓了。盖得了、弄好了，这回的坟头比刚才结实，刚才是土的，这回是泥的。这回行了，来磕头吧。磕完头站起来讲话，董太师是一个好人呢，为国、为百姓……夸奖他。我们这些个同殿称臣的非常感动，大伙儿流眼泪，完事儿。好，再见董太师。

众人一抬头，“咔”，电闪雷鸣，雨如倾盆，坟劈开了，棺材盖儿劈碎了，董太师又出来了，呈天女散花状，噼里啪啦……大伙儿先避雨吧。等雨停了，跟刚才一样，大伙儿继续吧……捡，扫水，盖好，磕头。讲话吧，董太师还行，不愿意麻烦人，就是死了才麻烦人，你看弄我们这一手，指甲里都是泥。董太师再见，别送，别送了。刚才送我们就把我们弄得够狼狈了。结果往外一走，又是一声——“咔嚓！”

电闪雷鸣了三次……

您看《三国演义》，就是这么写的，连着三次。第三次的时候，这棺材里头着火了，连檀香木的脑袋、羊蝎子、牛胯骨、羊拐……全烧没了。“天之怒卓，可谓甚也”，这是原文的八个字。意思就是说老天爷恨他恨得不行了。文武群臣看着，没有什么可捡的了，都烧成末了。

“您看看来吧。”

“就这样吧。”

“这回行了，这回也不怕他送咱了。董太师不要送，你一送，眯我们的眼睛。”

都成灰了，扫一扫吧。也没人敢说别的。怎么呢？这是老天爷翻脸了呀。

李傕和郭汜刚回来就听到好消息了，西凉来朋友串门了，马腾到了。马腾自己不能先来，先得打发手底下人来，见着李傕、郭汜，互相拿方言一问候，都很开心，完了得说正事儿。

“干吗来了？”

“十八家诸侯讨董太师，我们带兵给董太师帮忙来了。”

“你来晚了，你要早来一会儿还能赶上上坟，现在董太师都成末了。”

“是，我们也听说了，来晚了一步。”

“不，不是来晚一步。谢谢好意吧各位，回去吧。”

“回去可不行，许的我们要给钱的。您看看，咱算算账吧，票我们都开完了，给钱我们就回去了。这一路上大家也很辛苦，一路上不容易，我们也准备回去了。”

“那回去就回去吧，钱是给不了。”

“怎么不给钱呢？”

“谁许的你们呢？”

“是董太师许的我。”

“是啊，他都成面了，我们给不着。”

这回来跟马腾一说。

“您别太难过。”

“怎么回事儿？”

“董太师确实是死了。”

“这我难过什么呀？”

“但是人家说了不给钱，唉。”

“哟，这，董卓死我不难过呀！不给钱我很伤心呐！不行，不给钱不走，兵困长安城！这大老远来一趟，我们容易吗这一路上？不给钱回去道上吃什么？”

出于这个原因，双方就展开了战斗。

那么，这仗好打吗？不好打。谁能更厉害一些呢？马腾。

马腾来的目的就是打仗，他这个士气在这儿，这帮人憋着火呢。而且早听说了，说现在城里这些人也是咱们的西凉老乡，来了之后烧杀抢掠，金银财宝都是他们的。咱们来晚了，早来也能那样发家致富。现如今来了，就这么回去，门儿也没有啊！不能白来！所以他们是憋着打仗来的。

城里的兵呢，是不愿意打仗的。已经成事儿了，有的在长安都置了宅子、娶了媳妇儿了，媳妇儿还有仨月就生了。他们想的是：我这些年抢了不少金银财宝，接下来我儿子要做买卖了。所以这些人的心态就不一样了，他们不愿意打。

在这样的情况下，两边一交手，马腾这边就赢了。这可怎么弄呢？城里边这哥儿四个商量该怎么办。

“你去！”

“我不行，我还不如他呢。你去！”

“我喝酒了。你别不说话，你去！”

“我这儿吃着中药呢！”

……

“老樊，老樊你去，老樊。”

“那行，那我去吧，我去。”

两军阵前，马腾这边派出来的叫韩遂，对阵樊稠。两人一见面，眼泪都快下来了。两人是老乡、发小儿、同学。

“哥们儿，我可看见你了。”

“我好多年没看见你了！听说你挺好的？”

“我挺好的。”

两人身后那么些兵都纳闷儿，哟，怎么了这俩？

两人感动得不行，那还打吗？那还有什么可打的！可是老樊心想，我不打这怎么交差呢？

“有人在后边瞧着呢。咱俩这样，假装比画比画。你就跑，你往那边跑，我喊两嗓子就回去了，不叫事儿。”

“哦，那行！”

“哇呀呀——”

“哎呀，好厉害呀！走了！”

“哎呀，没想到跑掉了！”

后面有人看着，回来就跟李傕说：“老樊可不对劲。两军阵前我们瞧见了，他跟韩遂两人的关系很暧昧。”

“别人不知道，我们知道啊！他们哥俩好啊。那行了，你甭管了，晚上吃饭吧。”

当天晚上就摆了鸿门大宴，哥四个喝酒吧，好好地聊一聊，这些年来可是不容易呀，尤其是跟着董太师，一步一步走到今天，荣华富贵啊！

哥儿个你敬我我敬你，挺高兴的。正喝得高兴呢，李傕把剑抽出来了。

“我给各位耍剑。”

这哥仨愣了，这是喝多了啊！

“哎呀，这怎么着了，还要耍剑？”

“耍一耍我这个宝剑。”

“您那叫舞剑！”

“对对对，来，我要给大家舞剑！”

过去这是平常事，尤其是练武的人，喝完酒习惯这样弹剑而歌，很多大英雄都是。喝点酒，心情愉快了，把宝剑抽出来，就拿着宝剑这么弹着，打着节奏。

“春天里那个百花香，啷哩个……”

所以说那几位也没往心里去，就看他耍呗。耍起了各种招式，耍来耍去，突然一转身，面对面就是樊稠。樊稠端着杯正高兴，一仰头把脖子露出来了。他一仰，宝剑到了跟前儿，“扑哧”，宝剑穿过喉咙。老樊端着酒，欸，有点凉，心想扎一窟窿不好看，那怎么办呢？要不我死了吧。一扔酒杯，“咣当”一声，死尸倒地。

那哥俩还坐着呢。

“好剑，好剑，好剑啊！”

李傕在靴子尖上把这血擦了擦，一转身，宝剑还鞘。

“樊稠，贼子，你竟然在两军阵前卖放韩遂、勾结马腾，死有余辜。我为什么杀他？按理说咱哥四个最好，没有比咱们近的。但他现在起了歹心，跟咱们不是一条心，这个人不能留，所以我把他杀了。”

郭汜点点头说：“好好好，杀得好，喝！”

喝完之后各回各家。

郭汜没事，张济坐到屋里直哆嗦。从私交上来说，他跟樊稠是好朋友，他死了，下一个就是他了。怎么办呢？一不做二不休，扳不倒葫芦洒不了油。

高人聚集帐下 曹操为父报仇

鹅鹅鹅，曲项向天歌。

白毛浮绿水，棒子面大饽饽。

樊稠死了，谁害怕呢？张济，他跟樊稠更要好。四人集团里，常是两两关系更好。张济晚上回到屋里，眼泪都下来了，哥四个一块儿，跟着董太师，一步一步走到今天不容易，怎么就把樊稠给杀了呢？眼瞅着好日子在跟前儿了。

为什么叫好日子在跟前儿了呢？马腾带着西凉兵已经来俩月了，这两天贾先生说了，你们别着急，马腾他们快走了。要不说这个贾诩真是神仙呢，他告诉兄弟四人："别着急啊，马腾待不住，人困马乏，他不是打仗来的，是发财来的。到这儿待些日子，一看没有钱，大伙儿心里一毛躁，扭头就该走了，你们别招他。"

说得对，虽然有时候两军阵前看似要打仗，但这都是假的呀，本来是准备要退兵的。在这节骨眼儿上，谁能想到，俩老同学阵前相会，出了这点事儿，回来之后，一剑刺在嗓子眼儿上，樊稠死了。所以说，张济思来想去，不能再待了。为什么呢？剩我们仨了，他俩关系好，我连个拉偏手的都没有，我呀，我跑了吧！

于是，张济找了一个节骨眼儿，带着自己的人马，开城走了。

这下更完了，四人集团去了一半，就剩这俩了。着急吗？着急。

天下事儿就这样，这就是那句老话，“福无双至，祸不单行”。又出事了。

出什么事了呢？黄巾军死灰复燃。

整个“三国”的故事从一开始，就是闹黄巾军。之前的已经镇压下去了，但如今又缓上来了。在哪儿？在青州。而且这一缓上来，势头很猛。

李傕、郭汜两人坐屋里开会。

“怎么办？老樊死了，老张跑了，就剩咱们哥俩了。”

你别看这俩天天在一块儿，没觉得怎么着，一旦真没了，就觉着坏了，咱们俩有点单呢。而且马腾的兵还在这儿呢，朝里的人看咱俩又别扭。咱们怎么来的，咱心里有数啊。虽然现在他们见咱们面也问候，“吃了吗”“喝了吗”“大哥好”“喝酒去”“撸串去”……但人家心里不会这么爱咱们俩。再加上这青州的黄巾军一闹，如果不管他们，黄巾军杀来杀去，杀到咱门口来，腹背受敌，城里边的人不定高兴成什么样了。不管他们谁输谁赢，最后咱俩是要死的。

那么当下最要紧的事情，是需要有人去镇压黄巾军。两人商量来商量去，又把贾先生请来，一说这情况，贾先生乐了。

“好，你们俩啊，终于要干点正事儿了。”

这个想法是正确的，但是，让谁去镇压黄巾军？指着李、郭二位没主意，还得是贾诩。贾先生给出了一个主意：“以天子的名义，下一封诏书，找一个人，把这诏书给他，说皇上让你招兵买马，攻打黄巾军。”

这个人是谁呢？曹操，曹孟德。这是大人物啊！

曹操在我们这本故事里已经休息很长时间了。来吧，借天子的名义，写下诏书。亲爱的老曹，国家用你的时候到了。黄巾军他们又造反了，你赶紧招兵买马，聚草屯粮，带兵去攻打。希望你能够胜利，赢了之后给你买好吃的。皇上一盖章，把信送到山东，给曹操。

曹操接着这封诏书一看，乐得都不行了，嗬，想吃冰下雹子呀！

之前这些年，曹操也愿意招选能人志士，但好多人不爱来。为什么呢？名不正言不顺的，上你那儿去不踏实。现如今有天子的诏书了，曹操终于可以正式地招人了，

这个专业名词叫“开府”，意思是招揽文臣武将。好处在哪儿呢？这是有编制的，不一样了。过去，是给曹操帮忙，哥儿个不错，“来呀，咱们一块儿去打仗”；现在是国家命令，您来了之后有编制，你是正经“公务员”了，师出有名。就这一下，天下文臣、勇士，纷至沓来。

头一个能人——荀彧。

不知道您了不了解“三国”，讲“三国”离不开荀彧。这俩字呢，有的白字先生，容易给人错念成“苟或”。

荀彧原来做过官，做官的时候，官也不是很大，给皇上看笔墨纸砚、印泥。皇上一说写作业了，他就开始工作了，铺好了，来吧您。但是后来觉得在朝里边，尤其董卓那个状态，自己的志向也得不到发展，便辞官不做了。他倒是也各处都去，袁绍那儿他也去过，待了些日子，袁绍很爱他。

“哎呀，荀先生，太棒了，咱们好好地干，共图大业！”

但是荀彧看来看去，觉得不灵，觉得自己跟他没有任何的发展，不合脾气，找一借口就出来了。这回一听说，曹操这儿有编制，这个行，

去吧，就到了曹操这儿。

有人禀报说来人了，曹操挺高兴。哪位啊？荀彧先生。好，高兴！快请！

请进来，得聊天，得盘道。贵姓啊，哪儿的人呢，多大岁数，属什么的，什么星座，师父是谁呀，师爷是谁呀，你是哪支的，得过什么奖没有，有没有创作，说得怎么样，唱一个我听听……完事之后，曹操说，好，我要你了。跟德云社招生一样，就把荀彧留下了。

留下之后，荀彧说，我给您推荐谁谁谁。好，叫来吧！这儿就赶紧发微信，快来。谁呀？郭嘉，郭奉孝。

郭嘉这个人呢，能耐太大了。能耐大到什么程度呢？就是实在你们招不开我了，你们都不行，我不能跟你们在一块儿，所以二十岁就隐居了。毕业就退休了。退休的转年，二十一岁就出来了，出来之后也是到处去。但看完之后，都觉得不灵，跟着他们没有发展。这个时候，荀彧的微信来了，“来吧，曹孟德这儿需要人才”。

到了曹操这儿一聊天，曹操的人格魅力打动了郭嘉。原文上郭嘉有这么句话，“此真吾主也”，这才是我的主公呢。就这么留下来了，曹操跟前所有的谋士，甚至到后来鼎盛时期，他的智囊团达数百人，但曹操最爱的就是郭嘉。郭嘉说什么听什么，就爱他。郭嘉也是唯一个最了解曹操的人。

这个很难得。以曹操那种性格和状态，他能完全信任郭嘉，不容易。两个人吃饭在一个桌子上，出去坐一辆车。这是《三国演义》原文的描述。唯一遗憾的是，郭嘉身体不好，三十几岁就去世了。说起来也挺可怜的，二十岁隐居，二十一岁出来干活儿，没干多少活就死了。所以到后来，只要是曹操打仗一失败，就念山音，“郭嘉要活着，何至于这样啊”。

但刚和曹操见面的时候，郭嘉还不知道自己三十几岁就得死呢，要知道不得上保险吗？

正高兴呢，又来人了，这都是串联的，一个请一个。来了一位老哥们儿，叫程昱。以前他叫程立，不叫程昱。后来他做梦，梦见自己爬泰山，托着太阳。他跟曹操一念叨，曹操就说改个名吧，在立上边加一个日。这么着，他改叫了程昱，有这么一个小典故。

但是来的时候，程昱的岁数稍微大一点，出道的时候五十一岁。这个人有什么特点呢？简单来说，有点儿冷血。有能耐吗？真有能耐。例如，后文中刘备失守徐州，投奔曹操。

曹操问跟前的谋士："刘备来了，咱怎么办？是留着他，还是杀了他？"

郭嘉就说了："不能杀，千万不能杀。为什么不能杀呢？这个人呢，太得民心了，咱要杀了他就坏了。"

而程昱呢？程昱说："必须杀。"

"因为什么呢？"

同样一句话："因为他太得民心了。"

当然，曹操没杀刘备。有人说是不是曹操看得远呢？您看，这是"廉价的善良"。曹操在这方面有点没想明白，给自个儿找了好多事儿。如果听程昱的，那就两国演义了，哪儿有刘备的事儿。所以从这个例子看，您就知道程昱的为人，干净利索。五十多岁了，他没有工夫再慢慢成长了。

又来人了。荀攸。荀攸是荀彧的亲戚，荀彧是叔，荀攸是侄子，侄子比叔大六岁，晚门出长辈。过去这很正常。这一家子有兄弟八个，这大哥可能都七十岁了，最小的兄弟可能才三十多岁，正常。大哥生了儿子以后长大了，可不比小兄弟的儿子差好多岁呢！荀攸，是因为他叔叔在这儿，所以他也来了。

这个人挺有能耐，而且有心胸，当年也是在朝里边做官，但是也不太得志。他有个什么特点呢？简单来说，他外表懦弱，内心坚强。八个字你就明白了，扮猪吃老虎。你看他的样子，好像很弱，但你别惹他，他心里边主意多着呢。

又来人了。来到曹操这儿谋士太多，我们不能都讲，拣重要的讲，大概提几个，下文遇见了，您好知道是谁。

又请来一位高人，叫刘晔。这位的出身很尊贵，是汉室宗亲。刘备也是汉室宗亲，但是咱实话实说，没有人家血统纯，人家跟皇上离得太近了。刘玄德反正是拐弯抹角还带点碰瓷儿，要说他是吗？也是。但你要一做DNA，这两家都快出五服了。人家刘晔是真真正正的汉室皇亲。所以说，他很尴尬。为什么呢？我是汉室宗亲，我来辅助曹操。这是他一辈子难受的事儿。

他跟郭嘉两人站一块儿，郭嘉说什么，曹操信什么；刘晔说什么，曹操不信什么。但是每次曹操判断错误了，回来再找刘晔道歉。这事儿发生了不是一次两次，所以刘晔这个位置就比较尴尬。他平时也不怎么跟别人来往。要有人说，咱们今天撸串去、喝酒去、蹦迪、跳舞去，刘晔不去，他自己也说过，我这状态，江山是我们家的，我现在跟着他一块儿，算哪一道啊？所以，出于种种原因，导致他这一辈子不是特别得意。他有文化，有水平，有能力，有节操，血统纯正，出身高贵，情商、智商一等一，身体健康、活得长久，一切都好。但他这一辈子没有干成事业，这就叫人生。你说破大天，没有用，故事就是这么设计的，老天爷是编剧。所以刘晔这辈子很尴尬，他没办法。但是曹操也得重用啊，你是谋士嘛，好几十、上百人，大伙儿的主意都得听。

又来人啦！满宠。满宠到曹操这儿，相当于一个酷吏吧，负责司法这块儿。这个人最大的特点是什么呢？他只听老大的话。

有一次，曹洪手底下有一个小弟犯了错误。曹洪可是曹操他们家族的核心力量，曹操爱曹洪爱得不行了。打仗的时候，曹操的马死了，曹洪跳下马来，让曹操上自己的马。“那你怎么办？”“哎呀！别管我了，天下可以没有曹洪，不能没有曹操，你上去吧！”人家是一家子呀！就这种感情。曹洪手下一个小兄弟犯了点错，落到满宠手里边了，得杀，这要了命了。曹洪说这怎么办，知道他六亲不认，所以找曹操，您给说一句吧。曹操觉得也不是什么大事儿，写个字条送去，把人放了吧，就派一使者拿着字条找他去了。满宠知道曹操的人快来了，先关上门，把人先杀了，杀完之后开门问，“什么事儿”？就是这样一个人。回去给曹洪气得都不行了，曹操还挺高兴。怎么呢？曹操觉得自己得用这样的人。

后来，曹孟德挟天子以令诸侯的时候，朝里边有一个大臣叫杨彪，是皇上身边的重臣。杨彪落到曹操手里，就把他交给了满宠。荀彧这些人都吓坏了，说他六亲不认呐。老臣那么大岁数，德高望重，到他手里还了得？讲情去，不管用。打，打了老臣一个八面见线，给老头打得都不行了。满宠管你什么身份，皇上身边的重臣，几朝元老也没用。打得要死不死了，满宠找曹操求情去，打成这样了还不招，看来是好人。曹操说好，无罪释放，就把他放了。荀彧他们替老臣讲情的这些位都给满宠直挑大拇哥，你看吧，还得是他，他讲情，这人才能放。

曹操为什么这么做呢？就是给满朝文武看一看，杨彪又当如何？该打也得打。你不服？没有不服的呀！这是曹操会用人。这是满宠这个人的性格，他也是曹操帐下的高人。

曹操招兵买马，聚草屯粮，时间不长，帐下谋士就得有上百人，武将也得一百出头，威风凛凛，杀气腾腾，威震山东一带。

曹操日子过得不错，突然就想起来了，我得给我父亲接来呀，老头这些年因为我担惊受怕，这儿跑，那儿跑，我得接他上这儿来，跟我一块儿过日子，终于可以孝顺我爹了。他爸爸叫曹嵩，住在哪儿呢？现在的山东临沂。

此时，曹操是在兖州，他爸爸在临沂，派人去送信儿接父亲来，路线是从临沂出来，路过徐州，然后到兖州。曹操赶紧写信：亲爱的爸爸，我现在混得可不赖，手下好些个人跟我一块儿。咱家吃得饱，穿得暖，要什么有什么。前些年儿子净惹祸了，对不起您老人家。请您带着我的母亲们，到这里来。怎么呢？这还不是咱们给人瞎编的，曹操他爸爸有几个小婆，有几个妾，说您带着来。家里的东西都不要了，农具也扔了，水缸、磨啊都不要了，带些金银细软，您就上这儿来，享不尽的荣华富贵。

派人去吧，路上没什么事儿，就来到了临沂。找着曹嵩，这是少爷给您写的。老头一看，乐得都不行了。太好了呀！听人说，我儿子现在混好了，手下有人有马。这就成了，全家开会吧。

家里还有一个曹操的弟弟，这弟弟叫曹德。曹嵩把他叫来，说你哥来信了，让咱走。赶紧收拾东西吧。把这几个妇人也都请过来了，这个现如今咱家得搬家了，这回咱们算踏实了。大喜事儿啊，收拾下金银细软，值钱的东西，走了就不回来了，这儿不是自个儿的家，跟这儿待着干吗？以后跟儿子混了，带着吧。

那么有多少东西呢？宝物，所谓宝物就是细软，值钱的东西，这些宝物，按车算，有一百〇五车。他家有钱呐，他爸爸原来是做大官的，加上家里的亲戚都算上，一块儿走的也有一百多人。又雇了点干活儿的、推车的，反正几百人收拾好了，打这儿浩浩荡荡地去投奔儿子。

头一站就到了徐州。徐州这儿有一位负责人，姓陶，叫陶谦，陶恭祖。您要看过京剧的话，您知道有一出京剧，叫《三让徐州》。这主人公、男一号就是陶谦，是个白胡子老头的形象。这后来成为京剧言派的代表作。您要是愿意听的话，您上网搜搜，很好听。

那时候的徐州不是现在的徐州市，它是半个江苏加半个山东再加半个安徽，那么大的地儿，它才是当年的徐州。陶谦是这儿的地方官。早就有人给报信来了，曹大爷要打咱这儿过，曹操他的父亲和母亲们，全家一百来口，带着一百多辆车，还有一百多个推车的人。

打开徐州城门，陶谦把众人请进来，热烈欢迎。

“曹大爷辛苦了，听说您儿子混得可不赖呆！”

有人说什么叫“不赖呆”呀？“不赖呆”现在很少听人说了，这是北京土话。德云社后台像栾云平那种人物，都说“这可不赖呆”，其实就是不错的意思。

陶谦把这一家子让进来，可以说照顾得不错。吃的、喝的、土特产……陶谦天天陪着老头喝酒。

“多住些日子，住俩月再走。”

老曹说：“这不行，不是出来旅游啊！我得找我儿子去，你这份好心，我都记着了，你放心。”

“好，好，等见着您家大少爷的时候，替我美言，想着给我点个赞，给我来个五星好评。”反正是讨好的意思。

“好，好，谢谢，讨扰了，讨扰了。”

住了三四天，曹嵩住不下去了，谁有那个闲心呢，带着全部的家眷，一百多车的宝贝呢。

“我谢谢您，咱们青山不倒，绿水长流，有的是机会，咱们还得再聚呢。”

陶谦这边派兵护送，说：“您这没有军队跟着不踏实，我这儿有一大将，叫张闿，让张闿护送您，一直送到兖州。”

“好，好，多谢，多谢！张将军您多费心。”

“哎呀，应该的，应该的。”

张闿带着人，护送着老曹家这搬家的队伍，打徐州就出来了。走了大概两天，忽然乌云盖顶，眼瞅着雨就来了。

“哎哟，不行，雨快来了！这都这么大岁数，有男有女的，咱们找地儿避避雨吧！”

曹嵩说："行，哪儿有？这儿前不着村后不着店的。"

"不，不，这地儿我们熟，咱们紧走两步。前边有个庙，金龙寺，咱们上那儿吧。天也快黑了，不行搁庙里边，咱们吃点儿喝点儿，歇会儿，明天天亮雨也停了，咱们再走。"

答应着，大伙儿就赶紧往这儿来，倒是没多远，二十来分钟就到了。

早有兵丁过去，把门打开来了，把和尚叫起来，赶紧安顿着。车也推进来，盖好了苫布，把人请到里边来。老和尚沏茶，这儿准备着。

"安排饭。"

"人太多了，庙里边满盘我们几个和尚在这儿……"

"那不要紧的，米面粮食都有，再打发人出去买点，得够大伙儿吃的，完事儿该给钱给钱。"大伙儿吃完，各找各屋休息。

张闿在一进门这儿有间屋子，跟这儿坐着，把这刀搁在旁边，点着灯，沏了一壶茶喝着。奉命保护，不能出错，一百多口人呢，曹操的家眷，一百多辆车呢，都是宝贝，这路上要出了事那还了得呀！真碰见一伙儿强人，你别说把东西都抢了去，就是丢个三五车，我也没法交代。这么些人，岁数都不小了，万一有一个病了、死了，这都是我的事儿，这活儿不好干。哎呀，真怕他们出点闪失，要不然我把他们杀了吧！

善恶就在一刹那啊！

我送他们走，万一道上出事怎么办。干脆，要这么说，早晚得出事儿，那就不如事儿出在我这儿，要出在我这儿的话呢，这一百多车宝贝就都是我的了，出事儿也值啊。别人把他们杀了，东西是人家的，我还得担责任。真是老天爷助我啊。

想完，他赶快喊自己的兵丁："起来，别睡了。得了，开工了啊！"

叫大伙儿起来，把事儿一说，这帮兵是他的兵。

"这事儿成了之后，这一百〇五车宝贝，我不会亏了你们大伙儿，给你们大伙儿分一车好不好？"

“将军，您这账不合适，杀这么些人，完事儿我们才来一车。”

“那这样，咱们先杀人，杀了之后再分，好不好？到时候我准让你们过得去。”

“那行呗，那要是有事儿？”

“有事儿我担着。”

“那好嘞！那开始吧，您杀一个给我们打个样。”

庙里的殿分前后，是个三进的院子，所有兵丁在前边，打二进进去，是曹家人。张闿拿着家伙来到这儿，二层院子还锁着呢。一砸门，听里边有声音，曹德的声音：“谁呀？这都躺下了。”

“欸，您开门。”

“什么事情？”

“送夜宵的。”

“不饿。”

“你看看吧！”

“哎哟，都躺下了啊！”

这边开门，门一开，一探头问：“什么好吃的？”

“噌”的一下子，大动脉划破了，曹德摇摇头说：“不好吃。”“咣当”一下，死尸倒地。

紧跟着门被踹开了，这帮人一下子全进来了。这一乱，大家就都起来了。他们见一个砍一个，见一个杀一个。

这里边有两个聪明人，一个就是曹嵩，曹操的父亲。老头很灵活，他在朝里做官做这么多年，有头脑。想当初捉放曹之后，那时候曹操可是国家要犯，跑回家跟他爸一说，我准备造反，我要如何如何。他爸爸就给他设计，怎么弄钱，怎么招人，咱怎么能躲过……就说明他爸爸脑子很聪明。别看岁数大了，听声音赶紧起来了。

晚上跟他睡的是他最小的妾。“三国”里边都说，这个老太太胖，倒霉就倒霉在这胖子身上了。两人手拉手，打这屋里出来往后院就跑。按曹嵩的想法，翻墙上去，这个主意其实挺好。如果这小妾要是一百斤，这事儿就成了。她曾经一百斤，但现在三百斤，往上推她，那推得上去吗？“咣当”就掉下来了，摔下来“嗷嗷”直喊。曹嵩一瞧，我跑吧。拐个弯去，那边是厕所，曹嵩躲在了厕所里。这边有人过来瞧见胖老太太了。“别叫！”一刀下去就不疼了，就死在这儿了。

追到厕所，在厕所里边把曹嵩杀了，曹家一百多口，命丧金龙寺。一百多车宝贝，都让张闿弄走了，之后他们怎么分赃，咱们不管。

这消息一传出来，传到曹操这儿，“哎哟”一声，这人就背过气去了。灭门了呀！能不心疼吗？曹操“咣当”一下就躺那儿了，左右这些人赶紧上前搀，捶打前胸，摩挲后背，好半天才苏醒过来，号啕痛哭。曹孟德咬牙切齿，坐在那儿，牙都咬碎了，心想我是必报此仇。

这仇怎么报呢？简单，他要扫荡徐州。他认为是陶谦把他父亲杀了的。

这个地方我们要跳出原文来解释。关于是不是陶谦的问题，自古以来有两种说法：一个说法就是《三国演义》中，张闿带人去把人杀了，财物掠走了，陶谦不知道；另一个说法是《三国志》中，没提张闿，就是陶谦派人害的。《三国志》说，甭管张闿、李闿、赵闿，反正是陶谦派人送，送行的路上，把人杀了，是陶谦的意思。这个事情年头太多，咱们谁也没在现场，自古以来就是这么两种说法，这就是个谜了。

如果跳出故事来分析，我认为陶谦的可能性大。虽然在京剧舞台上，陶谦是男一号，让徐州，带着白三，三绺胡子，是忠厚的长者，打出场就是为了天下百姓的安生。但是从历史上来看，他是一个有野心的老滑头。诸侯打董卓的时候，大伙儿请过他，可是这老大爷没搭茬儿。他很支持，应该，做得对，去吧。别人问他，你呢？他说，我再看看。他不跟着动，观看形势。后来，包括李傕、郭汜闹得那么欢，他觉得机会来了，他派人去打李傕、郭汜。可他派的人没成功，就又扭过头来跟李傕、郭汜论好哥们儿。跟皇上又说，我可是忠心，皇上说那你好好地在徐州那儿工作吧。他是这么个人。

他这儿出来过一位造反的，这人姓阙，叫阙宣。阙宣是个老百姓，有一天他突然觉得，我不要做老百姓了，我要做皇上。咱也不知道谁给他的这个勇气，突然就觉得自己是皇上。关键他还找陶谦去了，说："我是天子啊！"陶谦就乐了："好，好棒啊！那这样吧，你是天子了，我跟你一块儿，咱俩把兵搁到一块儿。"阙宣忽悠了好多老百姓，说咱们要带着人打曹操去，让阙宣在前边，陶谦在后头，去打曹操。当然，到了之后，还是曹操厉害，打败了阙宣，打败之后陶谦就把阙宣杀了。杀了之后，陶谦告诉曹操，我是追赶贼人到此。出来的时候，可是哥俩一块儿来的啊，到这儿一瞧他不灵了，就把他弄死了，说我这是为了江山，才杀的阙宣。这是真实的历史。

如果拿这个事儿分析，说是他派人把曹操的父亲杀了，不是不可能的，他的人性也在那儿摆着呢，他干得出来呀！而且他跟曹操之间是有点仇，因为曹操带着兵占了他不少地盘，有十几个县，所以他恨曹操。虽然恨曹操，但他没那个能耐，又打不过。

讲"三国"，其实难就难在要说"三国"之外的东西。

比如曹操，他是一代枭雄，在那个乱世里边，他最后能取得这么大的成绩，其实很大一部分原因是他的出身。他家里是官宦出身，自己又是念书人，他知道怎么跟兵、将、谋士打交道。你看他招的兵，招了好多兵，大部分是农民。但是到了春天，曹操让这些曹兵休息。干吗呀？让他们种地去。秋天收了粮食之后，咱们再打仗。这就是曹操。

刘备就不一样，刘备也征兵，到哪儿都征兵，征完兵就在这儿待着，然后把这儿吃穷了拉倒。

这边一说："皇叔，这个地方没有粮食了。"

刘备说："咱们走，换个城市。"

到了别处，又去征兵，又吃，把老百姓吃没辙了，他又换地儿。为什么他一直就没有什么势力？他一直到了西川之后，才发展生产，才算落下蜀国。之前他是走到哪儿吃到哪儿。

曹操知道怎么跟知识分子打交道，知道要发展生产，大家知道在乱世当中投靠他有碗饭吃，所以他才能有这么大的成绩。这就是"三国"之外的东西。单讲故事，那有什么意思，您买本小人书就全看了。

所以从这个角度出发，到了现在，曹操跟陶谦的矛盾是不可避免的，他爸爸的死只不过是一个爆发点而已。

回到"三国"的说法，这消息一传来，陶谦傻了。完喽，我的五星好评没有了。恨吗？恨。恨也没办法。为什么呢？闻听人言，曹孟德那边已经恨得咬牙切齿，要报仇了。打的这个大旗，早先旗子上写的是"曹"。现在"曹"字没有了，改成了"报仇雪恨"，赤裸裸地要弄死他。而且派夏侯惇打前站，说这一路上连活的带死的，都不能留。这是什么意思呢？打兖州出来，奔徐州的路上，是活人必须要杀掉，是坟头必须打开了，死尸挑出来晾着。《三国演义》有句原文，"泗水为之而堵"，意思是那河里边的死尸把水流都断了，刀兵四起，一路就杀来了。

陶谦坐在屋里边是真没辙了，就这种恐惧是解决不了的。为什么呢？那一直报着信呢。

"曹兵离此三百里！"

"曹兵离此二百里！"

"曹兵离此五十里！"

"曹兵到了！"

怎么那么快？是得快呀，如入无人之境一般，谁拦着呀？这老曹家都杀红眼了呀！

这怎么办？您上城楼瞧瞧去吧。

陶谦那么大岁数，本来身体就不好，站在城楼上边朝外看，兵似兵山，将似将海。

“这都是啊？”

两旁边说：“是，不要气馁。”

这可怎么办呢？再看看，那大队人马，旗子来回一摇晃，连太阳都挡住了。

打城楼上下来，陶谦都快走不动道了，两旁人扶着他，回到议事厅，往这儿一坐，这脸上都没人色了。

有人给倒了杯茶说：“您喝茶。”

“不用，去给我准备一个笸箩。”

“干什么用？”

“唉，拿来吧。”

工夫不大，有人来了，抬了一大笸箩，搁在地上。老头开始解这衣服带儿，脱外衣。

“大人您，您干吗？”

外衣脱了，陶谦要脱这内衣。

“大人您要洗澡，不能拿笸箩，得拿盆呢。”

“不是啊，我得准备呀，把我这外衣、内衣宽了，我躺在笸箩里，袒胸露腹，随带短刀一把。两军阵前，你们把我献给曹操，让他把我杀了，以报父仇，以保徐州安宁。”

这话说完之后，两旁的人眼泪都快下来了，很是感动，但是哪能那样做呀！

“大人大人，您快点穿上！”

穿上又坐在那儿，一瞧，他眼泪都下来了，这可怎么办呢？

徐州城不是光陶谦一个人，人家也有文臣武将，也有谋士。就在旁边坐着一位，将近四十岁，穿一身蓝色的袍子，腰里系一条丝绦，四方大脸，文质彬彬的。跟这儿坐着，半天没说话，这会儿站起来了。

“恭祖大人，休得担惊，少要害怕。虽然他兵临城下，待我过得曹营，面见孟德，三言两语，我让他退兵。”

糜竺忙搬救兵 刘备助阵孔融

一去二三里，烟村四五家。

亭台六七座，一枝红杏出来了。

议事厅所有人的目光都挪到了这个人身上。

实话实讲，事儿分谁办。

比如我们这儿开会，打算派几个演员出去干商演。打北京出发，这一路咱们在省会城市全演一遍，都找五千人以上的体育馆。到那儿就得卖票，还得让它满，观众爱看。说这话的呢，有岳云鹏、有郭麒麟、有高峰，大伙儿一听，觉得可以，这能做到。要是说这话的是我们后台烧锅炉的赵大爷，那我们能说什么呢？咱们只能说您留神别烫着，由北京出去，这一路上，所有体育场馆后台的锅炉都归您管，这可能行，演出这不成。

所以说，话分谁说，事儿分谁办。

今天这位说完，连陶大人都点点头，这个事儿有可能成。为什么呢？因为这个人办这个事儿，他合适。那么这个人叫什么名字呢？这个人姓陈，他叫陈宫。

看过前文的您有印象，最早的时候，他是中牟县的县太爷。曹操那会儿还没成功呢，还是一个不得志的鲁莽青年呢。在京里边假装给董卓献刀，完事儿不就跑了吗？天下画影图形，贴通缉令抓他。跑到中牟县，人家县太爷陈宫就把他抓着了，抓着之后一聊天，觉得这人是个英雄，就把他放了，并且弃官挂印，跟他一块儿走了。说实在的，陈宫陈大人这会儿有点草率了。为什么呢？因为他出去之后就后悔了。路过吕伯奢的家，就因为错听了杀猪，把人一家人都杀了。出庄来，把老头也宰了，陈宫觉得这人不可交，这个人不行。所以半夜里自己走了，这一下，两人就再没见着。

他也是去了很多的地方，拐弯抹角的，最后他落在了徐州，一直在陶谦这儿。今天，他心想，我的用武之地应该是来了。所以就站起来说："我要去面见孟德，劝他退兵。"

当然了，陶谦也没有完全相信，但是这个事情在两可之间，事到如今，也只好如此。

"得嘞，公台兄啊，您费心吧！"这儿准备好了一切，派人送陈宫出城。

曹操坐在自己的中军宝帐里，正琢磨这个事儿，这一路上杀了不少人，屠了不少的城，已经来到了徐州，大功堪堪就要成就。

有人说曹操这个火性够大的呀？

您看，话得分两头说。他替父报仇不假，这是真的，全家老小一百多口是真死了，是要报仇。但是他还有一个目的——抢夺。抢地儿、抢钱，因为从骨子里来说，他终归是个军事家。不过这次，他是有了一个非常好的借口。这话说到天边去，说得出理去。我全家一百多口，我爸爸多大岁数了，我爸爸的几个太太也全死了，所以说我要报仇，在这个状态下，我的悲愤是无比的。那个年头军阀混战，杀几个人、屠多少城都理所应当。所以说，这个说得出去，是一个光明正大的理由。

今天在中军宝帐里边，曹操正盘算着几天能够拿下徐州。就这会儿工夫，打外边有兵丁进来了，说有人求见。

“何人？”

“这人说是您的老朋友，他叫陈宫。”

曹操略一迟疑。怎么呢？就觉得有点矛盾。按理说，是好朋友，人家放了我一条命，否则到现在我那坟头草都得二尺多高了。但是，中途他不辞而别，这些年来他的状态我不太清楚。我已经是这样了，他来是干吗来的？想罢多时，“有请。”基本的礼节还是要有的。

打外边，陈宫进来了。曹孟德站起来了：“公台兄到此，未曾远迎啊！恕罪，恕罪。”

“岂敢，岂敢，来得莽撞，您多多海涵！”

“哎呀，快坐！”

寒暄是需要的。这不能一见面就薅脖领子问：“孙子，你那天干吗去了？”不行。那就不是他们这种人干的事儿了。

坐定，有人给端上茶来，曹操问了句：“一别这么长时间，阁下可好啊？”

“还算不错。”陈宫也大概说了说，他这些年来呀，是怎么一个状况，“现如今我在陶谦这儿安身立命。”

“哦……”曹操点了点头，心想我就知道你来是有原因的。“到此有何高见呢？”

意思是没有工夫陪你聊闲天，你明说吧。

“孟德兄，此番大兵前来，我已尽知。唉，令尊曹侯，被张闿贼子陷害，实在令人可悲。怎奈此事与庶民何干？孟德兄，开天地之恩，饶了徐州父老吧！”

陈宫的话说得很是冠冕堂皇。听说了，你爸爸让人弄死了，是挺惨的，反正你也闹成这样了，一路杀过来了。张闿挺混的啊，是得报仇，但是碍老百姓什么事儿呢？再一个，差不多得了，您高高手吧，是这个意思。

刚才曹操一直笑模滋儿地瞧着他，听完这些话呢，脸就耷拉下来了。

“公台兄，难道我一家，一百余口就白白丧命了不成吗？”

他得把这搁前边，一定得先咬住这个。我家一百多口呢，说死就死了，钱不钱的不重要，一百来车东西可以不提，我爸爸的命要紧呢！

这么一说，陈公台心想，要坏，我刚才那话等于白说。拿眼一打量，曹操这脸就耷拉下来了。

“公台兄，如念旧日之交，可留在营中，为孟德出谋划策。如若不然的话，咱们就送客了。”

你别提这茬儿，你要找一工作在这儿上班，踏踏实实的，咱们好哥们儿。你要不愿意，对不起，一分钟我都不留你，曹操是这个意思。

陈宫又是念书人，又是做官的，这次来咱实话实说，是羞刀难入鞘，必须成功，不成功的话，这儿是待不了了。这儿待不了，回去也回不了了，回去跟陶大爷怎么交代呀？那是一城的生死问题。

陈宫站起来了，还想再说，也说不出什么来了。今天的孟德，已不是当年的曹操了。人家现在趁这么些个兵将，再说就没有意思了。这脸上红一阵白一阵的，一拱手道：“告辞。”说声告辞，往外就走。

曹操点了点头说：“保重。”也没往外送，这段交情就算拉倒。

陈宫打这儿出来之后，一直到了营盘外边，站在这儿愣了半天。唉，徐州也回不去了，天下之大，哪里是我存身之所呢？得了，信马由缰，走到哪儿算哪儿吧。后文陈宫再出来，白门楼的时候，再见曹操，那就是另一番景象了。

他这儿走了之后，曹操坐在这儿，还运气呢。让人把夏侯惇叫来说：“夏侯将军，我给你三天时间，打破徐州城。”

令下如山倒，三天，还真不少。为什么呢？他们的兵已经把整个徐州围上了，就等着号令呢。如果说不打，等一段时间，徐州也完了，没吃的没喝的，出不来，就是一潭死水。

曹操在这儿等着。城里边怎么办呢？

陶谦急得都不行了，陈公台去讲情，没回来，估计这事儿就完了。要成不早成了吗？连等好几天，陈宫也没回来，就知道他脸上不好看，也不好意思回来再见自己了。坐在这议事厅，陶谦长吁短叹的。他本来岁数就不小了，身体状况也不是特别好，就坐这儿犯愁。

他旁边有一文官，他这个官职叫“从事”，这人姓糜，叫糜竺。一定要记住这个名字，他后来就是刘备身后的资本，因为他太有钱了。而且之后他跟刘备还做了亲。也就是说要没有他，其实是没有蜀汉江山的。这会儿他是徐州城的首富，跟陶谦关系也很好。

“别着急。”

“我能不着急吗？”

“是，是，是，事到如今，咱们得想办法。”

“你说有什么办法？”

“我觉得咱们应该呀，请救兵。”因为咱们让人家困死在城中了，指着咱们翻盘，这是不可能的。糜竺说如果开开门咱们带人出去，那就跟投降没有区别，必须请外援。

陶谦点点头说：“这些日子呀，我这脑子都乱了，我也不是没想过，我想来想去，也不知道请谁好。他得跟咱有交情，他还得有能力，否则没有意义。你有什么高见吗？”

糜竺低下头想了想，“扑哧”乐了：“我觉得有三路人马，可以搬请。”

“哦，那你说说，都有谁呀？”

“第一路，青州刺史田楷。”

青州刺史这个身份很高。为什么呢？他这个刺史，是打朝廷那儿派出的机构，青州刺史，他可以。

“第二路呢？”

“北海太守孔融。”

孔融让梨我们都很熟悉，关键是孔融这个身份，他是孔圣人二十世孙。在封建社会这是政治资本，他是孔圣人的后代。你要说他爸爸是耍猴的，他是第六辈，那不管用。但人家孔融是孔圣人家的直系后代二十世孙，那还了得。

说到孔融，陶谦还挺高兴。为什么？他们算一支儿。那个年头军阀混战，他们也拉帮结派，谁跟谁好，咱们哥儿几个算一拨的。比如袁绍跟曹操他们就算一拨的。陶谦跟袁术，还有公孙瓒、孔融，他们这算不错的。有事儿互相帮忙，借个人、打个群架，它是这样的，当年是这么一个状态。所以说到北海太守孔融，陶谦说：“这个可以，这个可以，这两路都能商量。那第三路呢？”

“平原县，刘玄德。”

刘皇叔很久没有出场了，他现在在平原县，他这个官叫平原相，大概跟太守的身份差不多。

“三家是可以的，好。”

糜竺说：“您别担心，这三家我去请。您找点人帮着我，闯出重围。我只要出得了徐州城，我就能把人给您搬来，您写几封信吧。”

那是当然，得跟人客气客气。几位老大哥，现如今兄弟我不灵了，马上就让人家捂死在这儿了，你们得赶紧救我来，如果晚了，请来吊孝。得写点儿客气话。写完之后，交给糜竺，派点人送他出城。这个是有办法的，因为他们土生土长，打哪儿走还不知道吗？找一个防守不严的地方，派点人一掩护，就把糜竺送出了徐州。

出来之后，糜竺得先奔北海，找孔融去。他的势力最大，影响力也大，而且如果说孔融带着兵一来，天下一听，北海太守孔融都派兵去救了，那是代表着正义之师，圣人后代，这个说辞就很高大上。所以先奔孔融这儿来。

到了见到孔融，糜竺说："太守啊，有个着急的事儿。我是打徐州来的，曹孟德带着兵，把徐州城已经都围上了。兵似兵山，将似将海，围得是水泄不通。我们徐州危在旦夕。您看吧，这有一封信，请求支援。"

孔融接过来一看，信上还插着鸡毛呢。一瞧，是老大哥陶谦写来的："早来还能见面，晚来吊孝。"

"那不行，我得救他，我得管他。但是，我有一个小小的顾虑。"

"什么顾虑呢？"

"我跟曹操远日无冤，近日无仇啊。我带兵去了，人家曹操一问，你干什么来了，我说什么呀？所以说这个很难。"

"那怎么办呢？"

"不要紧，我先给曹操写一封信，讲明利害关系。"意思是我跟他说，我劝他退兵。那不管用，可不管用也得写，写一封信，先礼而后兵嘛。然后他要说同意，还则罢了；他说不同意，咱们再出兵，光明正大，名正言顺。

糜竺也没办法呀，那写呗。亲爱的曹操，听说你很生气。你爸爸去世了，让人给弄死了，一百多口都剁成肉酱了。现如今你围了徐州城，但是不管怎么说，杀人不过头点地，差不多得了，回去吧。大概是这么个意思。写完了，送去了。曹操也对得起他，没搭理他。没搭理他不要紧，北海这儿出事了。

出什么事了呢？之前咱们讲过，黄巾军死灰复燃，这死灰复燃比之前那个势头还大。打青州这儿一闹起来，到处都是黄巾军，现如今大队人马围住了北海。孔融上城楼一瞧，回头问縻竺：“欸，比徐州怎么样？”

縻竺看了看说：“送我出城，找人救你。”

这个我们看起来是玩笑，但其实真是这样。这敌情看着比徐州还凶险。

曹操是正规部队，这儿底下是起义军，看着更凶恶。

縻竺发自肺腑地同情孔北海：“你多保重，多保重。这个你必须得请求支援，你知道吗？”

“那你看谁能救我啊？”

“我给你找了三路人马：第一呀，青州刺史田楷。如果他没上徐州呢，就能上这儿来；第二个呢，徐州太守陶谦。他要不死就能上这儿来；第三呢，就是平原相刘玄德。本来我也应该上他那里去一趟，让他跟你一块儿救徐州去……”

孔融说：“谁都行，来就行。你再不来，我怎么办？那你能出城吗？”

縻竺说：“够呛，因为这儿我不熟。我是土生土长在徐州，我们那儿的犄角旮旯，哪胡同通哪儿我认识，我打哪儿跑我好跑。您这儿我不知道。干脆这样，孔大人，我替你看着，你出城找救援好不好？”

孔融说：“不行，我还有好些个梨没让呢。”

那怎么办呢？孔融也没辙了，叫天天不应，喊地地无言。“难道说我孔北海就要命丧在此处吗？”孔融很难受。

就这会儿工夫，就听着城外边跟打雷似的喊了一声：“呔，孔大人休得惊慌，少要害怕，俺保驾来也！”

孔融先生被困家门口，本来是雄赳赳气昂昂，带着兵准备去救人去了，结果英雄没当成，马上就成求援者了。城门外头，有人大喊着来救驾。这位黑大个儿，长得不是那么清秀，但凶猛非常，一路就杀过来了，两旁边的兵直躲他。眼瞅到跟前儿了，孔融一瞧这是帮我来的呀，开城门，放他进来。

“这位英雄怎么称呼？”

“我叫太史慈。”

太史慈是个英雄，走南闯北哪儿都去。孔融爱才、爱英雄，知道太史慈这个人物。知道这人不错，但没见过。这赶巧了，太史慈的母亲就住在城里，平时没事孔融老打发人去看看太史慈的母亲，给老太太送点吃的，送点酒肉米面，送点钱，对这老太太很好。太史慈一回来，老太太就说，人家又送吃的来了，孔大人对咱好，有机会你得好好谢谢人家。老娘总给他说这个，他心里就有数了。那么这两天他就听说了，孔大人被黄巾军围困，心想我得去，我得救人。他是有报恩的心态。这么着，这才单枪匹马，闯入了城池。

这意图说完之后，孔融挺高兴，但高兴归高兴，没有意义。孔融觉得你不该来呀，你在外头还能当英雄，你进来了，到时候逮我的时候，把你一块儿拴上，你闯进来干吗呢？

太史慈说：“不要紧的，您看看有没有用我之处？”

旁边糜竺乐了：“好，我有一个诀窍交给你，我教你怎么出城搬救兵去。”

“你这文文弱弱的……”

“我来过一回了，现在这活儿转交给你了，你替我出去一趟。”

“去哪儿？”

“平原，见刘备刘玄德。这个是没问题，但现在最要紧的就是，你能不能出去。哪怕你早说啊，我们站城上喊一嗓子，你直接打那边走多方便呢。现在咱们都在屋里边了，这事儿怎么办呢？”

太史慈乐了：“哎呀，不叫事儿，交给我了！大人，给我准备好酒好肉。”

“好，这是英雄！”孔融懂啊，吃饱了，喝足了，有劲了，闯出城去。

这真是好酒好肉好菜，弄了一大桌子。太史慈甩开腮帮子，撩开后槽牙，饭菜如长江流水，似风卷残云。吃饱了、喝足了，一擦嘴站起来，一躬到地。“我要安歇了。”他找一个屋睡觉去了，躺下就着，呼噜惊天动地，孔融和糜竺坐在旁边。

“来了一位蒙饭的吧？”

“那我哪儿知道去。这不是您的朋友吗？您照顾人老太太。”

“是呢，他是不是半夜起来再去呀？”

“那咱等着吧。”

一直等到吃早点，太史慈起来了。“酒肉何在？”消化系统还是很强的。让他吃吧，又吃了一顿，吃完了坐这儿，沏着茶，聊闲天。孔融和糜竺困得都不行了，也不好意思说别的。

大概上午九点，太史慈站起来说：“给我找两个军卒。”

“哦哦，好！”孔融和糜竺，你看看我，我看看你，要俩军卒，这是要开始行动了。好，给安排，安排两个。

太史慈站起来一躬到地道：“告辞了。”扭头往外就走，俩兵卒就跟着。

孔融坐在这儿，哎呀，老天保佑，希望他能够成功。

“来人呐，跟着他，去，给他开城门去。”

太史慈出来，骑上马，俩兵卒跟着他。他都安排了，让俩兵卒给他扛着东西。扛什么呢？一个扛着稻草人，另一个背着箭壶，箭壶就是装弓箭用的。太史慈骑着马到了城门口，开门。

按理说这会儿是不能开门的，你开了门万一贼兵进来呢？但是有孔融的话，给他开。这还有两队兵丁要掩护他，门一开，两队兵丁先出去了，后边又跑出去那两个军卒，最后才是太史慈。

城外边是黄巾军。“开门了，开门了！”城门开了，不知道是要干吗，他们准备先观察一下。一瞧这城门开了，跑出来两队军卒，这两队军卒是雁翅排开，出来，分两边站着，没有要过来的意思。黄巾军也不动，一直看着。打里边出来俩军卒，这俩军卒呢，有一个跑到前边来，把稻草人立在地上，就闪到边上去了。那边还有一个军卒抱着箭壶。马上坐着一黑大个儿，太史慈，打身上把这弓摘下来了，地上这小兵，抽箭递给他，拿过来，搭在扣上，瞄准这草人，“啪啪啪”把这一箭壶的箭全射了，一扭身，骑着马回城了。那俩兵卒过去一扛草人，扭头就走。门口这儿，两队兵丁看看，那咱也回去吧，回去了，城门一关。

黄巾军很纳闷，收工了？

“这是埋伏。”

“埋伏什么啊，可能是起猛了吧？别搭理他了。”

太史慈回来了，擦擦汗问：“酒肉何在？”他连吃带喝，一擦嘴，往那屋一躺，又打起呼噜来。天一黑，再起来吃饭。一天三顿，连吃带喝，满不耽误。

孔融在屋都听说了：“啊，是啊，咱那肉还够他吃的吗？您看就是这么回事儿。这个，糜先生你看。”

糜竺看看说：“兵不厌诈吧。他这是诈咱们呢，对敌人没有任何伤害呀！我已经两天没怎么吃东西了。我跟这儿也不熟，你们有交情，你没事就照顾他妈，他是不是拿你当爹了呀？”

第二天清晨起来，太史慈洗脸漱口，吃完了，带着俩小兵卒，直奔城门而去。门打开了，两队兵卒，雁翅排开，站这儿，他又来了。跟昨天一样，放下草人，递箭，射箭。今天这个黄巾军呢，情绪就温和很多了，昨天他们很紧张。今天就是，反正来就来，不来就不来。练了一会儿，跟昨天一样，收兵回去了。黄巾军也挥挥手，早点休息。第三天还是这出，打开门，两边这兵丁，很慵懒地就溜达出来了，也不用保护，一会儿就回去了，站在两边看着他。他骑在马上，黄巾军都没动，还聊天呢。

“我告诉你啊，就知道他是出来练功的。他这个，是嫌城里边地儿小，他上外头练练。”

“对，拳不离手，曲不离口。让他练吧，挺好，别搭理他。”

太史慈骑在马上，突然马上加鞭。这马如离弦之箭，蹿出去了。

所有人都没想到，送他的兵、扛草人和拿箭壶的兵也傻了。

“这……还回来吗？”

“这怎么办呢？”

“不知道，他没说呀。”

“要不，要不咱们先回去吧。”

还冲黄巾军挥了挥手。两队兵卒回来了，关上城门，整个世界安静下来了。

他跑出去送信去了，城里边孔融一听：“哎呀，太史慈真乃英雄也！”

太史慈打这儿出去，奔平原县找刘备。

现在刘备可以了，不是当初那个落魄的刘备了，也不是最早当小县官的那个刘备了。现如今他是平原相，身份跟太守差不多，带着自己这俩兄弟，关羽、张飞，日子过得还不错。但是呢，还是每天忧国忧民，不知道自己下一步该如何。正琢磨这事儿，说来人送信了。

请进来一瞧，不认识。黑大个儿，一瞧这个状态就是长途跋涉，进门之后一躬到地。

“怎么称呼？”

“太史慈。”

“到此何事？”

“有酒肉吗？”

“先说什么事儿，说完再管饭。”

太史慈把信拿出来说：“这是孔融，孔太守，找您搬兵求救。”

这个话说完之后，刘备很兴奋。为什么呢？第一，因为在当时，一提孔融，所有人的第一反应都是，圣人后裔；第二，孔融官职高。所以《三国演义》上记载，刘备说了这么句话：“孔北海知世间有刘备耶！”

翻译成白话就是，孔融还知道我刘备呢，受宠若惊啊。这个就如同，一个国际巨星，突然上哪儿去上厕所，看见一个人。“欸，给我来张纸。”然后这位就傻了，就喜欢这大明星。“给，给您这纸。”大明星一回头说：“谢谢你。岳云鹏，是吧？”这就是描述下那个状态。你追了半辈子的明星，他认识你，这可太棒了。

刘备很开心，这必须得去，孔融还知道我呐！别看他没给过我梨吃，我们可是没少听过他这个故事啊。

“好好好，来呀，赶紧把两兄弟请来吧。”关二爷、张三爷，都请来了，一说这个事儿，孔融被困在北海，写了封信，让咱们救他。

“咱们救！”

“走，咱们去！”

兄弟三人带了三千兵，打这儿出发，赶奔北海。到了那儿之后，真是不费吹灰之力，就镇压了黄巾军。为什么呢？第一，他们是正规的军队；第二，刘备、关羽、张飞，哥仨有能耐。黄巾军终归是农民起义军，跟正规军一碰，不灵。

过程不重要，我们简单点说，打败了黄巾军。开开城门，孔融、糜竺这儿出来迎接，握手拥抱，太棒了，高兴。

进了城，大排宴席。吃饭、喝酒、聊天，少不了寒暄客套。

“多亏了您，果然还得是您呀！汉室宗亲呢！带兵来救了急了，解万民之难也！来吧，敬你一杯吧！”

喝会儿、聊会儿，就说到徐州了。孔融说：“我建议您跟我一块儿，咱们去一趟徐州。现如今曹操大兵压在了徐州城外，眼看着就要破城了，这百万军民面临被屠戮，咱们得去救去。人家这个陶谦挺不容易的，他写信求我去帮忙。”

刘备说：“人家求您帮忙，没求我呀！”

糜竺说：“欸，在我这儿呢。少跑一趟，要不然这活儿是我的。这没想到您自个儿上家来了，您看看吧，这个信在这儿。”

刘备接过来一看，果然，信上写得很客气，就是搬兵求救。刘备沉吟了一下，孔融就看出来了，那意思就是不太愿意去。为什么呢？刘备说：“也不是不愿意去，兵微将寡呀。您看您这儿这个忙好帮，真上那儿跟曹操打去，这有点含糊。”

“哎呀，刚夸您汉室宗亲。难道说玄德公独不仗义吗？”

我这刚捧完您，您怎么这么没有义气呀？

“孔大人，那这样吧。话到这里，您容我前去借兵，我带兵来，咱们再去打，行不行？”

孔融不是特别相信，这就是客气呀。这跟咱们借钱的道理不是一样吗？有人跟您说我打算买一冰箱，还差七千块钱，这冰箱实际六千五。“找您借七千块钱。”“哦，好，我这会儿不方便。你等我回去找我二舅去，从我二舅那里拿完之后，再回来给您送钱，您等着吧。”借钱这人心就得凉一半。怎么呢？你有二舅没有啊？再说了，这就是推托呀。

所以孔融这脸色一难看，刘备就看出来了。赶忙说：“您放心，哪怕借不来兵，我也回来找您，咱们一块儿去救徐州。”

话说到这份上，孔融就踏实了：“好，那我们静候佳音。”

刘备这就收拾收拾，不能再住了。要是没有徐州的事儿，还可以跟这儿待些日子，聊聊天。但现在不行了，得回去。回去的道上，哥三个就商量了。关二爷、张三爷都问：“咱上哪儿借去？”想来想去，别人也不可能借，只有公孙瓒。

公孙瓒早先是刘备的上司，往前倒呢，又是同学，和刘备的私交很好。而且从军阀的分支来说，公孙瓒、孔融加上陶谦，他们算是一支的，这个事儿借兵说得过去。那个年代的军阀之间经常互相借兵，它是个互惠互利的状态。

想来想去，只能去找公孙瓒，那就去吧。

简短截说，到了公孙瓒这儿，寒暄之后，问："干吗来了？"

"我跟您借兵来了。"

"你干吗用啊？"

"打仗。"

"打谁呀？"

"打曹操。"

"你，你喝完来的，是吗？曹操跟你无冤无仇，而且他势力那么大，打他？这大老远地打他，这不是疯了吗？为什么呀？"

"这事儿不是我的主意，这是孔融让我来借的。"

"你吃他梨了？"

这公孙瓒说话比说相声的还损，但是原文人不能这么说，我是尽量弄得通俗一点。

"我跟您这么说，皆因曹操兵困徐州，他没有办法了，陶谦派人来求援。头一站他就找到了孔北海，万没想到黄巾军造反，就把孔北海给围了。围了之后，孔融派人找我来，我带着弟兄们，带着三千人到他那儿去，解了北海之围。酒席宴前，孔融跟我说的，希望我跟他一块儿去，赶巧了糜竺在那儿，糜竺还带着信。第二封信就是给我的。我也是觉得应该帮这个忙，酒席宴前我就答应了。怎奈兵微将寡，我这能力不够，想来想去，只得上您这儿来。咱们家这儿有人，你借给我三千兵，好借好还，再借不难。行不行？"

要论本心来说，公孙瓒不愿意借，好好的兵借给别人，有个损失算谁的呀？但是交情在这儿了。于是喝了口酒说："行吧，你要三千兵，我就给你三千兵，今天晚上好好地休息，等明天清晨起来，我陪你到校军场前去点兵。"

"好嘞，那我就谢谢您了！"

"嗨，行了。咱们是哥们儿，别客气了啊！"

次日清晨起来，刘、关、张跟公孙瓒就一起去了校军场，在那儿一瞧，公孙瓒真不错，挑的都是好兵，挑有样的。一看这位七八十岁了，这就算了，岁数太大，牙也没有，道上吃饭也不方便。择精兵良将，挑够了三千人。刘玄德很高兴，就这么一回头，看到那边站着一员小将，银盔银甲，往那儿一站，八面威风。

"我不光借兵，我还要借这员小将。"

公孙瓒一回头问："哟呵，你要借赵云吗？"

救兵抵达徐州 曹操老家被占

说书唱戏劝人方，三条大路走中央。

善恶到头终有报，人间正道是沧桑。

人的名，树的影，其实我们也不认识他，但听到是赵云，就发自肺腑地觉得是老朋友。他这会儿正在公孙瓒这儿上班呢。小将军英勇，但是现在还不到他大展身手的时候，不过也该出场了。

刘备说要借赵云，让赵云和这三千兵都跟他去，公孙瓒也就同意了。

收拾完毕，刘、关、张带着赵云，带着借来的人马，赶奔徐州。到徐州这儿是三队人马会合：刘玄德这是一支人马，孔融是一支人马，青州刺史田楷是一支人马。就这样三支人马在徐州城外聚齐了。当中是徐州城，外头是曹兵，在曹兵后头是这三路人马，是来救援的人。

三家见面先道辛苦。过去军队有句话嘛，见面道辛苦，毕竟是江湖——这是说相声的。无论山南的海北的，这儿跟天桥街上正演着，来一位道辛苦，这边马上就知道是同行，这是这行的老规矩。

三位见面之后得先寒暄。

“咱们终于碰见了，这是人家陶谦请咱们来帮忙，我们这个兵力也很薄弱，能力也有限。您各位多支持、多鼓励。”客气话是要有的。

都商量完了，晚上大伙儿说，咱们看看曹营的实力。天都黑了，找一高坡，站在高坡上放眼一瞧，这三位都直嘬牙花子。怎么呢？这个仗不好打呀，曹操的人太多了。而且当时，确实人家手底下有名的谋士将近一百人，智囊团是很庞大的，武将也得一二百员，再加上兵似兵山，将似将海，月光之下旗幡晃动跟海浪似的。这三位你瞧我，我瞧你。

“好啊，要不咱们回去吧？”

不能这样，这是说相声说的，打不过就跑，这三位不行。这三位都有来头，站在这儿看了看，心里有数了，打这高坡上下来，回到中军宝帐，得开会，这事儿要怎么办。

商量来商量去，最后大伙儿决定，需要有一个人作为先遣部队杀进城去。

这个话说着可简单了，可它是那么容易的事儿吗？

“来，几位让一让，我们是帮忙来的，请闪一条道路啊，我们要进去了。来，开城门，我们来帮忙来了。”

那是小孩过家家呀！不是那么容易的。既得让城里知道他们是谁，还得让曹军猝不及防。商量来商量去，谁去呢？

刘备站起来说：“两位大人，把这点功劳，让给我吧。”

刘备会说话呀，意思是这功我抢了。那是抢功吗？那不是抢功，是受罪。哪儿那么容易？为什么他去呢？就得他去。青州刺史田楷是朝廷派来的，身份在这儿；北海太守孔融是孔圣人二十世孙，有深厚的政治背景；刘备比不了。后来他是有了蜀汉江山，在成都那儿，今天来个担担面，明天来个辣火锅的，但那是以后。现在的刘备还在吃驴肉火烧呢，刚打保定地区出来不久。所以，从现在这个形势看来，必须得他去，对他来说是建功立业的时候。想创业，你就得拔这个头筹，你不去谁去？就得你去。但是，还得把话说得圆融一点，得说把这个功劳让给我。

那俩人也得客气客气说："哎呀，这个有很大的风险呐！"

"当得效劳，我与两位大人打这个前站。"

那么要多少人跟着呢？思来想去，最后决定，五百人就行。为什么？他的目的是要进徐州城，得见本家陶谦。得进去跟陶谦商量，现如今城里怎么样了，咱们这事儿怎么干，包括到哪一步，您有什么想法。事先得沟通好了，里应外合，再打曹操，这是必须的。目的不在于打仗，在于把人送进城，人多了不行。人一多，一闹腾，曹兵一瞧来事了，打吧，打起来就全耽误了，五百人足矣。

"还需要一个保驾的将军。"

话音刚落，张飞过来了。逢着这个事儿，谁也抢不过张三爷。为什么？那跟刘备真是情同手足，亲哥们儿一样。

"这个事儿，必须是俺老张来，别人谁我也不放心。你们踏实住了吧，有我在此，是料也无妨。"

这儿商量完了，定的是转天夜里去。不能白天去，白天大太阳地儿，带着五百人去就是送死。

把所有军队都安顿好了，就等到了次日夜里出发。给这五百人饱餐战饭，踏踏实实地吃，吃饱了喝足了得干正事，保不齐就得死人，这是很正常的事情啊。

张三爷顶盔贯甲，罩袍束带，从头上到脚下收拾得紧衬利落，保着自己的大哥。人家孔融和田楷送出来，刘玄德摆摆手说："二位大人，您踏踏实实地静候佳音。"刘备飞身上马，把自己这双股剑也拿出来了。

前文咱们介绍过，我总说刘备就是做主公的命，两军阵前谁过来都能把他打了。实话实说，三国里边有名的上将不计其数，战死的哪个不比他能耐大呀！但是故事就是这么设计的。他有智慧，又有皇家血统，他这个出身，他的志向，方方面面的，就得给他搁在这个位置上，他要来这个活儿。

这就跟说相声的道理是一样的。你看我们说相声，一般来说一个相声专场，是六段到七段，我们最后那段叫“攒底”，前面那段叫“倒二”，倒二就是倒数第二个上。后台一说，“今儿谁倒二？”“他倒二。”“谁的底呀？”“他的底。”意思就是他说最后一段，这倒二的在他前边。很多时候，倒二的演员在台上说相声，您听底下山崩地裂，观众乐得捶胸顿足，好听至极。下来之后，大伙儿都说，底都接不住。攒底这两位往上一走，可能知名度会比倒二的高。但是跟那儿一说，观众就觉着没有那么“解渴”，说不如倒二说得好，你看倒二多好。但是如果掉了个儿，让这倒二攒底，再看，他还真不够资格。后台管这叫什么？你就是那个命。你就是开场的命；你就是腰上，当间儿演；你必须倒二。有你在倒二，观众没有提前走的，没有上厕所的，没有去外面抽烟的。得把观众给底留住，但你的能耐就只在倒二这儿，让你攒底，你就是攒不了。

北京城当年说相声的，有一对演员，就是开场的命。不管是侯耀文先生，还是马季先生，无论谁在哪儿开相声专场，必须请他们来开场。多大的场合，你别管是几百人、几千人，乱乱哄哄，这两位一上去，就能把场开开了，后边好接。但是你给他俩搁在第二场，底下就能骂街。你去哪儿说理去？这不就是人生嘛！

一切安顿好了，刘玄德要闯入徐州城。这大队人马往后压住了，五百人跟着，张三爷在前边。这其实就是偷袭，这也不能像那种直工直令、很正经的两军阵前，鸣锣敲鼓吹着笛儿的，都没有。这就是偷偷摸摸的，趁人睡觉的时候往前来。那也有人发现呐，曹兵不是吃素的，那是部队呀！

“哟，来人了！”

一下子，曹兵也都起来了。

张三爷真愣，拿着丈八蛇矛连挑带扎，刘玄德也不含糊，拿着双股剑上阵。当然，刘备的武器也就落一个给自个儿壮胆儿，有五百人保护着，张三爷又在前边，一路就奔着城门杀过去了。

到前边，来了一员大将。谁呀？于禁。于禁很厉害，杀出来了，正好跟张飞两人碰见了，那还客气什么呀？打呗！这边，刘备有五百兵卒保护着，趁他们在这儿打，人就直接奔城门了。人家陶谦这儿有巡夜的兵丁，赶紧报，这儿一报，一说这事儿，陶谦踏实了。

救兵到了，影影绰绰又瞧见那边旗帜上，写着个刘，这是刘玄德来了。

“现在如何？”

“已经快到城门这儿了。”

“开关落锁，快让他们进来。”

简短截说，有人到底下打开城门，把刘备就让进来了。

那边呢，张飞跟于禁不是为了打仗，一瞧大哥进去了，好，天不早了，咱们早歇着！于禁一看，那得了，晚安了，明儿见。

回过头来再说刘备，这一进了城，陶谦的眼泪都快下来了。

“亲人呐，亲人！我可看见救兵了！快请，快请！”让到了议事厅，往这儿一坐，有人给沏了茶，这儿给介绍文臣武将。

“今天您来了，我们就踏实了。”

刘备说：“移步来迟啊！让您这儿着急上火了。这些日子我们又弄救兵，路上又奔波，现如今三家人马都到了，我们已经都在城外了，您放心。咱们商量商量，一定能解了徐州之围，让曹操退兵。”

“好好好，谢谢，谢谢！”

准备酒饭吧，这儿吃着、喝着、聊着天，陶谦就上下地打量刘备，不由得暗自赞叹，真乃人中龙凤也。瞧瞧人家，怎么看怎么好，岁数是最合适的。我这岁数，胡子都白了，现如今我也是让曹操闹得心力交瘁。看看自己，看看刘备，看看刘备，看看自己，叹了口气。

“子仲，”陶谦喊糜竺，“你去把徐州的牌印给我拿来。”

“拿什么呀？”

“公章，拿徐州的公章。”

一会儿工夫，就有人把公章给拿来了。汉朝时候的公章没多大，不是电视剧里演的那么大。现在卖工艺品有雕刻了龙的古代公章。过去，玉玺是比较大，印章没有那么大，大概就是小指头这么点儿。因为那会儿的纸也不发达，不像后来纸这么普及。当年都是用竹简，写完了卷好，上面有块火漆，贴上之后拿章在上边一盖，有一个封泥。后来，逐渐做得大了一点，携带也方便。

听说要拿公章，刘备没明白，心想徐州这个风土人情，这是喝酒的时候有酒令？可能是谁输了，往脸上给他盖个章？他也不知道怎么回事，那就看着呗。

陶谦看着这章说：“玄德公。”

“陶大人。”

“唉，我，无能啊！因为我一个人，连累了徐州的百姓。现如今我就算是一死，也难赎前愆。我现在就是死了，老百姓受的罪，受的委屈都补不回来。所以说，今天得遇玄德公，犹如拨云见日。我有意将徐州赠予玄德公，请来领事。”陶谦意思是这地儿是您的了，我退休了，您也别跟我客气了。

这句话说完了，一屋子人都不说话了。

陶谦跟前的文臣武将们就都愣了。吃半截饭，你瞧，换老板了，也不提前言语一声。你把这儿一让，我们怎么办呢，万一人家说好的，我接受了，但是你的工作人员我不要，我们找谁去啊？

大伙儿都愣着，只有糜竺在旁边站着，脸上没有任何表情，似笑不笑地看着。糜竺不是一般人，他有个外号，糜半城。这不是说相声的给起的，真叫糜半城，就是说徐州有一半的财富是他一个人的。他也很看好刘备，当然今天陶谦会说这个事儿，他也不知道。这么多年来他一直辅佐陶谦，从这儿开始他仔细地端详刘备，要不然后来他能把自己的妹妹许给刘备吗？那糜夫人不就是糜竺的妹子嘛！所以后来他是刘备的大舅子，而且他还是刘备身后的天使投资人。这是让您先知道知道这个人的背景。

所以糜竺站在那儿看着，他不担惊。他有钱有势，他在乎什么？就冷眼看着事态的发展。

最担惊的是刘备。不挨着呀！哪儿跟哪儿啊，这就给我了？这就好比请郭德纲说相声，去演出。到那儿一看，这大场馆，金碧辉煌、雕梁画栋，盖得跟故宫似的，能坐五万观众。我这儿正穿大褂准备演出呢，人家找我来了，说你演完之后，这园子归你了。那不得吓我一跳吗？你准是憋着坏要害我呀！天天跟这儿演，我得累死呀！

总之是太突然了，刘备吓了一跳，赶紧站起来了。

“哎呀，刘备何德何能？这这这，愧不敢当。”那得客气客气，我没这么大能耐，您这份心意我领了。

“玄德公，我是真心实意的。您呢，也不必过谦。你看我这个岁数，风前之烛，瓦上之霜。点一根蜡，搁在风口那儿，说灭就灭，瓦上那霜，夜里还有，天一亮，一出太阳就没了。所以我是真心实意地要把徐州给您，您可千万不要再推托了。”

刘备这儿摆手道：“哎呀，刘备此番前来，纯粹是因为大义二字。您要是怀疑我有吞并徐州之心，我对天盟誓，皇天不佑。”刘备的意思是我就是给您帮忙来的，你是不是想多了？你认为我来是憋着拿这块地的，您要那样想的话，我起誓，我要是有这歹心，老天爷看我不顺眼就得办了我。

“玄德公此话言重了。你来看啊，这是徐州的大印、公章，这是合同章、财务章、我的人名章、我的小名章，我的小名，叫陶阳……”

当然，这是玩笑。

陶谦要让徐州，这没有人敢劝，因为这不是小事。虽然说谋士、武将都在这儿看着，也就落一个看着。完了大伙儿心想，这谁都行呗，换老板我们也得好好干活儿，我们就看着呗。

两人这头客气着，糜竺说话了：“二位，再客气，曹操就进来了。咱还是先说说怎么办吧。当务之急是怎样退曹兵。”

刘玄德说：“您把这先收起来好不好？搁在这儿省得丢了。”

有人就把这徐州印章收起来了。当务之急是曹兵困城，怎么办？这是最要紧的。

酒席宴前，刘备说：“我认为，得先礼后兵，我得先给曹操写一封信，说说其中的利害关系。如果他不同意，咱们再动武。”

陶谦说：“好。”

我一直认为这两人是喝多了，真的。第一，陶谦写信请求救兵，头一封信是给孔融，孔融也是这么说的。曹操又没得罪我，贸然进兵不合适，我得先写一封信，他如果不同意我再打他。这信让曹操给撕了，就在等待的过程当中，黄巾军把北海围了。孔融就吃过这亏，才去求刘备解围的；第二，人家曹操来不光是为了报仇。当然，报仇是一个最大的借口，全家一百多口被杀了，要报仇。这说到天边去，人家也讲得出理。又何况他来是为了争地，是为了抢夺，两军阵前人家是抢地盘来的。你跟人客气，说别打了，回去吧。你是谁呀？你是来帮忙的呀！皇上说他都不听，他能听你的吗？

所以，刘备这话就不如不说。陶谦呢，还觉得对。你打哪儿看出来对的？你怎么就认为这封信能管用？但是两人还挺高兴。好，这样咱们就讲文明，懂礼貌了。

这边写信吧，客气客气。

那么，刘备跟曹操有交情吗？反正比不认识强点。十八家诸侯讨董卓的时候，大伙儿聚在一块儿见过，一块儿吃过饭，也就是撸串的交情。说咱们一起经历过点什么，没有。写信吧，无非就是好长时间咱们没有见面了，身体都好吧？别上火，多吃水果，我让孔融给你送点梨。这事儿呢，不怨陶谦，是那个坏蛋张闿害的。你消消火，回去吧。

《三国演义》上信的原文我就不念了，大概是这么个意思。

写完了，给陶谦瞧瞧。

“好好好！”

陶大爷这会儿怎么都对，只要不是他一个人死这儿就成。

曹操坐在中军宝帐，有人拿过信来，曹操这血差点啐在上头。什么玩意儿啊？

“谁？什么备？”曹操连他的名字都没记住。

“刘备。”

“咱们见过吗？”

“见过，耳朵挺大。”

“如来佛啊？”

“不是那个……是刘玄德！”

“刘玄德啊！赶紧吧，别让他跑了，陶谦倒不要紧的，先弄刘备吧。我用你写信来恶心我？”

曹操很生气，按照他的意思，这会儿就想把送信的信使杀了，这就是豁出去了。老规矩嘛，两国交锋还不斩来使呢，这是封建社会最基本的一种礼仪也好，规矩也好，没有说要斩来使的。要斩来使，那就是豁出去了，不打算跟你们再讲任何条件了。

旁边有人拦着。谁啊？郭嘉。郭嘉是一个了不起的谋士，是曹操最信任的人。可以说，在郭嘉有限的三十几年的生命当中，他说的话曹操没有反驳过，什么都是对的，只要是郭嘉出面，这事儿一定听。当然了，曹操这个人还挺好玩儿，他有点小心眼儿。无论是跟哪个谋士，凡事他愿意问。他有上百人的智囊团，有事儿了，老张你说说吧，老赵该你了，这事儿怎么办？他挨个问一遍，问完之后心里就有数了，最后再决定用谁的主意。如果说用了老赵的主意，就会说老赵你这主意出得不错，后边这句准是："我也是这么想的。"因为曹操不肯让人。想听他说"我怎么没想到呢，你这个真棒"，永远没有。无论谁的主意，他决定采纳之后，下一句话准是："我也是这么想的。"这是曹操的特点。

所以他愿意听一听郭嘉怎么说。

郭嘉说："您别着急，此事不可莽撞。咱们先休养两天，让城中大意麻痹，到时候咱们再出兵，徐州指日可待。"意思是你别着急，犯得上吗？一封信给您气成那样。

曹操说："我也是这么想的。"

刚才急赤白脸的可不是他啊？不着急，就把这信搁在这儿了，还提笔给刘备回了封信。什么意思呢？哎哟，好久没看见你了，今儿看见你的信我太开心了。都挺好的吧？行，我听你的劝，我准备撤兵了。

这不就是骗人嘛！就是让你疏忽大意，你踏实住着吧，你们归置归置吧，我们也准备回去了。把信交给来使，让他吃饱喝足了，给发了一大红包再回去。

信使刚走，探马流星就来了，进来之后是大汗直流。

"送信。"

"送什么信？"

"出事儿了。"

"出什么事儿了？"

"兖州丢了。"

可能您未必能明白。兖州是曹操的地盘儿，他是从兖州出来带着兵来打徐州的，他把徐州围住了，家丢了，就这么简单。兖州有八十多个县呢，现如今就剩下三个县了，几乎全让人给端了。那么这是谁干的呢？吕布。吕布把曹操的后路给断了。

前文您还记得，长安城乱了，吕布就跑了，跑出来之后他得找地儿去呀。他先投奔的这人叫袁术。到袁术这儿来，袁术说这不行。为什么呢？说这主儿啊人性有问题，杀了很多的父亲，好几个呀，都让他弄死了。听说后来，他还憋着要拜王允当干爹，让王允做他的第四个父亲，结果这个王四爹也死掉了。咱们能要他吗？大伙儿一商量，别别别，这人品性有问题，别要。

这个说得对。“三国”里吕布是一等一的人才，不管是身高、长相、还是能力，胯下马，掌中方天画戟，都是头一份儿的。虎牢关三英战吕布，关二爷能耐次吗？张飞多大能耐，再加上刘备那个双股剑。哥仨打一个都没打赢，你就能知道吕布有多厉害。

但是，这个人的政治格局太小了，有勇无谋。为什么他后来落到那种地步呢，完全是自身的品性问题。所以到了袁术这儿，袁术说：“嗨，不好意思，宿舍都满了，没有地方安排你的吃和住，档案也转不过来。要不，您换个地儿吧。”

他倒也听劝，就奔袁绍那儿去了。

袁绍跟袁术是哥们儿，到了袁绍那儿，袁绍要他。

“好好好，正好缺人了。你来，跟我打架去。”

袁绍有一个仇人叫张燕，燕子的燕，也有说叫张燕（yān）的。他是袁绍的死对头。吕布来了，两军阵前他一出马，完胜张燕。

袁绍说：“还得是你，别人谁也不灵。这张燕太讨厌，我恨他半辈子了，得亏是你，替我把他给肃清了。”袁绍很高兴。

但是我们也说过，吕布这个人，狗肚子里搁不住二两香酥油，自此就开始膨胀了。你是初来乍到，你得交朋友。没有。无论是谁，原来袁绍这儿的，他都拍拍肩膀："不如我吧，怎么样？服不服？"就把人都得罪了，就天天有人上袁绍那儿告状。

"您招来这什么玩意儿？一嘴炉灰渣子。这太不会说人话了。"

一个两个来告状，有情可原，所有人都告状，袁绍也烦他了。

大伙儿坐一块儿商量："你们别着急，咱们老哥们儿这么些年了。他不就是个新来的吗？你们能忍吗？"

大伙儿说："忍不了，忍不了。"

"要不然的话，就是你跟他，你们哥俩好，我们就不干了。"

"别别别，不至于。"

"那咱弄死他吧？"

"好吧。"

大伙儿聚在一块儿，准备弄死吕布。

但这保不齐就有走漏消息的。当时如果说想弄死他，必须得当时就去，放一天，就可能走漏消息。因为人很难讲，你不知道谁出于什么目的就能把这风放出去。吕布听说了，这是要憋着弄我啊，就主动找袁绍来了。

"我不干了，我走。"

"你去哪儿啊？"

"我上洛阳。"

"可以可以。准备哪天走啊？"

"我，我明儿走吧。"

"哦，好好好。哎呀，你看我们这庙小，留不住你这活神仙。那祝你以后能高官得坐，骏马得骑，鹏程万里吧！"

说点客气话，大摆筵宴，欢送吕温侯。袁绍跟大伙儿说吕布要走。大伙儿说："走了不行。走了以后，他落到哪儿都是咱的仇人，走之前得把他弄死。"

好，那打发人去吧，安排了三十个甲士，说是半夜里进他那屋，把他弄死。天刚擦黑，就听他那屋里边弹唱歌舞。可能是叫了美女来，有个欢送的仪式。等着吧，等他唱完了、跳完了、喝完了，半夜咱们进去再杀他。一直等到三更天，大伙儿拿着兵刃到他这屋来，一进门，没人了。他跑了。跑了这怎么办呢？袁绍说那你们追吧，反正已经撕破脸了。这些人在后边追，还真追上了。吕布手里边拿着方天画戟，就这一回头。大伙儿看了看说："一路好走，再见！走好！来信啊，来信！"

吕布这个人的威慑力，从这儿就能看出来。

出来之后他得找地儿去，想起来自个儿有个并州的老乡。过去是叫并州，现在算是包头地区。他有这么一个老乡，叫张杨。他就去投奔张杨了。张杨不错。

"快来快来，哎哟，太好了！哥们儿一场又是老乡，打小儿啊咱们一块儿长大的，一块儿玩起来的，挺好。你在我这儿吧，我保护你。"

正说着，来喜事了，有人把吕布的家眷送来了。吕布从长安跑的时候，媳妇儿、妾，家里这些人都留在长安了。吕布有个媳妇儿，姓严。还有个妾，就是貂蝉。那两人，因为跑的时候太急，没来得及带。万幸他有一个朋友，这个朋友姓庞，叫庞舒。一瞧他跑了，把他的家眷就接出来了，他给照顾着。他一直打听着吕布在哪儿，今天听到消息了，说吕布现在投奔张杨了，就打发人把这家眷，连人带车就送到这儿来了。

吕布高兴坏了，阖家团聚，都在这儿了。但是这庞舒在京城让人给杀了。

李傕、郭汜勃然大怒。我们正逮吕布逮不着呢，眼皮底下，你竟然替吕布看守家眷。可恼、可恨，就把庞舒杀了。这一下就知道了，吕布是在张杨这儿。

李傕、郭汜给张杨写了封信，说听说他在你那儿了，别客气，你就把他弄死吧。

张杨确实是念在兄弟、老乡这个交情上，还特意说：“你看李傕和郭汜来信了，让你死。”

吕布还给他出主意说：“你要杀，你别在这儿杀我。你在这儿杀我啊，你带着脑袋上城里去，不会有太大的奖赏。你让他们弄个车给我送那儿去，你送一活的来，你那官还能大。”从侧面也说明这哥俩的交情，两人互相替对方想。

张杨说：“那不行，我不能这么干。好，真把你送进去，你死在那儿了，你这一大家子人还了得？你这些媳妇儿我可养不了。”

这个事儿就一直拖着。

天下好多事儿，其实就是通过时间来解决的。拖到最后，李傕和郭汜就不恨吕布了。这就是时间的魔力。如果那会儿一使性子，弄死就弄死了。这会儿，觉得这人还行，就算了吧。之后还封了吕布一个官儿。上哪儿去当个官去吧，之前那都拉倒了，没事了啊。之前天下画影图形还逮吕布呢，都撤回来吧，那就不算了。这跟过家家也没有什么区别。

但是，吕布跟张杨说：“我不能再连累你，对你来说，我在你这里一天都是个隐患，我走吧。”

张杨说：“你就留下吧。”

“不不不，我带着家眷走，找一个不要紧的地儿，有事儿咱们哥们儿随时说。”

就这样，他就带着家眷离开了张杨，又投奔了张邈。张邈有一个弟弟叫张超。

张邈说：“咱们现在短一个谋士，这吕布很厉害，但是当谋臣还差着。”

张超就跟他哥哥说：“我给您推荐一人吧。我这儿有一大哥，一直闲着没事干，他来给咱出主意，准行。这人叫陈宫。”

陈公台前些日子不是上曹营去跟曹操讲道理、讲情，让曹操给啐出去了嘛！出来之后拐弯抹角，他老哥到这儿了。

讲“三国”难就难在这儿。拐弯抹角，谁接谁，谁挨谁，就跟铁链似的，得给您描述清楚了。并不是长篇大论地只描写两军阵前，刀来枪往，那都是“骗人”的。那些话放到“隋唐”也行，搁在“梁山”也行，但唯独这个，这个就是“三国”，它骗不了人。

就这样，陈宫、吕布大伙儿算是兵合一处，将打一家了。

陈宫聪明啊，这个陈宫的聪明跟谁有一拼呢？郭嘉。两个人几乎可以画等号。两人唯一的区别是性格。比如一件事，你这一说完，郭嘉是你话音刚落，他就告诉你，这事儿得怎么办。郭嘉是张嘴就能接上下茬儿来。陈宫则是需要略一沉吟，你事儿说完了，陈宫得沉吟一下：“欸……这事儿得这么着。”这是他跟郭嘉唯一的区别，但是出的主意是一样的。

我就是要用最简单的方法，让大家了解这个人物的性格。

几个人坐在一块儿，一开会。

吕布说：“接下来要如何呢？”

陈宫说：“曹孟德带着大兵攻打徐州，兖州空虚，咱们取兖州吧。他家没人呢，咱上他们家抄家去吧。”

于是大家就制订了一个严格的作战计划。

吕布有能耐，那是人中吕布，马中赤兔，能耐没的说。再加上有陈宫的计策，到了兖州就大获成功。八十多个县就给剩下仨，几乎都是他们的了。鞭敲金镫响，齐唱凯歌还。

张邈很高兴，打完之后，他说：“这样咱们把地儿分一分，吕温侯您就驻扎在濮阳，咱们随时看着曹营的动态。”

因为这个，吕布现在是在濮阳。到濮阳这儿吕布挺高兴。为什么？第一，有了自己的地盘；第二，有了谋士陈宫。通过接触，他发现这个人太高明了，他说的都是自己想不到的。那么吕布自己能想到什么？

吕布想到的就是他这媳妇儿。为什么说他是个酒色之徒呢？他没别的事儿，每天就是跟人说："你看我厉害不厉害？我有三宝，头上这儿束发紫金冠，掌中方天画戟，胯下赤兔马。有我这三宝，走遍天下，纵横九州……"你无论跟他说什么，他全是这出，天天狂得不行。

这会儿很太平，因为也没有人跟他闹。他天天除了喝酒，就是跟严氏、貂蝉一块儿吃饭聊天，看她俩吃醋拈酸，唱歌跳舞，小日子过得还挺好。

陈宫倒是每天给他讲："您不能掉以轻心，暂时的胜利不能代表什么，我们要提防着曹孟德回来。并且要把咱们这儿守住了，您不能说有了濮阳就踏实了。"

"哎呀，你放心，我有三宝……"吕布又来了一遍，"有你的主意，再加上我温侯之勇，所向披靡呀。"

"温侯，这个话是如此，您还是要小心呀！"

"我有什么可小心的？这地方是咱们的，很太平啊！挺好，我愿意在这儿住着。咱们这儿叫什么来着？"

"咱们这儿叫濮阳。"

濮阳有什么好玩的？濮阳后面有一个南乐县好玩。南乐县有什么好玩的？南乐县有个说相声的，叫岳云鹏。

曹操误入濮城　陶谦三让徐州

山前梅鹿山后狼，狼鹿结群在山岗。
狼有难来鹿搭救，鹿有难来狼躲藏。
箭射乌鸦腾空起，箭头落在狼身上。
劝君交友多谨慎，千万莫交无义郎。

讲“三国”最简单，讲“三国”也最难。

简单的就是买一套《三国演义》看着讲，但是要想讲好了可不容易，得下功夫。

就围绕着徐州这点事儿，这些英雄就闹得没完没了的。

刘备在城里边，陶谦一直跟他说，很希望他能把徐州接过去。陶谦是真的吗？是真的。陶谦岁数太大了，自己是有两个儿子，但他这俩儿子实在是不成才，这家大人一看就知道，他们干不了。如果把这摊交给儿子了，以后它非坏了不可，还会因为这个连累了他们的性命。所以，陶谦指望刘备能够接过去。

这“三国”里边，计策刘备得听人家诸葛亮的，两军阵前打仗，他没那两下子。诸葛亮出完主意之后，最后定夺的是刘备，在决策和智慧上，你得承认刘备的能力。这个非常重要。

曹操那不也是如此吗？一百多人的智囊团出主意，说完之后他得分析，权衡利弊，想来想去，欸，好，这个主意可以用。当然，按曹操的风格还得加上一句，“我也是这么想的”，上文咱们介绍过这个。

眼下，吕布抄了曹操的后手，曹操这儿很生气。这怎么办？商量来商量去，郭嘉说了：“您呐，卖个人情吧。打徐州也差不多了，现在最着急的是咱后院着火，家里出事了，这可不成。所以说咱们呢，得往回走，回家打吕布去。这个人情就卖给刘备吧。”

曹操说：“那也没办法呀，收兵吧。”

所有的曹军归置东西往回杀，徐州城这个围，算是解了。

消息传来，曹兵退了。哎呀，陶谦就拿刘备当神仙了。太厉害了，他说写封信去了，它就灵了，这可不是一般人呐！他们有交情啊！陶谦就傻了。再看刘备，比他还傻，愣了半天。我哪有那么大的能耐呀？我就是客气客气，我知道他准不干，不干我们再打呗。他怎么就撤了呢？这是怎么回事呢？

城外边还有两家也很尴尬。田楷、孔融的大兵来了什么都没干，等于就是旅游来了。到徐州这儿旅游，等着进旅游景点，人马驻扎好了，一场仗都没打。刘备那儿，好歹有五百人还打了一仗。除了这五百个人跟张飞，剩下的都没打仗。田楷也纳闷儿：“白来了？”孔融也是：“这事儿闹的，人都走了。”

徐州城门开了。

“快来吧，请进吧。远路风尘，辛苦你们，受累了！”

“别客气，没干活儿，没干活儿。”

来到城里，大排筵席，这得好好庆祝一下。这对陶谦来说，是个值得高兴的事情。所有人坐在一起，什么好吃上什么。山中走兽云中燕，落地牛羊海底鲜。猴头燕窝鲨鱼翅，熊掌干贝鹿尾尖……不管有没有，总之很丰盛。

大伙儿坐在一块儿，先得客气客气，陶谦先得谢谢几位。

“三位大人解了我徐州之围呀！多受辛苦，多受累了！”

孔融跟田楷有点臊眉耷眼的，活儿没干，净吃人家了。

“这个老天爷疼您，吉人自有天相。”

“是，那些日子可急人了，你可不知道，急得我要死要活的。”

酒过三巡，菜过五味，把酒杯撂下，陶谦站起来，面对着刘备，这么一抱拳说：“玄德公。”

“哎哟！”刘备站起来了，“陶刺史。”

“玄德公，第一，我要敬您的英雄气概。之前没有来往过，没有交情，我说让您来帮忙您就来了，就这份仗义，是别人没有的；第二，我佩服您的威望，一封书退却了百万雄兵。”

刘备脸上有点不太好看：“惭愧，惭愧呀！”

“玄德公在上，受老朽一拜。”陶谦撩衣裳要跪。

“哎哟哟，不敢当不敢当！”

大伙儿也都站起来了，过来就搀起来了。陶谦眼圈都红了，很感动。

“要是没有玄德公，我也不知道，我这把老骨头在哪儿扔着呢。坐坐坐，各位快坐。”

这才又都坐下。

“哎呀，我之前还犹豫，我也不知道您这封信送出去，曹孟德会如何。我万没想到，您的威望打动了曹操，才保了我全城的安全。”

刘玄德说：“就，就别，别提这个，别提这个。喝酒喝酒。”

又喝了一杯酒，陶谦把杯子放下了，还是那点事儿。

“同着各位，您大家都在这儿，我久有此心，我要把徐州托付给玄德公。同着您各位我再说一遍，我是要把这徐州完完全全给他，这是真的。”

这话一说，所有人的目光就都到刘备这儿了，看他说什么。

刘备这个脑子里边，来回转了转，他要确定几件事情：第一，现在看陶谦是真心实意地要把徐州给我。之前有可能还客气客气，但现在这个状态看来是真的；第二，我能不能接。曹操走了是走了，是因为我这封信吗？不可能。你捧我是你的事儿，我得知道我值多少钱呐，我跟人家不过这个呀！人全家一百多口死了，打着这个旗号上这儿来，那是争城掳地要钱来的呀！我是写了封信，我是谁呀？人家就给我面子了？没有啊！他一定是出事儿了他才走的，我赶巧了，得他一个人情。

这就是刘备聪明的地方，但凡换了别人，觉得自己是有这么大能耐，那就死无葬身之处了。刘备这个人这一辈子，值钱就值在这儿了。无论什么时候，老把自己放得比别人低一块儿，总是向上看着别人。不管心里多恨，他老是面带微笑。笑面虎最难惹呀！

他跟吕布不一样，吕布到哪儿都得杀七个宰八个。后来吕布为什么死得惨？是因为性格的问题。所以，刘备知道，曹操走不是因为自己，一定是家里有事儿，他走了之后还得来。到时候，别说徐州在我手里边，在谁手里也不行。因为徐州太肥了。我今天接过来这块烫手的山芋，痛快三天，曹操再回来，我跟这陶大爷一个下场。人活就得活明白了，这不能接呀。

上文咱们说了，当年那徐州太大了，是肥得流油的地方。为什么都要打徐州？打下来他就发财了呀！所以人人都盯着。

“陶刺史，这个，您好几次要让给我，刘备何德何能啊？我实在是没有资格接这个徐州，您这份情谊我心领了。实在是万难从命，我不能接。”

旁边这孔融跟田楷，你看我一眼，我看你一眼。他们在朝廷里边都是有身份的人，都是搞政治的，拿眼一看，多少心里有点数，不便多说，看你们这步棋怎么往下发展。

刘备略一沉吟道："唉，如果恭祖大人，您要是觉着年纪大了，其实徐州倒不如托付给袁术。袁术家四世三公，而且驻扎在寿春，他离这儿也近。从他的家族、他的身份上来说，百姓们很敬仰，同僚们也都臣服，所以他更合适。"

刘备说了这么句话，意思是别给我，我接不住，也拿不动。给袁术，四世三公嘛，那就不一样了，不像我。人家四辈出了六个相声一等奖，就是不一样。袁术可以。

他说完这话呢，孔融差点乐了。心想，刘备啊，多贼！好嘞，明白了，其实你这个意思我看出来了。其实你是不想走，其实你想留。孔融是没唱出来，但是那个意思。孔融看出来了，刘备是想在这儿待着。孔融想得周到，反正我也得回去，这个地方跟我也没什么关系，我得走，就干脆卖个人情呗。虽然刘备提了袁术，我觉得要把这事儿给横死了，我得通知他们，袁术不行。别没人拾这茬儿，老头一糊涂，就给了袁术，那刘备的话就白说了。

所以孔北海把手中的酒杯放下说："欸，玄德公，不可以。这个袁术，冢中枯骨，何足挂齿。"冢，坟头；枯骨，肉烂没了；死尸的骨头跟柴火似的，那个说的就是他，那能有什么用处呢？都不用提他。这个事情是老天爷给你的，你要不接着，再后悔可来不及了。

孔融说完，田楷坐在旁边也随声附和道："是啊，玄德公您就不要过谦了。"意思是差不多了，戏很足了。人家田楷是在青州，这也是来帮忙的，完事儿之后该回去也得回去，所以说尽尽朋友之道，该说的话，人都说了。

刘备说："欸，万难从命。"

关羽、张飞都看不过去了。

关二爷说："大哥，陶刺史一片赤诚啊，倒不如您就受了吧。"意思是人家陶大爷多谦虚啊，发自肺腑地给咱，咱没地儿去啊，咱们就跟这儿挺好。

张飞在旁边也喊："大哥！"那意思是拿过来，要啊！

刘备这儿一回头，瞪了三爷一眼，张飞不说话了。张飞那么粗鲁的人，拿刘备真当自己大哥，看着哥哥这么一回头，就知道哥哥不让。

陶谦又站起来了："哎呀，玄德公啊玄德公，难道说你就眼睁睁地看着徐州父老，无人相助吗？你看我，风前烛，瓦上霜，不定哪天就完了。如果我死了之后，再有刀兵之苦，可害了这徐州一城的百姓啊！"意思就是你接这摊儿不是为了我，是为了百姓。这话说的，让你没有退身之步。

就这些人你一句我一句地劝，但不管怎么劝，刘备都不答应。到最后，刘玄德想了一下，说："这样吧，您是一片赤诚，刘备我真是感恩戴德。我也别说接您的徐州，离此不远有一小沛，我暂住小沛，协同您料理徐州。"

聪明啊！小沛离徐州有四十里地，四十里地的距离，说来就来。现在来说，开车半小时也就到了，没多远。在那儿要说有事儿我能随时过来，要说不行了，我还能扭头就跑，刘备想得周到。

"好好好！"陶谦心想，先把他留住啊，先不能走啊！陶谦想的也是说不定哪天曹操又回来了，曹操一回来我就让刘备写信。这个大爷也是想多了。

"那就给您安排吧！"陶谦还给他表了一个官，说刘备做豫州刺史，算是代表朝廷给他封了一个官儿，"咱们离得也近，互相照顾着。"

大伙儿瞧着陶谦，好几位心想，他这身体可够呛。怎么呢？看说话这状态，有气无力的。孔融心想，这徐州早晚还得是刘备的，他离得近呢。

这边该喝酒喝酒，待了几天，大伙儿是各回各家，各找各妈。唯独刘备带着关、张，带着自己的人马到小沛去居住了。到了那里，衣食住行都是陶谦这儿供给。到了小沛，其实刘备也没闲着，招兵买马，聚草屯粮。他不甘于一辈子在小沛这儿住着，只不过是暂且存身。暂住小沛，等于徐州是暂时的太平。

从徐州离开，曹操可没闲着。曹孟德从这儿回去之后要干吗？抢地盘。不抢没地儿待着了。但是回去跟吕布打了两仗之后，不太愉快。这两仗打的，没赢也没输，双方闹得挺别扭。

吕布是有野心的。曹操回来了，吕布先把濮阳城城门关上，跟陈宫商量怎么办。

陈宫多聪明啊，实话实说，吕布如果凡事都听陈宫的，他日后能有巨大的成就，但是倒霉就倒霉在他这性格上了。

吕布问陈宫："这接下来咱怎么办呢，曹操回来了，咱抢人这么些个地儿。整个兖州八个郡，几乎都是咱抢的，只给他留了三个县，他肯定不干。接下来怎么办？"

"噢，温侯，您有什么想法？"

"我没有什么想法，要是能把他杀了最好，那你去吧！"

"我上哪儿去啊，不得出主意吗？我这两天想了一个办法，咱们把曹操诓到濮阳城。"

这个主意胆子很大，他们在濮阳城里关着城门过日子，陈宫的意思是把他诓到城里来杀了就得了。

吕布一听非常兴奋地说："好，怎么能让他来呢？"

陈宫说："我都安排好了，濮阳城里边有一个首富，姓田，他是田氏家族，濮阳城的大企业家，整个濮阳全是他的。我跟他商量说，让他给曹操写封信，就说他愿意跟曹操里应外合，把吕布杀了。田家如果不听，我们在这儿就能弄死他。”

老田家那可不，谁有话语权就听谁的呗。这就写信，派人把信送去，给曹操。

曹操接过之后呢，挺高兴，去吧。这些人有拦着的，也有支持的，但是最后得听曹操的。曹操也是一时糊涂，觉得这个道儿不错，按照约定的时间就来了。夜里带着人来到濮阳城，城门一打开，曹操进来走到街道上挺高兴，终于来到濮阳城了，我要抓吕布。但是骑着马突然发现，怎么街道上没有人呢？哎呀，我是不是上当了呢？刚想到这里，旁边不管是街道、胡同、大路上，“呼啦”一下，兵将们就出来了。曹操点点头，果然上当了，唉，看我是多么聪明。

那就跑吧，还等什么呀？

整个濮阳城里边火光冲天，连打带放火，曹操的胳膊都被烧伤了，胡子也燎了，骑在马上就乱了套了。

慌乱中有人就喊：“您往东边跑，到东城那儿咱们能走！”

“好嘞好嘞！”

骑着马，曹操急急如丧家之犬，惶惶似漏网之鱼。往前走，快到东城了，打前面有人骑马过来了，曹操一看，哎哟，是吕布！

如果是看戏，川剧的这出最好，火烧曹操，台上有火彩儿。

火彩儿现在也见不着了，因为现在的消防很严格，怕舞台上出事儿，这也没错。现在要是唱《沙家浜》，“阿庆嫂请抽烟”，那根烟都不能点着。就是处处要严谨，因为这个确实要在意点儿。

过去没这么讲究，过去专门有撒火彩儿这个行业，现在这行就算失传了，因为学完了用不上。它是用松香末都弄好了，还有点其他东西，把它掺得了、碾碎了，在人手里边叠一个火折子。叠完之后把这松香末搁里边，外边点完之后有火星，然后在台子两边一扔，松香末往外一走，借着这火势，“噗”的一下，有各种的花儿。撒个钓鱼、撒个什么花样了，在上场门，这一道火就出去了。

比如台上演闹鬼，上个判官，或者开打了，战场上火烧连营，它都会有这样的特技。过去的戏剧舞台上，是专门有这么一个撒火彩的。川剧的《火烧濮阳》，特别棒，有机会您上网搜一搜，就是各种火彩儿。

曹操跑到东门这儿，吕布打前面出现，兴奋得都不行了，他就爱打仗，有勇无谋嘛。这两天他兴奋坏了：“我有三宝，头戴束发紫金冠，掌中方天画戟，胯下赤兔马，我谁也不在乎！”听军卒们一报，说曹操已经来了，高兴！杀！整个濮阳城火光冲天，喊杀声一片，那就打呗，客气什么呀，打来打去，就打这儿出来了。

吕布从这儿出来，曹操往那儿去，这个词儿叫“冤家对头”。

吕奉先用方天画戟一指问：“呔，看见曹操了吗？”

曹操拿这袖子一挡脸说：“往那边去了！”

吕布很开心，一提马：“我有三宝……”“噠噠噠”，骑马往那边追去了。

曹操坐在马上看着他说：“大哥，你草率了。”

但凡吕布有点脑子，早就当皇上了，又赶上眼神还不好。

这不是我编的，您看《三国演义》原文就是这么写的。只不过原文上，曹操还编了一个瞎话，说那边穿黄袍子的那个就是。吕布就信了，还跟人家客气客气地说：“谢谢您啊！”

吕布走了，曹操赶紧跑。这叫什么呀？天不灭曹。但凡吕布把眼屎擦擦，咱们就两国演义，就没有曹操了。阿布往那边去了，曹大爷往这边跑，到这边就有自己的人接应着，逃出了濮阳城。回去之后，坐在自己的中军宝帐，曹操乐了。

“此仇不报，誓不为人！”

可怕呀，按正常人的反应是我得弄死他。曹操没有，满脸堆欢，我得杀了他，我得报仇。他是从心里边儿有那么一种狠劲儿。他受了伤，刚才着火的时候，把胳膊烧了，有军营里边的医生过来，给他上药、包扎，都弄好了之后，文臣武将们聚齐了。

“咱们得商量商量，接下来怎么办。”

大伙儿都看着曹操，这会儿多说也不合适。为什么呢？之前想拦着他没拦住，所以现在再说话就老觉得不合适。

曹操想了想说：“咱们这样，将计就计。你们放出风去，就说我在濮阳城中被火烧伤回到营来，不治身亡。然后把大兵就排在马陵山一带，假装发丧。你们三军戴孝给我出殡，吕布是一定会来的。等他来的时候，咱们安排人马，打他一个措手不及。”谋士们一听，这主意真挺好，当下传下将令，照计而行。整个曹营里边就热闹了。

吕布那儿一直在探听消息。

“怎么样啊？”

“打得挺热。”

“没打着曹操啊？”

“这两天净听着曹营里边唱歌呢。唱的是，来到啊，鬼呀，鬼门关呐，老佛爷、如来，唵嘛呢叭咪吽啊……”

“他们是来说相声的吗？演《白事会》呢？”

“不是，听说曹操死了。”

“哦！”吕布鼓掌大笑道，“好好好，再探！”

“曹操死了，接下来准备发丧。”

“往哪儿去？”

“说他们在马陵山那儿安排，可能是要从那儿走，或者是埋在那儿。”

“不管，咱们得去，高兴啊！”

陈宫就提醒他说：“你可要留神！兵不厌诈，未必是真。”

“公台，我有三宝啊，束发紫金……”

“行，好好好，可以可以。”陈宫也是听腻了，关键是说什么他不信什么，他有他的主意，这不就要了命吗？

简短截说，安顿好了一切，吕布带人马赶奔马陵山。他到了那儿，就中人埋伏了。为什么？人家等着他呢。

“来了吗？”

“来了。”

“来了还客气什么，打呀！”

抄家伙就打，这顿打也就落一个打，双方没有什么伤亡，吕布回去了，曹操也收兵了。

就这一会儿，闹了天灾了。闹什么呢？蝗虫，闹蚂蚱了。这回闹得还挺邪乎。

其实从我个人来说，对蚂蚱还是很喜欢的，小的时候我们净逮蚂蚱玩。我们小时候一个是逮蜻蜓，一个是逮蚂蚱，这都是我们爱干的事儿。逮麻雀我们逮不着，我们那会儿小，都是比我们大好多的大哥哥、叔叔才能逮着。我二十世纪七十年代生人，那会儿不是说麻雀算是害鸟嘛。打完之后回来他们喝酒，毛一拔，过油炸，之后用糖醋汁一烹，他们喝酒吃那个，味儿还不错，所以他们爱逮麻雀。我们小孩儿也就是逮蜻蜓跟蚂蚱。

逮蜻蜓呢，讲究的主儿会拿一个扫网，拿一根竹竿子，前面用铁丝窝一个环，底下拿一个纱绷子或者其他东西做这么一个扫网，跟个捞鱼的渔网似的。拿着这个出去看到有蜻蜓，一兜就扣这儿了。拿出来之后，一般来说就是把翅膀夹在手指头缝这儿，高兴，玩这个。

还有的是去粘蜻蜓。找一根大竹竿，竹竿前边是个特别尖的尖儿，拿着出去，在蜻蜓落在那儿的时候，“啪”一点，就能点着，拿回来玩。但一般这个不好玩，它黏糊，很容易弄一手。有的时候出去玩也没带着家伙，突然天气不太好，黑沉沉要下雨，一要下雨，气压低，湿度大，蜻蜓就飞得低。我们就把背心脱下来，光着膀子跟那儿抽，也能抽好多，就玩这个。

还有就是逮蚂蚱。蚂蚱有湛青碧绿的，天津人管那叫“弹子勾”。一般的就是土黄色的蚂蚱，大部分人都管它叫蝗虫吧。逮完回来玩两天就玩死了。那会儿还有卖炸蚂蚱的。天津有句老话，“烙饼卷蚂蚱，夹吃去吧”，就是夹着吃去的意思。蝗虫拿过来，把大腿、爪子、翅膀全撕了，过油一炸。炸完之后，来点葱末、姜末，弄好了再一炒，有咸淡味。要是赶上合适的，比如秋天的蚂蚱带子，弄完之后，大人们一般就拿来下酒。小孩们有的就着家里烙的家常饼，来这么一把，卷着吃，特别好吃。那时候我们逮的还嫌少呢。

这次，曹操跟吕布打仗的时候，蝗虫灾闹得很厉害。两军打仗，得有军需，人吃马嚼的。但有了蝗灾，粮食就跟不上。据史料记载，当时苦到什么程度？拿米来说，三十斤米换算过来，大概需要二十七斤黄金购买，还不见得有。这么一换算，您就有概念了。这场战争是由于闹天灾、闹蝗虫才被迫搁置了，后来两边没再打，就是因为这个。先得顾大伙儿吃饭，先得忙活这个问题。

话分两头，我们得回过头来再说说徐州。徐州这边，这段时间算是国泰民安，大家都很开心。唯有一点，就是陶谦的身体越来越不好，他本来岁数就大，加上之前曹操困城的时候过于焦虑，上年纪的人可不就这样，吃不得吃，睡不得睡，心里再有事儿，那再想长寿，门儿也没有了。所以这些日子里，陶谦越来越觉得自己的身体有问题。

一天里坐着的工夫也就两个小时，大部分时间就躺着。跟前儿人都看着，心想，大爷要坏。谁着急呢？糜竺最着急。

糜竺本身就是徐州本地人，本地的富户，他叫糜半城啊，徐州一半的钱财是他的。本身他在陶谦这儿就是做从事的，也就是说在政府部门也是有职务的，所以他很关心徐州下一步的走向。

糜竺这个人，太有钱了，他的有钱在徐州当地还有一个传说。说有一天傍晚，糜竺出去办事儿，坐车回家，突然这个车就停住了。问怎么了，赶车的说，前边有个女的拦着咱这道儿。赶车的去问了问，说："跟您说一声，这个女的呀，她说是回娘家，但好像是迷路了还是怎么着，不认道。另外妇道人家，鞋弓袜小，走道儿不方便，想问问能不能搭咱的车呀？""哦，你叫她过来吧。"这女的就过来了。很端庄，很好看。

"您说说家住哪儿？"

女人说住在哪儿，本来是如何，这天太晚了，万一路上碰见坏人怎么办呢。

"您能不能捎我一程啊？"

"哦，可以，那您请上车吧！"

这女的就上车了。在车里边，跟糜竺两人对脸坐着，糜竺是目不斜视。

这女的可爱说话，"你看我住哪儿，家里日子如何？"糜竺就只答，哦，啊，多余的话不说。再说着说着，这女的这个话就有点跑偏："哥，你看你长得多白呀，老好看了，可比我丈夫精神。我丈夫可不行，又不爱洗澡，他要是像您似的，我得多开心呢。"就这话越说越没谱。说到最后，糜竺喊了一声："停车！"车把式就把车停住了，糜竺就下来，站在车边上告诉把式："接着走，还送她。"

这女的坐在车里边，糜竺在外边跟着车走。一直走到二更天，这女的乐了，说："停车吧！"

车停了，女人从车上下来，走到了糜竺的面前，上上下下地打量他。最后"扑哧"一下乐了。

"你就是糜竺啊？"

"是。"

"好，好样的，你是正人君子啊！实不相瞒，我不是人。"

糜竺心想，确实，你刚才说的那些话，多让人害臊。

这女的就乐了："你没听明白，我不是女人。"

糜竺这冷汗就下来了，好怕，这才一抬头问："那么你是？"

"我是上天的火德星君，奉玉帝敕旨，今天晚上要火烧你们家。按命中注定，你的万贯家财、阖家老小，今天晚上火灾之中，就要化为灰烟。刚才路上跟你交谈，我发现你是正人君子，决定放过你。你赶紧回家，把值钱的东西都抢出来吧。"

"哦！哎呀！"这儿赶紧谢谢人家，上了车，飞一样地回家，赶紧把值钱的东西都拿出来。冰箱、彩电都给我搬出来……银钱细软拿出来。刚收拾好，火光冲天，光是把房子点了，没有人员伤亡。后来徐州人说，为什么他能有这样好的结果，就是因为他有钱，但是不贪财，愿意帮助老百姓，心地善良。好心感动了天和地，所以落了这么一个好结果。当然这是一个民间传说。

所以说糜竺这个人，很关心国家大事。他在这儿看着陶谦，就觉着有问题。

陶谦让人扶着自个儿坐起来喊道："哎呀，子仲。"

"大人。"

"派人去请玄德公吧。"

"是。"

这也不用多说了，一定是要把刘备请来，跟他再托付托付。

糜竺赶紧打发人去，四十里地，一会儿就来了，刘、关、张都来了。这儿一进来，陶谦挣扎着要站起来，刘备赶紧扶着他说："您快坐快坐。怎么样？我看您精神还不错。"

这话是骗人的，打一进门刘备就看出来了。为什么呢？老人眼睛已经发散了。

眼为心中之苗，你瞧这人眼珠子倍儿亮，精神状态就行，你看那人眼睛跟起了蒙似的，没有神，那就说明不好。但是不好你也不能说，人之常情嘛。

一进门："哎呀，要完啊。够呛，你看了吗？我就说，你看，五、四、三，哟，躺下了……"

不能那样。

得往好处说呀！

"挺好，我看您精神还挺好的。怎么样这两天？"

陶谦摆了摆手说："玄德公，我是最了解自己的了，越发的不行了。哎呀，子仲，把徐州牌印拿来。"还是这点事儿。

工夫不大，拿来了，搁在这儿，这屋里的气氛，一下就沉下来了。

"玄德公，你不用跟我再客气了，老朽，有今天没有明天呐，你同着我的面，接了徐州，我死也踏实啊！"

刘玄德眼泪都快下来了，刘备这个表情，做戏那是一等一的。

为什么咱有时候老话说，"嚯，好家伙，哭得跟刘备似的"，说的就是他好动感情。反正真真假假，假假真真。

刘备的眼泪下来了："哎呀，你别说这个话。你没问题，没问题！好好地将养。"

"玄德，就别跟我客气了，你一定要接过徐州，我死也就闭眼了。"

"您不是有两位公子吗？"那意思是你有俩儿子呀，你哪怕挑一个，让他盯这摊呢。

陶谦摇摇头说："唉，我这俩儿子我心里最有数。"

意思是我那俩儿子，一个捧哏的，一个腻缝儿的，一个逗哏的材料都没有。说相声这两人，我这活儿就是逗哏的，于老师那活儿就是捧哏的，三人相声里，再有一个人，那叫腻缝儿的。

当然，人家陶谦不可能说这个话，我替他来说这话，让您明白。就是我这个孩子他干不了这摊儿，能力不够。如果让他两人接过来徐州的印，以后麻烦就大了，能因为这块印惹来杀身的大祸。所以说，您呐，就接了吧！

玄德连连摆手：“欸，刺史大人，此事万难从命。”刘备是想，从我嘴里边不能说出来要接徐州，得再三再四地拒绝。

陶谦还想再解释，还想再说，第一是没有力气，第二是觉得心里边堵得难受。

“玄德公——”

喊了句玄德公，眼睛一翻，身子往后一躺，“咕咚”一声，人就完了。

所有人赶紧过来扶，又掐人中，又喊大夫，大夫来了一瞧没用了，人已经去世了，油尽灯枯。

把儿子叫来，俩儿子哭呗，那还能干吗呀？该发送发送，该料理料理。整个徐州的老百姓听完之后，还都挺难过，这老头人缘不错。现如今徐州已经无主了，百姓们也分析接下来该怎么办。

“听说老大人三让徐州，刘玄德都没接。”

“那怎么办呢？”

“不知道，咱们可不就听听呗。”

所有人都等这个消息，这边处理着白事儿，糜竺就跟刘玄德商量：“玄德公，现如今，天时地利俱是如此。老天爷安排的，您呐，赶快接了徐州吧。”

刘玄德一听眼泪都下来了：“哎呀，糜先生，我怎么能接呢？我，我实在万难从命。”

“欸，你要听我的，接了徐州，你有个便宜。”